Friedrich Schaller

Auf Weltbild(er)suche

Vorbemerkung

Was Arthur Schnitzler in seiner „Welt" um 1900 herum wichtig fand, hatte wenig mit dem zu tun, was dann kommen sollte. Und ich fürchte, daß es uns um das Jahr 2000 herum, in „unserer" Welt also, ebenso ergeht, auch wenn sich inzwischen die „Vernetzung" der „Welt" tausendfach verdichtet hat. In unseren sogenannten fortgeschrittenen Kulturen hat die Steigerung des Wertgefühls und Wertanspruchs des Einzelmenschen den Endpunkt erreicht. Demnach gipfelt die Evolution auf Erden nicht in der Sonderstellung unserer Art, sondern in unserem individuellen Lebensanspruch als Person.

In dieser Werteordnung gibt es nichts Außermenschliches, was ein Menschenleben wert wäre. Das geht soweit, daß sogar Mord niedrigster Motivation (z.B. zur Befriedigung des persönlichen Geschlechtstriebs) das Lebensrecht des Täters nicht in Frage stellt. Jedes einzelne Exemplar der Species Homo sapiens ist somit etwas Heiliges; es muß dazu nicht einmal mehr als Kind (eines) Gottes verstanden werden. Bemerkenswert ist an diesem Endstadium unserer Selbstbewertungsethik der eklatante bioideologische Materialismus: Weil aus vitalen Materialgründen personale Unsterblichkeit nicht möglich ist, ist die Wertfeststellung und Wertsicherung nicht erst an das jeweils vollmenschlich differenzierte Individuum gebunden, sondern kommt schon dem einzelnen humanen Bauelement zu. Unsere „Stammzellen" genießen schon vollen Menschenschutz. Demnach ist auch alles, was daraus wird oder auch nur werden kann, „menschenwürdig", mag es werden oder machen, was es will. Dieser materialbezogene Wertebegriff geht weit über den Menschenwürdebegriff der Religion(en) und des Humanismus hinaus, weil er bedingungslos gilt; das heißt auch ein völlig würdelos agierendes Menschenexemplar behält den absoluten Anspruch auf seine Würde, ob er das eigene Kind vergewaltigt oder Kannibalismus betreibt.

Unsere „Stammzellen" genießen bereits vollen Menschenschutz: Demnach ist auch alles, was daraus wird oder auch nur werden kann, „menschenwürdig"

Dieser aktuelle Entwicklungsstand des noch kleinen „fortgeschrittenen" Teils der sogenannten Menschheit zeigt den Weg, den wohl alle nehmen möchten, der aber aus materialgesetzlichen Gründen gesamtmenschlich nicht gangbar erscheint. Als sozial organisiertes Lebewesen mit höchstem Brutpflege- und Interaktionsbedarf muß nämlich der größere Teil der Menschenpopulationen weiterhin seine Artpflichten adäquat erfüllen, damit der „fortgeschrittene" Teil seine „Selbstverwirklichung" gesichert betreiben kann. Mit dem, was wir heute „Globalisierung" nennen, ist ja dazu auch eine passable Lösung des prekären Problems der Ungleichheit gefunden: Über den „freien" Markt können alle als „freie" Bürger, „frei" Produziertes „frei" konsumieren. Wer will das nicht „edel und gut" finden?

Als sozial organisiertes Lebewesen mit höchstem Brutpflege- und Interaktionsbedarf muß der größere Teil der Menschenpopulationen weiterhin seine Artpflichten adäquat erfüllen, damit der „fortgeschrittene" Teil seine „Selbstverwirklichung" gesichert betreiben kann

Um hier zum Anfang meiner Betrachtungen – zu Arthur Schnitzlers Problemkatalog bei seiner Jahrhundertwende – zurückzufinden: In seiner global blühenden Kolonialzeit konnte sich „die Gesellschaft" in Wien (oder Paris oder Petersburg) genüßlich an ihren personalen Beziehungsaffären erregen und amüsieren, und Herr Schnitzler war ein zeitgemäß schreibgewandter Dokumentator jener Epoche. Aber als Prophet blieb er seinerzeit ebenso ein Versager wie unsere jetzigen schreibenden Propheten 100 Jahre später. Die Metzelei der Trommelfeuer in Flandern, die schändliche Blödheit der Sieger in Versailles, davon ahnte

Schnitzler ebensowenig wie unsere schreibenden Größen vor dem Sturz des Sowjetsystems oder vor und noch mehr nach dem Fall der „Türme" in Manhatten. Kurz, die „Privatisierung" des fortgeschrittenen Menschen macht ihn schon autonom, wo er noch nicht einmal genug von sich und seinem miesen Wesen weiß. So verletzt er bei seiner Selbstbestimmung straflos das höchste Gut, was einem Lebewesen von Natur her anvertraut sein kann: die eigene Brut. Zehntausende von „Scheidungswaisen" bevölkern bereits mit ihren sozialen Defekten unsere Gemeinden.

Ein Organismus, der derart blind seine immanenten Lebensgesetze mißachtet, ist zum Untergang bestimmt. Der irdische Prozeß „Leben" läßt nur in luxurierenden Einzelindividuen oder Partialgesellschaften auf Zeit willkürliche Autonomie zu, solange jedenfalls als die große Masse der Artgenossen normal artbestimmt bleibt. Bei nunmehr 6 Milliarden fruchtbar kreuzbarer Individuen erscheint diese Vorbedingung tatsächlich auf noch absehbare Zeit für Homo sapiens erfüllt. Aber wir jetzigen Fortschrittsträger sollten uns klar darüber sein, daß wir auf Dauer neben den noch Entwicklungsbedürftigen keine Zukunftschance haben. Mit ihrer noch naturkräftigen Populationsdynamik werden diese uns in wenigen Generationen überholen, d.h. unsere Gesellschaften werden sich physisch umfärben und kulturell fleckiger werden. Wie bei den alten Ägyptern, Persern, Griechen, Römern werden die Nachfolger sich noch als stolze Erben gleich benennen, aber nicht mehr materialgleich sein. Und da Menschen seit Jahrtausenden ihre Identität weniger im Physischen als im Ethologischen suchen und demonstrieren, wird es noch lange „Spanier", „Franzosen", „Deutsche" geben, auch wenn sie nicht mehr so aussehen. Wer Kunstgeschichte studiert hat und in Griechenland war, weiß, wie das gemeint ist.

Da die Menschen seit Jahrtausenden ihre Identität weniger im Physischen als im Ethologischen suchen und demonstrieren, wird es noch lange „Spanier", „Franzosen", „Deutsche" geben, auch wenn sie nicht mehr so aussehen

So wandelt sich das Bild der Welt durch die Millennien nicht nur geomorphologisch, sondern auch in den wechselnden Ansichten, die ihre Menschenfauna bietet.

Ein Weltbild, das wir uns an beliebiger Stelle heute machen, ist aber nicht nur eine Komposition konkret wahrgenommener Zustände und Vorgänge, sondern auch Produkt unseres daran arbeitenden Denkapparats. Dessen „Entwicklungs"-Zustand ist von entscheidender Bedeutung für Perspektive und Interpretation des jeweils Wahrgenommenen. Nur wer sich die intellektuelle Mühe macht, unablässig den Blickpunkt zu wechseln und nach Vergleichbarem zu suchen, wird auch zum Verständnis der unzähligen Bilder, die uns die Welt bietet, kommen. Sein Weltbild wird dem einzelnen Menschen nicht geschenkt, er muß es sich selbst erwandern, erschauen, erarbeiten. Und nur auf diese mühevolle Weise kann er zur vergnüglichen Zusammenschau des Ganzen und seines zeitweiligen Daseins in ihm kommen. Trotzdem wird er schließlich in unbefriedigter Neugier enden.

Vorwort

Dieser 2. Band meiner Selbstbeschreibung („Erfüllte Endlichkeit") enthält kaum mehr Biographisches im eigentlichen Sinne. Ich summiere hier das, was ich in meiner „Welt" erlebt habe und von ihr weiß, in Worten und Bildern zu dem, was man gemeinhin sein „Weltbild" nennt. Dieses Wort ist ja – zumindest bei sogenannten Gebildeten – viel im Gebrauch. Sein begrifflicher Inhalt freilich macht vielen auch Probleme (dazu: siehe ab Seite 9). Ich jedenfalls halte mich an Kant, der Begriffe ohne Anschauung für blind erklärt hat. Das heißt doch schlicht, daß nur der ein wahres Weltbild haben und vorweisen kann, der sich die Mühe gemacht hat, das, was wir unsere „Welt" zu nennen pflegen, auch tatsächlich anzuschauen. Das „Anschauen" ist bekanntlich ein mehrdeutiger Begriff: Ich meine es hier eindeutig als wahrnehmungsphysiologisches Phänomen; d.h. nur was ich optisch, akustisch, taktil, chemosensorisch „angeschaut" habe, macht mir mein „Weltbild" aus. In Phantasie und Traum, visionär und ideologisch kann ich es bekanntlich erweitern oder verengen. Solange aber mein ungetrübter Verstand funktioniert, werde ich in meinem Bewußtsein das tatsächlich Erlebte von diesem Virtuellen unterscheiden können. Sinnestäuschungen und Einbildungen vieler Art sind „natürlich" immer möglich. Die Quellen bedenklichster Virtualität sind Ideen, Glaubenslehren, Offenbarungen, also „Esoterisches" aller Art. Aus solchen „inneren" Erfahrungen resultieren aber Welt-„Bilder", die eine ganz andere Qualität haben als das hier von mir vorzustellende. Ich vergleiche jene gern mit den Bildern, die wir im Kino oder auf Bild-„Schirmen" sehen: Fällt da der „Strom" aus, der die Bildfolgen oder Bildpunkte liefert, sind sie weg, und ihre Virtualität wird erkennbar. Ist dieser „Strom" nicht das, was in unserem Projektor Hirn die Phantasie, der Glaube, die Ideen sind?

Kant erklärte Begriffe ohne Anschauung für „blind". Das heißt doch auch, daß nur DER ein wahres Weltbild haben und vorweisen kann, der sich die Mühe gemacht hat, das, was wir unsere „Welt" zu nennen pflegen, auch tatsächlich anzuschauen

Obwohl mir bewußt ist, daß auch unsere faktische Sinnesphysiologie mit einer inneren (zentralnervösen) Transformationsinstanz arbeitet, die die physikalische Wirklichkeit unserem „Erleben" überhaupt erst zugänglich macht, bleibe ich dabei, daß diese natürliche „Datenverarbeitung" – die ja dem strengen Selektionsprozess der Evolution unterworfen war und ist – etwas wesentlich anderes ist als die oben genannten „inneren" Erfahrungen des Glaubens und der Esoterik. Die sensorischen und neuralen Prozesse zum Beispiel, die in uns bewirken, daß unterschiedliche Wellenlängen in qualitativ verschiedenartig wahrgenommene Töne oder Farben transformiert werden, sind naturgesetzlich streng geregelt. Fehler, die selbstverständlich auch dabei auftreten können (z.B. Farben-„Blindheit", Tinnitus), sind ja objektiv (d.h. vergleichend) als solche nachweisbar. Hingegen sind „eingebildete" Weltbilder, vor allem wenn sie auf kollektiven Ideen oder Glaubenslehren beruhen, für die Träger solcher Ideen oder Glaubenslehren als virtuelle Phänomene nicht zu erkennen. Sehr große Teile der sogenannten Menschheit tragen bekanntlich solche Weltbilder mit sich herum oder gar vor sich her, so daß ihnen die nüchterne (rationale) Sicht auf die Welt verstellt bleibt.

Wenn ich also im folgenden von meinem Weltbild rede, dann ist das schlicht wörtlich gemeint. Indem ich 70 Jahre lang Bild um Bild aus aller „Welt" (= Biosphäre „unseres" Planeten Erde) neugierig betrachtet, verglichen und zu allen mir zugänglichen räumlichen, zeitlichen, außer- und innermenschlichen Fakten in

Beziehung zu bringen versucht habe, und nachdem ich schließlich viele der Bilder auch konkret festgehalten habe, konnte ich es mir guten Gewissens erlauben, diese subjektive Bilderschau hier als mein „Weltbild“ zu verkaufen. Ich habe zwar mein Geld als Zoologe verdient; aber außerhalb dieses „Faches“ immer versucht, von der „Welt“ so viel wie möglich wahrzunehmen und zu verstehen.

Der folgende Text gliedert sich in fünf (ungleiche) Kapitel:

1. Überlegungen zum Begriff „Weltbild“
2. Bilder und Kommentare aus aller „Welt“, nach Erdteilen und Ländern geordnet
3. Das Auto als spezifisches Weltbild-Vehikel
4. Ein Sonderaspekt: Tiere in der Kunst
5. Gereimtes – Sprüche zum Jahreswechsel

   Als 84-jähriger auf familiärer Spurensuche im Baltikum – mein letztes Beispiel unermüdeter Weltbild(er)suche

Dank

Auch dieses Buch verdanke ich in seiner facettenreichen Erscheinung der verständnisvollen Gestaltungskunst von Frau Mag. Elisabeth Fischnaller aus Gallneukirchen bei Linz. Sie hat viel Freizeit darin investiert und Nachsicht mit den Gedankensprüngen des Autors. Vor allem mußte sie aus einem dreimal größeren Bildangebot die rechte Auswahl treffen. Für diese lange, still, aber trefflich geleistete Arbeit zwischen meinen dicken Ordnern und ihrem flimmernden Bildschirm ist ihr auch der Dank meiner Leser gewiß.

Und der Frau, die mir meine eigensi(ü)chtige Weltbetrachtung und Selbstdarstellung in der dazu nötigen Alltagsfreiheit überhaupt erst möglich gemacht hat, schulde ich darüber hinaus den Dank dafür, daß ich tagaus tagein diese und noch manche andere Kopfarbeit dazu tun konnte. Gunda, meine liebe und verständnisvolle Cousine aus Coburg, hat den alten Herrn für diese sehr späte Bilder- und Gedankensammlung immer fit gehalten, auch wenn er dabei nicht selten wenig „genießbar“ war.

Die dritte im Bunde meiner späten Wegbegleiterinnen und Produktionsstützen ist Frau Dr. Margarete Roithmair, die ihrem alten „Doktor-Vater“ weiterhin fach- und schreibkundig hilft, seine vielen handschriftlichen Ergüsse zeitgemäß zu „verewigen“. Ihn freut es, daß sie das noch immer so engagiert tut, auch wenn ihr inzwischen wißbegierig anspruchsvoller Nachwuchs zugewachsen ist.

Neben diesen dreien wäre noch vielen anderen zu danken. Ich hoffe, alle wissen, wie schön sie mir das dritte Lebensdrittel gemacht haben und noch machen.

Wien, im September 2004

Inhaltsverzeichnis

Kapitel 1

Kapitel 2

Impressum

Herausgeber sowie für den Inhalt verantwortlich:
Prof. em. Dr. Friedrich Schaller
Texterfassung: Dr. Margarete Roithmair
Gestaltung und Druckorganisation: Mag. Elisabeth Fischnaller
Druck: Denkmayr Druck & Verlag GmbH, 4020 Linz

ISBN 3-902257-92-x

Zum Begriff „Weltbild"

Weltbild – Einleitung

Wenn man Leute, die von ihrem und anderer Leute Weltbild(ern) reden, fragt, was so ein „Weltbild" denn sei, bringt man sie leicht in Verlegenheit. Das zusammengesetzte Wort enthält ja zwei Silben von selten reflektierter Bedeutung. Das Wort Welt erweist sich dem, der es ins Bewußtsein hebt, rasch als Hülse, die ohne Beiwort hohl ist. Und das Wort Bild entpuppt sich als einer jener Zwitterbegriffe, deren Bedeutung zwischen Sachbezeichnung und Metapher schwankt. Als Autobiographiker habe ich über das Wort Welt im 1. Band meiner Selbst- und Weltbetrachtungen sinniert und bin dabei zum Schluß gekommen, daß es materiell wie spirituell beliebig vielartige Welten gibt. Das Welt-„all" ist der Denkversuch eines letzten „Ganzen", für das wir freilich weder spirituell noch materiell je eine Form oder gar Grenze finden.
Auf unserem Erdplaneten haben wir aber genug meßbare Welten für endlose Such- und Denkarbeit. Und dazu benötigen wir dann jeweils das, was wir ein Bild nennen. Begriffe ohne Anschauung bleiben leer, wußte schon Kant. Auch unser(e) Weltbild(er) bräuchte(n) also Anschaubarkeit. Wer sich allerdings das Nichts denken kann, hat dieses Bedürfnis nicht, und wer klug ist, dem sind All und Nichts gleich (egal).

Zum Weltbild durch nüchterne Betrachtung des Realen in Raum und Zeit

Als schlichter Realist habe ich mich freilich in meinen 80 Daseinsjahren mit solchen Denkgespinsten nicht befaßt, sondern spätestens vom 20. Jahr an (siehe Band 1) mein (irdisches) Weltbild auf die statistisch zu erwartende Lebensdauer hin projiziert und projektiert, geleitet von der Überlegung, daß nur bewußt und womöglich vergnüglich genutzte Zeit Sinn haben kann. So betrachtet ist nun dieser 2. Band meiner Autobiographie der eigensichtige Versuch, mein Weltbild zu konkretisieren, indem ich die realen Bilder, die ich lebenslang überall in dieser Erdenwelt gesammelt habe, hier über ihre reflexiven Unter- und Hintergründe zusammenfüge, um daraus in meinen lesenden Betrachtern womöglich das entstehen und zur Anschauung kommen zu lassen, was sich als mein „Weltbild" bezeichnen ließe. Ich meine nämlich schlicht, daß auch ein solches ohne Anschauung leer bleibt, und ich meine das konkret: Wenn einer schon ein Weltbild hat, dann muß er auch „die Welt" (die er meint) **faktisch gesehen haben.** Natürlich weiß ich, daß zwischen sehen (wahrnehmen) und erkennen (bewußt werden) eine entscheidende Differenz liegt, die sich dem Weltenbummler nicht von selbst erschließt. Er muß schon zur Seharbeit auch Denkarbeit leisten, wenn er aus gesammelten Weltansichten zu einem Weltbild kommen will. Dieses aber wird umso treffender sein, je mehr er von der Welt (bewußt) gesehen hat.

Wer sich redlich bemüht hat, diese Erde und ihre Bewohner konkret wahrzunehmen, der kann sich nicht mehr so leicht Beliebiges dazu denken

Die vielen virtuellen Weltbilder, die uns Theologen, Philosophen, Literaten, Künstler, Ideologen, Staatsmänner und a.m. hinterlassen haben, zeigen es klar: Das Denken hat zwar (logische) Gesetze, aber keine Grenzen. Das Hehrste und das Leerste denkt sich leicht in Einem. Wer sich aber redlich bemüht hat, wenigstens diese Erde und ihre Bewohner konkret wahrzunehmen, der kann sich nicht mehr so leicht Beliebiges dazu denken. Er wird zum Beispiel, wenn er „Mensch" sagt, im Auge behalten, daß es derweil 6 Milliarden davon gibt, die sich nicht einfach über einen Menschheitskamm scheren lassen; er wird „das Leben" nicht hinter, sondern in seinen Erscheinungen suchen: er kann den Sinn seiner Existenz nur im „Diesseits" finden; und er wird sein Weltbild nicht abstrakt im Kopf pinseln, sondern konkret, d.h. aus seiner Welterfahrung in Zeit und Raum formen und weiterentwickeln. Daß er von der „Welt" immer nur ein Bild besitzt, weiß er ja. Für Kants „Ding an sich" fehlt seinem Computer die Maus. Umso vergnüglicher surft er durch die Bilderflut der Dinge um sich.

•**Zum Begriff des Weltbild(er)sammlers:** Ernst Haeckel hat schon in der Dampfschiff- und Eisenbahnzeit seine Weltbilder gesammelt, sie aber noch ganz in Handarbeit gefertigt. So hat er den Adams Peak auf Ceylon nicht nur bestiegen, sondern auch mit dem Zeichenstift meisterhaft festgehalten.

Zeichnung von Ernst Haeckel aus dem Phyletischen Museum in Jena

• Der **moderne Weltbild(er)sammler** hat es mit dem Photoapparat technisch zwar leichter, zu vielen Bildern zu kommen, aber viele Stunden verbringt er dazwischen eingesperrt in engen Flugzeugkabinen.

Allerdings kann er auch zu Tiefblicken kommen, von denen seine Vorgänger kaum träumten, wie etwa hier beim atemberaubenden Blick auf Kibo und Mawenzi, wie er mir nach 3 auffrischenden Bypässen 1998 im Flug nach Madagaskar vergönnt war. Ohne Dietlinde, die den rekonvaleszenten Vater rechtzeitig weckte, hätte ich dieses Bild verschlafen. Nun aber füllte es die hellwachen Augen, und das Hirn erlebte „im Geiste“ noch einmal, wie es dort unten auf der

Ein einmaliger Blick auf einen einmaligen Berg (15.8.1998): Sonnenaufgang über dem Kilimandscharo

Uhuru-Spitze des linken Kraterrandes vor 15 Jahren seinem Afrikabild das Glanzlicht aufgesetzt hat. Und danach krochen im sich erneuernden Dämmerschlaf durch seine grauen Windungen allerlei wunderliche Überlegungen wie etwa diese:

Da unsere Welt im engeren Sinne (als Erdglobus) eine Kugel ist, hat sie auf ihrer Schale keinen Mittelpunkt. Die beiden Pole, die sich als mögliche Ausgangspunkte eines physischen Weltordnungsversuchs anbieten, sind bekanntlich leider extrem ungastlich. Somit bleibt auch dem um objektive Betrachtung bemühten Weltbildner nur **ER selber als Bezugspunkt** aller seiner Be- und Erfahrungen. D. h. nur ein Mensch, der weiß, wo er steht, kann auch ein festes Weltbild haben. Das ist naturgemäß ein metaphorischer Satz. Aber er hat einen durchaus rationalen Sinn. Den nämlich, daß jeder selbst Bezugspunkt seines festen Koordinatensystems sein muß, wenn er diese (seine) Welt als etwas Sinnvolles erleben, d. h. ein festes, gesichertes Weltbild haben will. Ich habe die Erfahrung gemacht, daß es nur ein brauchbares solches Bezugssystem gibt; das ist **die Sippe und Kultur, in der wir daheim sind.**

Jeder Mensch muß selbst Bezugspunkt seines festen Koordinatensystems sein, wenn er diese (seine) Welt als etwas Sinnvolles erleben will

Enkelin Melanie

„Meinen" Globus habe ich seit 50 Jahren überzogen mit einem dichten, aber ungerichteten Netzwerk explorativer Reiserouten. Sie beginnen und enden jedoch alle im gleichen Kulturraum. Wenn es ein „Weiterleben" gibt, dann ist es nur über eine fortdauernde, identische Kultur möglich, am sichersten in physischer Erbfolge. Überall kann zwar das Leben reich und schön sein. Sinnvoll jedoch ist es nur in der Weitergabe. Und diese garantieren uns Kinder und Enkel am ehesten. „Freunde" tun das nur bedingt, weil sie mit uns sterben.

Wenn es ein „Weiterleben" gibt, dann ist es nur über eine fortdauernde, identische Kultur (Nachkommenschaft) möglich

•**Die Weltbildfrage der Dimensionen:** Wer sich ein Bild von der Welt macht, muß in Zeit und Raum denken. Wir Menschen sind auch überzeugt davon, das zu können. Alle unsere Begriffe beruhen auf bildlichen Vorstellungen: Ob wir etwas ver-stehen, be-greifen, vor-stellen, ver-folgen, stets verrät unsere Sprache, daß unser „Verständnis" auf räumlich-zeitlicher Einsicht beruht. Selbst wenn wir uns vorgeblich anschicken, dieser Raum-Zeitwelt denkend zu entschlüpfen, erläutern wir diesen hehren Vorgang (Prozess) mit einem Begriff aus dieser Welt: Wir sprechen schlicht von Trans-Szendenz. Jedes Mal, wenn ich dieses hochphilosophische Wort vernehme, sehe ich vor meinem geistigen „Auge" das über den jeweils gedachten (vorgestellten) Zaun erhobene Bein des Transzendierenden.

Wurzelstock eines Mammutbaumes in Kalifornien, Symbol eines über-menschlichen Zeitmaßes

Aber wir haben ja schon innerhalb unserer „nur" konkret wahrnehmbaren und meßbaren Welt ernste Vorstellungsprobleme. Das beigefügte Foto z.B. zeigt Brunhilde vor dem Wurzelstock eines Mammutbaums in der kalifornischen Sierra Nevada. Diesen

Pflanzenriesen haben vor Jahrzehnten holzgierige Menschen in wenigen Tagen gefällt. Daß er 2000 Jahre zu seiner Gestaltwerdung benötigt hat, wissen wir zwar, aber wer kann sich diesen übermenschlichen Zeitraum wirklich vorstellen? Konkret keiner! In unserer individuellen und gesellschaftlichen Lebensplanung sind ja schon 50 Jahresperioden virtuelle Zeiträume. Wir sehen das an der aktuellen Problematik unserer Alters-„vorsorge", die wir zwar ängstlich reflektieren, für die wir aber die primitivste Vorausstzung vernachlässigen: das Kinder Machen.

Schauen wir gar von der Mammutbaumleiche weg hinauf zum Himmel, dann wird's schnell dem Gescheitesten klar: Dimensional kommen wir in dieser Welt einfach nicht zurecht. Millionen Kilometer bis zur Sonne mögen ja einem „großen" Geist noch einbildbar sein, aber Lichtjahre sind das gewiß keinem noch so großen solchen mehr.

Astronomen und Physiker reden von Milliarden Lichtjahren und Millionsteln von Millimetern wie von dem Stück „Grund", das sie „besitzen"

Mit Respekt höre ich unseren Astronomen und Physikern zu, wenn sie von Milliarden Lichtjahren und Millionsteln von Millimetern reden. Und es geht mir dabei so wie dem 12-jährigen, der bei der Wandlung in der Messe einst sich gefragt hat: Glaubt der Pfarrer da vorn wirklich das, was er sagt?

Der menschliche Geist ist das Tollste, was es „gibt". Er macht sich sogar ein „Bild" von dem, was er sich nicht vorstellen kann.

•Und hier gleich noch ein konkretes Beispiel für unsere dimensionale Vorstellungs-Impotenz in der Zeit – **Die Stromatolithen:** An Australiens Westküste haben sich Binnenteiche erhalten, die einen Blick auf Lebewesen von 3,5 Milliarden Jahren Alter öffnen. Die im ufernahen Flachwasser sichtbaren Kalktische sind Blaualgenriffe, deren schleimige „Erbauer" während dieses unvorstellbaren Zeitraums dabei geblieben sind, nur sich selbst zu reproduzieren, indem sie Sonnenlicht einfingen, um Methan zu spalten und Sauerstoff freizusetzen. So haben sie aus der lebens-„feindlichen" Uratmosphäre der „jungen" Erde unsere heutige Biosphäre gemacht, still aber unentwegt im Dienste des sich entfaltenden „Lebens" weiterwirkend, dreieinhalb Milliarden Jahre lang, die wir uns zwar nicht vorstellen können, die aber „jetzt" zum Weltbild aller Gebildeten gehören. Im Vergleich damit bringen wir es ja als milliardenzellige Einzellebewesen allerbestenfalls auf ein einziges Jahrhundert!

Binnenteiche mit 3,5 Milliarden Jahren alten Lebewesen (Stromatolithen), Australien

Das Unendliche:

„Willst Du ins Unendliche schreiten, geh' nur im Endlichen nach allen Seiten“,

besser läßt sich der Denkunfug der Unendlichkeit nicht karikieren. Ein auf diesem Planeten zum Denken gekommenes Lebewesen muß ja begriffliche Probleme haben, wenn es sein **irdisches Weltbild ins Kosmische** projiziert. Da versagen ihm seine planetaren Maßstäbe zwischen dem Nichts und dem All. Beides kann er nicht denken. Aber er kann Undenkbares sprachlich formulieren. Und so meint er, er könne auch Unbegreifliches begrifflich fassen. Wozu wiederum unser Altmeister G. die passende Kurzform gefunden hat: *„denn eben, wo Begriffe fehlen, da stellt ein Wort zur rechten Zeit sich ein.“ (Goethe, Faust)*

Wir reden im Alltag von der Ewigkeit, vom All, vom Nichts und von vielen anderen Kopfgeburten so, als ob es sie gäbe wie uns, den Apfelbaum im Garten oder den Mond

Raum und Zeit sind keine Wirklichkeiten, sondern Denkformen. Kant hat das am deutlichsten so gesagt. Nur wer erst etwas Wirkliches wahrnimmt, kann zu ihnen kommen; von den Amöben bis zu uns „herauf“ ein mühsamer Prozeß! Dieser bleibt im Normalfall unbewußt, so daß wir im Alltag von der Ewigkeit, vom All, vom Nichts und von vielen anderen Kopfgeburten so reden, als ob es sie gäbe wie uns, den Apfelbaum im Garten oder den Mond. Auch dabei spielt uns unser schlichter, d.h. „angesichts“ der Wirklichkeit völlig unzureichender Sprachgebrauch üble Streiche. Wir erfahren und begreifen, und vergessen ganz, was das in Wahrheit bedeutet. Die Kuriosität der Floskel von einer „inneren“ Erfahrung wird kaum einem bewußt, der sie äußert. Wer fragt sich schon, wo und wie er da unterwegs war? Schon mit der **nüchternen Wahrnehmung von sich** selbst haben viele ihre Bewußtseinsprobleme: Sie treiben Selbstfindungsspiele und verwirklichen sich sogar – obwohl sie sichtlich, hörbar und greiflich „da“ sind. Ein Sein ohne Ortsbestimmung ist sinnleer. Wenn etwas ist, muß es hier oder dort oder sonstwo sein, kurz eben „da“ sein. In irdischer Sicht ist das so. Wenn ich freilich – im Geiste – darüber hinaus „gehe“, „komme“ ich in räumliche Sprachgefilde von wunderbarer, um nicht zu sagen wunderlicher Weite. Ich denke das Endlose und gerate „zum“ Unendlichen. Dies wiederum kann logisch weder einen Anfang noch einen Schluß haben und gerät mir damit zum Ewigen. Im Ewigen fühle ich mich wohl; da mag passieren, was will. Auf dem „Weg“ dahin konvergieren bekanntlich auch unsere größten und kleinsten „Geister“. Man muß nur einem Schamanen und einem theoretischen Physiker einmal kritisch zuhören. Bescheiden ist keiner der beiden. Und bei den „transzendenten“ Denkern unter ihnen kommt noch fehlender Anstand hinzu. Sie halten ihr Ideenkonzept für einen verbindlichen Lehr- und Bekehr-Auftrag von höherer Seite, die, wenn sie als letzte „höchste“ Instanz gedacht wird, gemeingefährlich werden kann, wie uns die lange Ideengeschichte der Menschheit lehrt.

Unser Bewußtsein ist das wunderbarste Phänomen dieser Welt. Es gibt uns unseren Platz in ihr, der sich als die reizvoll vielgestaltige Oberfläche dieses Planeten erweist. Es belastet uns aber auch mit der Frage nach dem Sinn: *Woher, wohin, wozu* – die drei Worte zeigen dem Denkenden deutlich den dimensionalen Charakter aller denkbaren Weltbilder: her, hin, zu sind schlichte Begriffe unserer Raum-Zeit-Sprache, die sich außerhalb unserer irdischen Heimstätte schnell als unzureichende Phrasen erweisen. Das All gerät ins Endlose, mit dem sich's zwar „logisch“ rechnen läßt („Infinitesimalrechnung“ des Leibnitz), „in“ dem wir aber auch, wenn wir's uns denken, haltlos zappeln und als „Kinder“ unse-

Unsere irdische „Natur“ läßt uns raschen Trost bei „Gott“ – als gedachter Instanz – suchen rer irdischen „Natur" rasch bei „Gott" Hilfe suchen und finden. Diese gedachte Instanz macht das **Dasein im All wieder sinnvoll**. Für sie zu leben lohnt sich, weil jeder von uns raum- und zeitlos in oder auch mit ihr gedacht ist, wobei wiederum die Wörtchen „mit" und „in" noch ein vertracktes Dimensionsproblem sichtbar machen, nämlich das, daß einem an sich raum- und zeitlos Gedachten (Gott) eigentlich nichts hinein- oder hinzu-gedacht werden kann.

In jedem Betracht erweist sich das Unendliche, Ewige als rationale Unredlichkeit dessen, der es in den Mund nimmt. Aber das Faktum unseres existentiell geradezu lächerlich bedeutungslosen Daseins quält halt nahezu alle Artgenossen offensichtlich derart sehr, daß sie sich ein überirdisches Sinnkonzept machen müssen. Solange das daseinsverträglich und einigermaßen variationstolerant bleibt, kann auch der nüchterne Mit-Denker nichts dagegen haben. Bedenklich sind freilich jene Konzepte, die den absoluten Wahrheitsanspruch stellen, oder wie man so schön zu sagen pflegt, das alleinseligmachende Konzept haben. Das sind insbesondere die sogenannten monotheistischen Religionen (Juden- und Christentum, Islam), deren rabiate Anhänger zeitweise auch vor Mord- und Totschlag nicht zurückschrecken. Für ihre ewige Seligkeit nehmen sie auch die Vorverlegung des eigenen Todes in Kauf und Zahlung.

Radikale Anhänger von „alleinseligmachenden" Religionen schrecken auch vor Mord nicht zurück

Das dritte Jahrtausend unserer oriental-europiden Menschheitsgeschichte hat ja gerade mit so einem irren Handlungsablauf begonnen (11. 9. 2001). Da sind die rationalen Dimensionsdenker und Forscher unserer „Wissenschaft" doch sympathischer. Sie verpulvern zwar auch viel Gehirnschmalz und vor allem Geld bei der All- und Nichts-Forschung in Milchstraßen, Schwarzen Löchern, Urknällen und Urstaubwolken; aber sie fordern dafür keine Menschenopfer, sondern nur Steuergelder. Für unser irdisches Weltbildsystem, d.h. für das, was „wir" an und aus unseren Himmeln zu sehen und zu messen kriegen, ist die Wissenschaft sogar zu einer kuriosen Antwort auf die Unendlichkeitsfrage gekommen: Sie hat einen Urknall „gefunden", mit dem sogar das Ganze (das All also) „begonnen" haben soll, womit freilich auch der Begriff „unendlich" zusammen mit seinem Zeitzwillingsbruder „ewig" im Eimer ist (weil die Metapher hier gar so schön paßt); denn was anfängt, kann nicht unendlich sein, selbst wenn es endlos bleibt. Und dem schlichten Erdenbürger kann alles Unendliche und Ewige sowieso schnurz sein. Er weiß, daß er geboren wurde und sterben wird, als eine ziemliche Einmaligkeit freilich.

Antike griechische Weltkarte

(Aus: Marion Giebel, Reisen in der Antike. Wissenschaftl. Buchges. 1999)

Karte des Hekataios

In den Köpfen gebildeter Alter Griechen waren **Endlichkeit und Unendlichkeit** sauber gertrennt: Der „Erdkreis" schwamm und endete im unendlichen Ozean, und die Frage, worin dieser sich dehnte, blieb ihnen müßig, weil undenkbar. Da sind unsere zeitgenössischen Astrophysiker weniger zimperlich. Sie denken sich nach dem Urknall beliebig weit hinaus, und zwar je weiter, desto schneller.

Nochmals zurück zu dem Motto, das in einem Dutzend Wörtern alles sagt, was zu sagen ist:

Willst Du ins Unendliche schreiten,
geh' nur im Endlichen nach allen Seiten.

Goethe, Sprüche in Reimen

Wer sich nicht wegdenken kann, der kann auch zu keinem richtigen Weltbild kommen. Er kommt sich selber in die Quere, wenn er die „Welt" betrachtet; denn er war ja zuvor schon da und wird folglich auch „danach" da sein, zwar nicht in Raum und Zeit, aber als Geist, der immer und überall, gewissermaßen also nirgends, west. Wer sich so in seiner Welt „sieht", hat freilich kein Problem mit ihr. Sein „Geist" gibt ihr ja „Sinn" durch sich und seinesgleichen und diesem Sinn dient alles andere auch.

Der Mensch ist eine „Randfigur" im kosmischen Geschehen.

Wer sich nicht „wegdenken" kann, kommt sich selber in die „Quere"

„In" der Welt selber aber stößt sich der Sinnsucher am Unsinnigen überall. Denn sobald die Welt nicht nur „geistig" gedacht, sondern auch materiell erfahren wird, zerfällt ihr Bild zur **Bilderflut mit Dimensionen und Relationen** endloser Art. Da erlebt sich der nüchtern Schauende nicht als Mittelpunkt, sondern als Randfigur. Sein „Weltbild" schrumpft zum Nebenpunkt im All, wo er Sinn nur bei sich findet. So kommt einer also auch ohne „Geist" zur Sinnfrage, und so konvergieren schließlich alle Weltbildermacher auf den gleichen Ausgangs- und Endpunkt: Im Kreis von *Ich-Menschheit-Erde-Kosmos-Erde-Menschheit-Ich*. In diesem Circulus bewegen sich alle denkenden Menschen auf ihrer Weltbildtour, ob mit oder ohne geistigen „Überbau"!

Konkret bevölkert „der Mensch" zwar nur das wohnliche Oberflächenhäutchen „seines" Planeten, das wir Biosphäre nennen, aber **virtuell** bewegt er sich darüber weit hinaus. Sein Weltbild ist also meist mehr imaginiert als realisiert. Das stört freilich kaum einen. Im Gegenteil: Das sicherste Weltbild haben die, die nahezu nichts von der Welt sahen. Ihr „geistiges" Auge fügt alles widerspruchsfrei zusammen. Der konkrete Weltbildner hingegen braucht Jahr um Jahr, bis er einigermaßen sicher sein kann, daß er weiß, wovon er spricht, wenn er da oder dort von der „Welt" redet. Über das Ganze (= All) schweigt er lieber; denn das „Irdische" oder gar Außer-Irdische bleibt ihm zeitlebens bestenfalls bruchstückhaft zugänglich. Solche teuren „Erfahrungen", wie die nebenan in „Die Presse" vom 17. 4. 1997, Seite 24, angebotene, bleiben ihm aus Gründen der Redlichkeit schlicht fremd. Wenn er sich doch sein Weltbild gemacht hat, dann war es ein mühsam aus abertausenden Bildern gefügtes. Dazu ist er jahrzehntelang unterwegs gewesen, im Kleinen wie im Großen, im Nahen wie im Fernen, in nahezu allen Lebensräumen der Erde und bei vielen seiner bunt verschiedenen Artgenossen.

VERANSTALTUNGEN

Aura-Soma soll angeblich die Lebensqualität mittels Pflanzen, Farben und Edelstein-Energien steigern. Wer diesen Behauptungen nachgehen will, kann an einem Workshop im Seminarzentrum „Die Lichtung" bei Zwettl im Waldviertel teilnehmen (25. bis 27. April, 3300 Schilling ohne Quartier;

Und während er dies schreibt, findet er in seiner Post dieses aktuelle Angebot: Es richtet sich sichtlich an Mitmenschen, für die der ganze bunte Schöpfungsaufwand „für die Katz“ war und bleibt, weil sie nun nur mit sich selber befaßt sind und ihre „Weltbilder“ bei inneren Befahrungen knipsen.

Unerbetene Einladung
Postwurfsendung, 2003

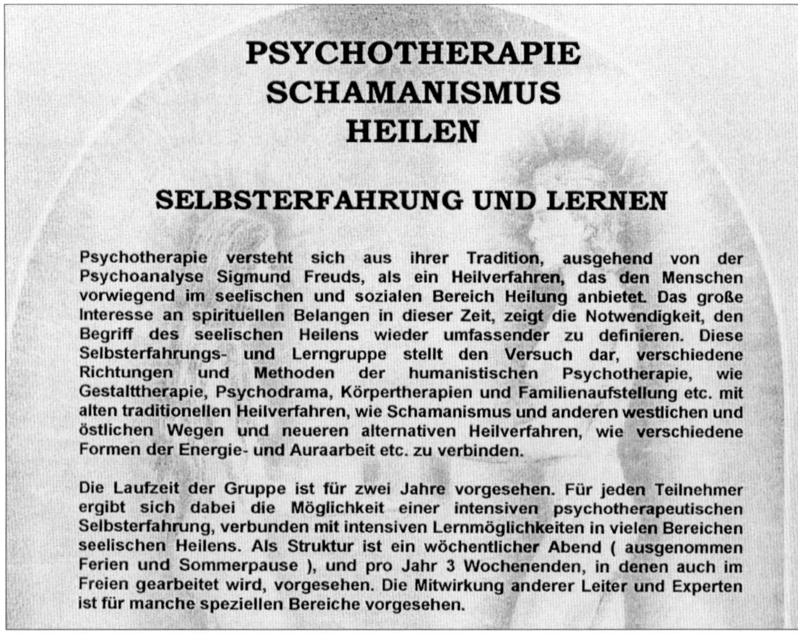

PSYCHOTHERAPIE
SCHAMANISMUS
HEILEN

SELBSTERFAHRUNG UND LERNEN

Psychotherapie versteht sich aus ihrer Tradition, ausgehend von der Psychoanalyse Sigmund Freuds, als ein Heilverfahren, das den Menschen vorwiegend im seelischen und sozialen Bereich Heilung anbietet. Das große Interesse an spirituellen Belangen in dieser Zeit, zeigt die Notwendigkeit, den Begriff des seelischen Heilens wieder umfassender zu definieren. Diese Selbsterfahrungs- und Lerngruppe stellt den Versuch dar, verschiedene Richtungen und Methoden der humanistischen Psychotherapie, wie Gestalttherapie, Psychodrama, Körpertherapien und Familienaufstellung etc. mit alten traditionellen Heilverfahren, wie Schamanismus und anderen westlichen und östlichen Wegen und neueren alternativen Heilverfahren, wie verschiedene Formen der Energie- und Auraarbeit etc. zu verbinden.

Die Laufzeit der Gruppe ist für zwei Jahre vorgesehen. Für jeden Teilnehmer ergibt sich dabei die Möglichkeit einer intensiven psychotherapeutischen Selbsterfahrung, verbunden mit intensiven Lernmöglichkeiten in vielen Bereichen seelischen Heilens. Als Struktur ist ein wöchentlicher Abend (ausgenommen Ferien und Sommerpause), und pro Jahr 3 Wochenenden, in denen auch im Freien gearbeitet wird, vorgesehen. Die Mitwirkung anderer Leiter und Experten ist für manche speziellen Bereiche vorgesehen.

Wenn ich also diesen zweiten Band meiner Lebens-Geschichte und Lebensbefunde **„Das Weltbild eines Nüchternen“** nenne, so heißt das nur, daß hier einer von „seiner“ Welt in Bildern redet, die er sich wirklich selber gemacht hat und zu denen er das, was zu sagen ist, auch sich selber gedacht hat. „Nüchtern“ nenne ich's, weil es für mich nichts gibt, was der Faszination des Realen gleichkommt. Im Rausch der Ideen, letzten Wahrheiten und überirdischen Aufträge geht mir der Reiz des Wirklichen unter, und diesem Untergang kann nur die Scham des erkannten Selbstbetrugs folgen, sofern das Untergegangene je wieder auftaucht, d. h. ins **Bewußtsein** des Selbstbetrügers zurückkehrt.

Es gibt für mich nichts, was der Faszination des Realen gleichkommt

Die Welt und mein Bild von ihr sind freilich nie in Kongruenz zu bringen. Ich kann mich um die angemessenen Proportionen, um richtige Korngröße und Lichtverteilung bemühen. Für den Zeitfaktor, das Funktionelle, den Sinn habe ich aber bestenfalls nur Modelle und Metaphern zur Hand.

Aber was das Menschliche betrifft, dafür bin ich gut versorgt mit Erfahrung und Überlieferung. Allerdings ist auch da mein Raster sehr eurozentriert. Immerhin habe ich doch in allen Erdteilen meine vergleichenden Studien angestellt, und wenn ich sage „der“ Mensch, dann denke ich stets daran, daß wir 6 Milliarden von sehr verschiedener Sorte sind. Somit lasse ich nun die Neugierigen in meiner Weltbild(er)sammlung blättern. Die (Den) lernte ich gern kennen, die (der) ihre (seine) Welt mit gleichen Augen sieht. Ich fürchte, daß es nicht viele sind.

Immerhin hat mir sogar **meine 8. Dekade** mit Gunda noch viele ferne und tiefe Einblicke in unsere Welt ermöglicht, die – wie schon gesagt – als Kugel zwar einen Mittelpunkt und zwei Pole hat, aber oberflächlich kein Zentrum finden kann. Doch gibt es auf dem Globus in den Köpfen der sechs Milliarden Menschengenossen viele imaginierte Erdoberflächen-Mittelpunkte, und einige von denen haben es zu weltweiter Prominenz gebracht.

•Ein solches sogenanntes, in vielen Menschenköpfen aber real imaginiertes, Weltzentrum sahen wir 1994: Das World Trade Center in New York(Abb. S 18). Dem Bin Laden ist es bekanntlich zunächst auch mit einigen Zentnern Dynamit nicht gelungen, es zu erschüttern. Hingegen begrub die sogenannte Natur binnen weniger Jahrhunderte die größte menschliche Tempelanlage aller Zeiten, die das relativ kleine Volk der Khmer in Angkor Wat zusammengetürmt hat, still unter ihrem Wurzelwerk. Wir durften dieses **religiöse Weltzentrum in Kambodscha** 1995 sehen, als der mörderische Spuk des Pol Pot zu Ende war.

Angkor Wat

Nun freilich – nach dem 11. September 2001 – stehen die beiden „Türme" in New York nicht mehr. Und es ist zu befürchten, daß sie, wenn sie in 10 Jahren wieder stehen werden, noch deutlicher als die „Freiheitsstatue" daneben unseren irdischen Geldmittelpunkt symbolisieren werden. Drei Tage nach dem Desaster vom 11. 9. 2001 habe ich (für mich) das folgende dazu notiert:

Ich habe erstmals als 25jähriger authentisch erfahren, wie sich die USA selber sehen oder besser gesagt wie sie gesehen werden möchten: Damals (1945) bekam ich zu lesen und zu hören, daß es nur eine geschichtlich schuldlose „Macht" auf der Erde gebe, und das seien sie. In Wahrheit freilich hatten sie längst ihre ersten schweren Sündenfälle hinter sich: Die rüde Beendigung des ersten Weltkriegs und die grauslichen unsortierten Menschenmassentötungen von Hieroshima und Nagasaki, zum Beispiel.

1945 bekam ich zu lesen und zu hören, daß es nur eine geschichtlich schuldlose „Macht" auf der Erde gebe – die USA

Und nun sind sie Weltmacht Nr. 1 (faktisch noch dazu ohne Folgenummern) und müssen sich wohl oder übel mit weiterer Schuld beladen, und das weltweiter als sonst eine „Nation" je zuvor. Wer heute konkret auf der Erde herumkommt, spürt das überall. Wir haben in orientalischen Ländern schon in den 70er Jahren unser österreichisches A am Auto mit einem arabischen Text im Heckfenster kommentiert, um eine **Verwechslung mit „A-merika"** und dadurch ausgelöste Steinwürfe zu verhindern.

Das Ungeheuerliche an dem, was nun mit diesen „Türmen" geschah, ist nicht einfach das „Kriminelle" daran in seiner mörderischen Energie, sondern die unfaßliche Glaubensstärke der Akteure. Da hat sich eine ganze Klasse hochbegabter junger Menschen auf den mühevollen Weg eines Auslandsstudiums gemacht und die hochanspruchsvolle Ausbildung zum Jetpiloten absolviert, „nur" mit dem einen (Lebens-) Ziel, sich eines Tages im Dienste von etwas „Höherem" zu „opfern". Der „Preis" spielte da offensichtlich überhaupt keine Rolle dabei,

Hochbegabte junge Menschen opfern ihr Leben im Dienste von religiösen und anderen Ideen

weder in materieller noch in ideeller Bedeutung; nicht einmal Menschenleben beliebiger Zahl kamen im Kalkül dieser „Helden" vor. Mit dem schlichten Begriff „kriminell" ist das nicht zu fassen. Da müssen „hohe" Wertworte her wie Idee, Glaube, Opfer, das Göttliche, die Ewigkeit. „Niederes" wie etwa Gewinn, Rache, Macht reicht nicht hin, um die unheimliche Konsequenz solcher menschlicher Handlungsketten verstehen zu können. Das Wort unmenschlich ist völlig unangemessen dafür; nur Menschen sind zu solchem Denken und Tun bereit und befähigt. Nachweise für diese Wertung liefert die Menschengeschichte viele: Wer am

World Trade Center

Tophet in Karthago die Steinmale für die Menschenopfer sah, die einst dort Baal forderte, wer vor den Opferteichen (Zenotes) der Mayas stand, wer an Hitlers perfekte Rassenreinigungsmaschinerie von Auschwitz denkt oder an die Lenin-Stalinsche Kulakensäuberung, der begreift, daß nicht Geld- und Machtgier, sondern Ideen zur wahren Menschenverachtung führen, die weit über den banalen Haß hinaustreiben. Haß entspringt letztlich der Ohnmacht und macht blind. Ideen aber machen gewissenlos. Da darf nicht nur im Dienste des „Höheren", sondern muß „seherisch" wissend gehandelt werden. Hinzu kommt das intellektuelle Vergnügen des einsam Wissenden. Die Apokalypse des Johannes liefert uns ein „klassisches" Beispiel dafür: Mich hat schon als Knaben beeindruckt, mit welchem Genuß der den Untergang ausmalt. Und nun haben uns die aus dem Staub in den Himmel gestreckten Betonfinger der Manhattener „Türme" vor Augen geführt, wie apokalyptisch „genuß"-fähig wir alle sind. Sie tauchten auf Millionen Bildschirmen auf und auf und auf; da konnte sich die „Menschheit" einmal satt sehen an einem realen Untergang, auch wenn es nur eine lokale Apokalypse war.

Nicht Geld- und Machtgier, sondern gewissenlose Ideen führen zur wahren Menschenverachtung.

Haß entspringt letztlich der Ohnmacht und macht nur blind

Das ist der Mensch in seiner faktischen „Wahrheit". „Natürlich", d. h. von seiner animalischen Natur her, ist er freilich auch alles andere mehr, was er sich noch zuschreibt. Die Liebe kennzeichnet ihn aber nicht exklusiv; die hat er im Prinzip mit anderen Lebewesen gemein. Was ihn allein über das „Irdische" hinaushebt, das ist seine Vernunft. Sie ist wenigstens potentiell das einzig wirksame Mittel gegen seine ideologische Übermenschlichkeit. Es bedarf aber keiner solchen Extravaganzen, wie der von Manhatten, um erkennen zu können, daß uns Vernunft nur potentiell gegeben ist und daß nur Bruchteile unserer Art über diesen rettenden „geistigen" Mechanismus verfügen; d.h. noch sind nahezu wir alle weiterhin potentiell dazu bereit(et), im Dienste des Höheren dem jeweils Niederen „Unrecht" zu tun. Und je „edler" wir sind, umso opferbereiter sind wir noch. **Erst wenn einmal „Güter" wie Glaube, Idealismus, Heiliges jeglicher Art als Fiktionen durchschaut und erkannt sein werden, wird auch die Hoffnung auf ein nüchtern-ehrliches Zusammenleben aller realisierbar sein.** Dazu gehört vor allem auch die Einsicht in unsere naturgegebene faktische Ungleichheit. So gesehen war die ideelle Untat von Manhatten sogar hilfreich auf unserem mühevollen Weiterweg zu globaler humaner Selbsteinsicht. Da ist eine der Fiktionen der „Menschheits"-Phantasten symbolisch in Rauch aufgegangen: Die sogenannte **eine** (Menschen-)Welt. Freilich wird es noch mancher solcher „events" bedürfen, bis die Selbstaufklärung dieser „Menschheit" mehrheitlich gelingen kann. Momentan ist eher Rückschritt ins Unmenschliche zu befürchten. Man hört das Messerwetzen auf allen Seiten. [geschrieben 2002]

Die Vernunft ist potentiell das einzig wirksame Mittel gegen ideologische Übermenschlichkeit

Man muß es aber nochmals sagen, daß hier die Rede vom blinden Haß nicht greift. Die hyper-herostratische Untat von New York geschah nicht blind und heiß, sondern umsichtig und eiskalt. Das **Kalkül der Vergeltung** geboren aus der Idee des tiefverletzten Ehrgefühls, hat hier zur faszinierenden Perfektion der Zerstörung eines stolzen Symbols, und zur Vernichtung eines Zufallskollektivs seiner gedanken- und absichtlosen Nutznießer geführt. Wer die Orient-„Politik" Amerikas in den vergangenen 40 Jahren aufmerksam-distanziert beobachtet hat, sah durchaus so etwas heraufkommen, freilich ohne jegliche Vorstellung davon, wann, wo und wie. Ich erinnere mich daran, daß ich schon vor Jahren bei meinen Besuchen auf dem Empire State Building den Gedanken wälzte: Wer wird je diesem stolzen Weltstaat die ersten Bomben aufs Haupt schmeißen? Und damals und seitdem hätte ich nie gedacht, daß ich die Antwort auf diese Frage noch zu Lebzeiten bekäme, noch dazu in dieser apokalyptischen Form. Die Idee bemannter, lenkbarer Kerosin-Riesenbomben wäre mir nie gekommen. Wie phantasiearm sind doch auch unsere „Zukunftsforscher", Hollywoodfilmemacher und Science fiction-Schreiberlinge verglichen mit dem vielleicht einzigen, sicher aber nur wenigen Gehirnen, die sich dieses „Szenario" ausgedacht haben.

Die Nation USA ist verletzt, jedoch nicht erschüttert. Sie muß aber zur Kenntnis nehmen, daß ihr Eintritt in die Weltgeschichte nicht deren Ende, sondern einen grauslich spannenden Beginn bedeutet.

Ein Wort noch zu unseren **„Hintermännern"**. Die haben wir ja alle. Unsere sind „zivilisiert" und haben den realen, d.h. materiellen Gewinn im Auge. Es gibt aber die anderen, denen irdische Werte nur Mittel für ideell-ideale Zwecke sind. Sie sind der Menschheit höchste und gefährlichste Sorte. Ich habe es in meiner Jugend leider versäumt, dem „Führer" je physisch in die Augen zu sehen. Aber wenn ich heute die des vielzitierten Osama Bin Laden auf dem Bildschirm sehe, wird mir deutlich, wie faszinierend solche „Gottesmänner" auf glaubenswillige junge Gemüter wirken müssen. Unser im politischen Erfolg verfettetes sogenanntes Christentum bringt ja bestensfalls noch passive Märtyrer hervor, der Islam hingegen, oder auch ideell unverfremdete Teile des Judentums sowie erschreckend viele „Sekten" beherbergen geistig noch immer aus- und eindrucksstarke Persönlichkeiten, die Opfer für „Höheres" glaubhaft machen ja sogar erstrebenswert machen können. „Politiker" sind das selten. Ihre **unheimliche Verführungskraft und Effizienz** ergibt sich erst aus ihrer lebensgeschichtlichen Anonymität und persönlichen Bescheidenheit. Ein Hintermann ist etwas Mönchisches. Mit Frauen hat er meist nichts zu tun. Die nähmen ihm seine teuflische Potenz.

Ein Hintermann hat etwas mönchhaftes. Frauen nähmen ihm seine teuflische Potenz

Die „Menschheit" wird in ihrem beklagenswerten **Zwiespalt zwischen dem Animalischen und dem Rationalen** noch lange auf solche „Hintermänner" hereinfallen und deren „Opfer" liefern. Das freilich bedeutet nicht, daß wir nicht weiterhin unbeirrt das Rationale suchen und das, was in seinem Sinne „Recht" ist, zu verwirklichen trachten müssen. Scheußlichkeiten wie Hitlers KZs, Amerikas Hieroshima und die menschenverachtende Opfertat von Manhatten wird es noch so lange geben, wie es Menschen gibt, die ihre jeweiligen „Wahrheiten" für die Wirklichkeit halten und in deren „höherem" Auftrag handeln „müssen". Und dabei werden jedesmal wieder Schuldlose für die Ideen und Taten ihrer „Sprecher" und „Führer" leiden und sterben müssen. Wer das Gute will, weil er gegen das Böse ist, macht sich – ob er will oder nicht – schuldig, sobald er für und gegen andere handelt. Und die auflaufenden Rechnungen addieren sich zu **kollektiven Schuldenbergen**, die dann auch kollektiv, d.h. anonym, kassiert werden. Die 3000 Toten unter dem World Trade Center sind ein weiteres Symbol dieser lebensgesetzlichen Abscheulichkeit.

Wer das Gute will, weil er gegen das Böse ist, macht sich schuldig, sobald er für und gegen andere handelt

„Wachstum“ und Wirtschaft

Das sind zwei Worte, die heutzutage häufig in einem Atemzug genannt werden, und unsere ausdrucksstarke Muttersprache läßt sogar ihre Konjunktion zum Hauptwort „Wirtschaftswachstum“ zu. Dieses ist im Weltbild des „moderenen“ Menschen ein geläufiger Begriff. Inzwischen haben wir ja auch „Universitäten“ für Wirtschaftswissenschaften, an denen nicht wenige Professoren über die Wirtschaft und ihr Wachstum dozieren.

Der Biologe freilich hat da seine Bedenken, denn er hört deutlich, daß seine wirtschaftswissenschaftlichen Kollegen, und ihre Hörer und praktizierenden Absolventen, den Wachstumsbegriff, der doch primär ein rein biologischer ist, sinnwidrig verwenden. Wenn ein Organismus „wächst“, dann wissen wir alle, daß das ein qualitativ zielgerichteter, d.h. begrenzter Vorgang ist. Alles organismische Wachstum endet im artgemäßen „Erwachsensein“, in der „Reife“. Nichts in unserer irdischen Natur wächst endlos.

Vermehrung hingegen ist ein potentiell unbegrenztes, allerdings ressourcenabhängiges, organismisches Phänomen. Wächst ein Wal auf 20 Tonnen Körpergewicht heran, so ist das etwas prinzipiell anderes, wie wenn ein Sardinenschwarm das gleiche Gewicht erreicht. Der modische Begriff „Biomasse“ ist da nur als Mengenangabe von vergleichendem Wert, als Maßstab qualitativer Wertschöpfung ist er unbrauchbar. Wenn ein Wald „wächst“, so bedeutet das im sachlichen Sinne dieses Zeitwortes, daß seine Pflanzengesellschaft einem spezifischen Endzustand zustrebt, der ökologisch wie ökonomisch gesehen, zu einem optimalen „Holzertrag“ führt. Breitet sich ein Wald flächig aus, dann „wächst“ er nicht, sondern es vermehren sich nur seine Elemente; er breitet sich aus. Naturgemäß überlagern sich beide Prozesse oft, auch in der Natur. Aber klar bleibt immer ihre wesenhafte produktionstechnische Unterscheidung, die ja darin besteht, daß Wachstum zugleich Entwicklung, d.h. kreative Gestaltung ist, während Vermehrung nur repetitives Nachmachen darstellt.

Genauso ist es in der Wirtschaft: Wenn wir ihre Produktivitätszunahme als „Wachstum“ bezeichnen, müssen wir wissen, daß der Wachstumsbegriff ohne Zielvorgabe witzlos ist. Eine Wirtschaft, die Jahr für Jahr um 2% wachsen soll, ist ein logischer Unfug. Sie kann sich vermehren und ihre Produktionen steigern. Diese Vermehrungsprozesse aber unterliegen den Gesetzen der Selektion. Das heißt, da muß im erreichten Optimalstadium schließlich alles Überflüssige auch wieder untergehen. Junge Elefanten können um wesentlich mehr als 2% im Jahr wachsen. Aber Elefanten als solche können das nicht, und sie können sich auch nirgends beliebig vermehren. Wären etwa die in Afrika nur die letzten 2000 Jahre um 2% pro Jahr „gewachsen“, gäbe es sie aus irdisch-funktionstechnischen Gründen sicher nicht mehr. Was also soll der gedankenlose Wachstumsbegriff in unseren humanen Wirtschaften?

Ich denke manchmal, daß er sich während des wirtschaftlichen Idealzustandes unserer lange so genannten „Nachkriegszeit“ in die Hirne unserer zwei letzten Generationen unterbewußt eingenistet hat. Nach der Stunde Null (1945) waren ja jährliche Wachstumsraten von weit mehr als 2% logisch. Aber das kann doch nicht beliebig so weiter gehen! Besonders gut zeigt's sich in der Bauwirtschaft. Sie konnte auf unseren Nachkriegsschuttwiesen prachtvoll wachsen. Nun freilich, wo alles Zerstörte oft schon mehr als verdoppelt wieder steht, muß sie wohl oder übel schrumpfen und ihre Renditen verringern; es sei denn wir wünschen uns unsere schöne Neue Welt betonhaltiger als die alte gewohnte.

Noch böser ist der Schluß, daß eine nächste Katastrophe der beste Wachstums-„Faktor" für unsere Wirtschaften wäre.

Krieg und Frieden

Wir haben es uns angewöhnt – so wie Tolstoj – den Krieg vor dem Frieden zu nennen, so als ob dieser die Folge des jenen sei

Dieses antithetische Begriffspaar ist gewissermaßen der Kolben im Zylinder unserer Zeitgeistmaschine, die uns – so meinen wir jedenfalls – flott voranbringt, während er (der Kolben) doch nur hin- und hergeht. Aus dem antithetischen Gang dieser Maschine beziehen wir wesentliche Motive und Strukturelemente für unsere Weltbilder. Dabei hat nicht erst der russische Graf Tolstoj die werktechnische Frage der „richtigen" Reihenfolge ausgelöst. Wir haben es uns jedenfalls aber angewöhnt, so wie er den Krieg vor dem Frieden zu nennen, so als ob dieser die Folge des jenen sei. Aus beschränkt menschlicher Schnellsicht erscheint das ja auch berechtigt; denn es klingt ja durchaus nicht widersinnig zu sagen: Wir müssen einen Krieg machen, damit wir wieder einen (ordentlichen, d.h. unseren) Frieden „kriegen". Derzeit (Januar 2003) erleben wir wieder einmal genau dies.

Wenn wir den Menschen jedoch nur als eine von Millionen Organismenarten nehmen, stellt sich die Antithese Krieg – Frieden schlicht als synchrone „Synthese" heraus. Unsere natürlichen Ur- und Vorbilder des Friedens wie etwa eine summende Wiese oder ein rauschender Wald erweisen sich nämlich im näheren Hinsehen und -hören als veritable Schlachtfelder des Pflanzen- und Tierreichs, wo es – meist still – ums nackte Haben und Dasein geht. So betrachtet sind auch unsere humanen Seinszustände Krieg und Frieden keine wirklichen (d.h. qualitativen) Antithesen, sondern „nur" quantitative Abstufungen unseres artgemäßen Seins. Dieses ist ja immer und überall ein „sozial" bestimmtes Dasein, d.h. nichts „geht" ohne die anderen im Guten wie im Bösen. Nimmt „das Böse" zu, kommt es zum Krieg. Der bestimmt dann in der Regel, wer im Frieden danach den „Guten" spielen darf. Das ist natürlich der „Sieger". Dieser hat freilich das große Problem, daß er nun für den Frieden verantwortlich ist. Die Verantwortung für den Krieg tragen ja in aller Regel die Verlierer. Als Zeitgenosse des 20. Jahrhunderts habe ich das zweimal lernen müssen: Einmal in der Schule (für den ersten), das zweite Mal am eigenen Leib (für den zweiten Weltkrieg). Wenn somit aber der „Kriegsschuldige" quasi automatisch feststeht, bleibt die faktisch bedeutsamere, weil zukunftsbestimmende Frage nach dem jeweils Friedensschuldigen. Ein Blick ins Geschichtsbuch lehrt, daß in der Regel die Sieger den jeweils nächsten Krieg verursachen, weil sie keinen richtigen Frieden gemacht haben. Das anschaulichste Beispiel für diese Regel liefert der Frieden von Versailles. In seiner Folge haben die Sieger von 1945 dann überhaupt keinen Friedensschluß mehr gemacht. Viele meiner jüngeren Zeitgenossen wissen gar nicht mehr, daß wir in Europa noch heute im völkerrechtlich unmöglichen Dauerzustand des „Waffenstillstands" leben. Sogenannte Staatsverträge gelten unter zivilisierten Völkern ja nicht als „anständige" Schlußstriche unter einem zu Ende gebrachten Kriegszustand. Wir sehen das z.B. daran, daß die Sieger von 1945 heute noch

Militär-„Basen“ im befriedeten Feindesland haben und daß ihre uniformierten Soldaten „legitim“ darin verkehren, ja sogar von dort aus zu Militäraktionen in Drittländern aufbrechen.

So erleben wir zu Beginn des dritten Jahrtausends unserer Zivilisation eine fortschreitende Entgrenzung der Begriffe Krieg und Frieden. Anstelle des logischen 3. Weltkriegs haben wir den „Weltfrieden“, in dem ununterbrochen irgendwo irgendwer irgendwen beraubt, mordet, vertreibt. In offenen und heimlichen Arsenalen horten nahezu alle mörderisches Kriegshandwerkszeug. Zivilisatorische Errungenschaften, wie etwa die beschworene Trennung der wehrlosen von den wehrhaften Mitmenschen oder die einvernehmliche Einschränkung des Kriegshandwerks auf das männliche Menschengeschlecht, die vertragliche Regelung der Sitten bei Kriegserklärung und Friedensschluß, die offene, d.h. ergebnisunabhängige Analyse von Regelwidrigkeiten und vieles andere mehr, alle diese als Entwürfe schon lang vorliegenden „Fortschritte“ sind, gerade weil sie jetzt zu „globalen“ Themen wurden, Makulatur. Nach den „Weltreligionen“, Adelshäusern, ethnischen Verbänden, Großmächten, und anderen Autoritäten, die jahrtausendelang als sogenannte Ordnungsmächte mehr oder minder effizient die Regulatoren von Kriegs- und Friedenszuständen waren, ist es derzeit zu einem singulär globalen Ungleichgewicht des Schreckens gekommen, das schon aufgrund unserer hominiden Artbefindlichkeit keinen Bestand haben kann. Krieg und Frieden werden in der kommenden Schönen Neuen Welt nicht mehr differenziert „erklärte“ und wechselnde Zustände sein, sondern synchron heterotope Macht- und Markt-Regelungen, bei denen es je nachdem mehr kriegerisch oder mehr friedlich zugehen wird. Wenn dabei freilich eines Tages das aktuelle Ungleichgewicht als solches in Frage gestellt werden sollte, dann wird es wieder einmal fürchterlich „auf der Welt“ zugehen.

Der Weltbild-Prophet kann die um ihn weit verbreitete Euphorie eines „Weltfriedens“ nicht verstehen, solange sein Bild von solchen Menschen geprägt wird, wie auch er noch einer ist. Er sieht eher einen Rückschritt der modernen „Menschheit“ darin, daß sie im Gegensatz zur älteren die Utopie des „Paradieses“ nicht in die Zeit ihrer „unschuldigen“ Urvorfahren zurück- sondern als Ziel ihres hiesigen Seins und Wirkens in die Zukunft vorausverlegt hat. Nüchternes Studium des arteigenen Treibens wäre menschenwürdiger und zukunftssicherer.

Wer ein **Weltbild** hat, hat auch ein’s **vom Menschen**. Unser Wort „Welt“ beinhaltet ja oft sogar nur ihn, sozusagen als pars pro toto (=Teil fürs Ganze). Wenn wir sagen „die Welt wird immer verrückter“, so meinen wir natürlich nur uns als Art, nicht die Welt als Ganzes. Außerdem gibt es zahllose „Welten“, die nur im Zusammenhang mit dem Menschen Sinn machen, etwa die Welt des Glaubens, die Welt der Kunst (auch Kunstwelt genannt), die Welt der Kinder u.v.a.m.

Hier geht es aber nicht um ein weiteres materielles oder ideelles Weltbild, sondern um das Bild, das wir uns **von uns selbst als Organismen-Art** machen und in bzw. mit uns herumtragen. Daß wir Lebewesen sind und eindeutig zur systematischen Kategorie der Mammalia (Säuger) gehören, bestimmt zwar klar unser irdisches Erscheinungsbild, aber wenn wir von unserem „Menschenbild“ reden, meinen wir mehr. Da kommt alles dazu, was man nicht direkt sehen kann, wenn ein Artgenosse auf zwei Beinen daherkommt. Ohne es zu merken unterstellen wir ihm Eigenschaften, die weit über das materielle Erscheinungsbild hinausgehen. Es ist ein Jammer, daß es nichts Vor-Menschliches mehr gibt. Und auch Begegnungen mit Halb- oder Untermenschen sind heute kein Thema mehr. Die (Erden-)Welt ist bis in den letzten Winkel hinein erforscht, und wir wissen längst, alle Menschen, die es gibt, sind eindeutig solche. Bekanntlich war das noch vor wenigen Jahrhunderten gar nicht so. Da konnten Teile der „Menschheit" über andere solche noch reflektieren, ob die auch tatsächlich „echte" Menschen seien (z.B. die sogenannten Waldindianer am Amazonas oder die Ainu in Hokkaido). Und dabei ging es kaum um deren Erscheinungsbild, sondern um das, was unser „Menschenbild" hier zum Thema macht. Hier geht es ja um ein Lebewesen mit funktionalen Eigenschaften, die sich nirgends sonst auf der Erde finden. Das sind keine anatomischen Spezifitäten, wie einfachere Gemüter meinen, die dem Menschen auch eine körperliche „Sonderstellung" zuschreiben, etwa der aufrechte Gang, das große Hirn oder die feinnervigen Greifhände. Das sind Fähigkeiten, die ihn viel weiter über alles Animalische erheben. Vor allem ist es das Bewußtsein, das ihn zu einer gleichsam außer-irdischen Seins-Kategorie macht. Auch wenn er als Säuger zur Welt kommt, lebt und stirbt, muß das, was er in und mit seinem Bewußtsein produzierte, mit ihm nicht enden, sondern kann ihn weit überdauern. Das alles allerdings nur unter der Voraussetzung, daß es um ihn und nach ihm weitere solche Bewußtseinsträger wie ihn gibt. Dieses überindividuelle virtuelle Wirkgefüge nennen wir „Geist". Und was wir als Einzelne oder im Kollektiv aus diesem „Bewußtsein" heraus denken, wollen und tun, erweist sich als eine Schöpfungskategorie eigener Art, die über das von Natur aus Gewordene und Seiende hinausgeht.

Bekanntlich wurde noch vor wenigen Jahrhunderten darüber reflektiert, ob bestimmte Teile der menschlichen Bevölkerung auch tatsächlich „echte" Menschen seien

Kultur, Kunst und Wissenschaft sind „Schöpfungen" des Menschen, die zwar Natur-„Gesetze" weder verletzen noch neu schaffen, die aber Phänomene kreieren, die es ohne den Menschen (also „von Natur aus") nicht gäbe.

In ihm hat die natürliche „Welt" etwas „hervor"gebracht, was strukturell nichts naturwidriges ist, was aber funktionell zu Potenzen geführt hat, die das irdische Gestaltungsinventar weit überschreiten. Wenn wir im biologischen Bereich bleiben und das, was im „Reich der Organismen" entstanden ist, als Evolution verstehen und bezeichnen, dann ergibt sich klar, daß „Kultur" schon deswegen darüber hinausgeht, weil bei ihr die Selektionsgesetze nicht wirksam sind. Eine Symphonie oder ein „Gotteshaus" sind keine überlebensnotwendigen Güter. Mit dem Menschen ist also **viel „Luxuriöses"** in die irdische Welt gekommen. Der Darwin für eine rationale Erklärung dieser Erscheinungsformen ist uns bis jetzt nicht geboren.

Kunst und Kultur sind keine überlebensnotwendigen Güter (im Sinne von Evolution), trotzdem sind sie aus dem Leben gebildeter Menschen nicht wegzudenken

Das kulturelle Menschenbild ist somit ein Rätsel über unser materielles Weltbild hinaus. Wer sich da – zu seiner Erleichterung – einen Schöpfer denkt, hat – wenigstens mit der Ursprungsfrage – kein Problem mehr; mit der Sinnfrage aber schon, vor allem, wenn er über sich und seinen Standort nachdenkt. Wozu hat der Schöpfer so ein unmögliches „Wesen" gemacht oder werden lassen, das über sich und die Welt nicht nur „nachdenken", sondern sogar vor(aus)-denken kann und dabei Dinge in die Welt setzt, die schlicht existenzunnötig sind? Bei solchem Gedankenspiel fließen uns Welt- und Menschenbild ineinander wie zwei synchron auf eine Leinwand projezierte Dias. Und da macht jedes hinzuprojizierte

Detail unser Gesamtweltbild noch unverständlicher. Bekanntlich endet ja unser optisches „Auflösungs"-vermögen im weißen Lichtwellensalat der Leinwand. Ich gehe deswegen – trotz aller rationalen Vorbehalte gegen die sogenannte „moderne" Kunst (siehe Band 1, Seite 279) – gelegentlich doch vergnügt in Galerien, wo Künstler „nackte" Weißflächen als deutungsschwangere Symbole von Sinnleere anbieten. Besser kann man den Sachverhalt nicht „realisieren".

Zurück aber zum Thema Menschenbild: Im Alltag hat jeder sein's. Da dient das Körperliche meist nur der ersten Kennzeichnung und Einordnung. Alter, Geschlecht, Rasse, Habitus, Kleidung, Sprache, Gestus dienen der raschen ersten Vorsortierung. In Wahrheit freilich gehen wir schon dabei weit über das bloß Wahrgenommene hinaus und schreiben der abzubildenden Person oder Menschengruppe „im Unterbewußtsein" Eigenschaften und Fähigkeiten zu, die wir analog aus uns und aus unserer jeweiligen Erfahrung im Umgang mit Artgenossen erschließen und in die konkret wahrgenommene Person oder Gruppe projizieren.

Unsere Menschenbilder sind stets Vor-Bilder, besser gesagt **Vorurteils-Bilder,** deren Generalisierung zu „dem" Bild „des" Menschen immer nur eine Abstraktion sein kann. „Den" Menschen gibt es nicht. Was sollte er denn sein? Alt – jung, Mann – Frau, Kind – Greis, schwarz – weiß? Es gibt nur den Begriff „Mensch", das abstrakte Bild, das wir uns von ihm (uns) machen.

Heute, im Zeitalter der sogenannten **Globalisierung** und global gültiger „Menschenrechte" kommt dieser abstrahierende Charakter unseres Menschenbildes erstmals zum Vorschein. Es vernachlässigt den Einzelnen in seiner Einmaligkeit und legt allen die gleiche Maske „Mensch" an. Wer aber sind die Maskenmacher? „Natürlich" sind's „Herrenmenschen", die ihr Bild den anderen auferlegen. Dazu brauchen sie kaum mehr Gewalt. Für die **Idee der Gleichheit aller Menschen** braucht unser Geist auch die Evolutionsgesetze nicht mehr. Das Dumme ist nur, daß wir konkreten Menschen keine Abziehbilder dieser Menschenidee sind, sondern als leibliche Individuen „hinter" jenem abstrakten Menschenbild stecken. Sie werden weiterhin ungleich sein in Alter, Geschlecht, Rasse, in Können, Wissen und Geschmack, und als Erben einer irdischen Geschichte in Zeit und Raum ihre „Naturgeschichte" fortführen müssen, weil es ohne diese auch den Geist nicht mehr gäbe und ohne den auch kein „Menschenbild", das ja – so wie unser Weltbild auch – nur so lange existieren kann, wie es wenigstens noch einen nachgeborenen oder meinetwegen auch in der Retorte nachgezüchteten denkenden Menschen auf dieser Erde gibt.

Einzelne Menschen sind keine Abziehbilder einer „Menschenidee", sondern stecken als leibliche Individuen „hinter" jenem abstrakten Menschenbild

Eines der interessantesten Phänomene an dem aktuellen Bild, das wir uns in der Post-Post-Post...„Moderne" von uns selber machen, ist seine aufklärungswidrige Entbiologisierung. Naturvölker und „gesunde" (d.h. normale) Kulturpopulationen haben zwar schon sehr variantenreiche Kodices des Zusammenlebens ausgebildet, aber diese verschiedenen „Sittengesetze" verletzen nirgends die **animalischen Grundregeln unserer humanen Existenz**. Zuteilung von Lebensraum und Nahrung, Fortpflanzung und Nachwuchsfürsorge, Arbeitsteilung und wechselseitige Fürsorge sind immer so geregelt, daß – unter gegebenen Bedingungen – die (Weiter-)Existenz der Populationen gesichert erscheint. Je größer und gesicherter nun aber die menschlichen Populationen sind, umso häufiger lassen sie Ausnahmen, Ausfälle, ja sogar Regelwidrigkeiten zu. Da kann für Teile der Population z.B. die Fortpflanzung entfallen. Andere Individuen können nur noch Unnützes tun (woraus ja wohl „Kultur" entsteht). Schließlich können besonders erfolgreiche Populationen auch Naturwidriges zulassen. Ja, es kann sogar soweit kommen, daß nicht mehr die Population als eine dauerhaft sich selbst erhaltende Lebenseinheit existenzsinngebend ist, sondern daß das **einzelne Individuum zum letzten „Wert"** des Seins avanciert. Das ist ein Schritt, den allerdings nur sogenannte Spät-Kulturen machen können, für die alle materiellen Lebensfragen gelöst zu sein erscheinen, also Menschenpopulationen, die – wie Konrad Lorenz zu sagen pflegte – im Wohlstand „verhausschweinen". Im Endeffekt kann daraus ein Zustand resultieren, der wie eine endgültige Befreiung des Menschen von seinen naturgegebenen Existenzgesetzen aussieht. Da ist der persönliche Lustgewinn ohne Artpflichten optimiert und die individuelle Existenz weit über ihren biologischen Sinn hinaus verlängert. Der jetzige euroglobale Teil der „Menschheit" hat in einigen Sektoren die ersten Schritte in die Richtung dieser Naturemanzipation schon getan. So ist z.B. in unserer Gesellschaft die Fortpflanzung kein Naturgesetz mehr für den einzelnen Menschen. Er kann seine Sexualität beliebig nützen. Paarbildung und Familie haben ihre natürliche Sinngebung verloren.

Die „Verhausschweinung" des Menschen (K. Lorenz) als Folge seines Sieges über die Natur

Allerdings parasitiert dieser fortgeschrittene Teil der Menschheit davon, daß die restlichen 5 Milliarden noch weitestgehend ihre Naturaufgaben erfüllen. Ihre Enkel werden unsere basis-biologischen Fehlleistungen ausgleichen. So gesehen wird sich das faktische Menschenbild weitflächig ändern. Aber das wird nichts Neues sein: Käme heute einer zurück, der vor 500 Jahren in Amerika, Australien oder Neuseeland war, er wäre über den Bildwechsel erstaunt, ob in Trauer oder Wut, in Freude oder Stolz oder unbetroffen lustvoll schmatzend – das bleibt nach weiteren 500 Jahren offen.

Ideen als mögliche Weltbildinhalte

Platons Gedanke, wonach die Begriffe – er nennt sie Ideen – vor ihren Realisierungen, den Dingen also, „da"-gewesen seien, beruht auf der Vorstellung, daß es neben bzw. vor der „äußeren" Schau der Welt eine „innere" solche gäbe. Somit wäre denkbar, daß ein „Weltbild" auch derartige virtuelle „Seh"-bestandteile enthält. Diese These erscheint in subjektiver Sicht unwiderleglich, weil nicht objektivierbar, d.h. intersubjektiv verifizierbar. Aber es gibt gegen sie einen schlichten sprachgenetischen Einwand: Begriff kommt von Begreifen, und das heißt doch, daß ohne Wahrnehmng in Zeit und Raum nichts zu „begreifen" ist. Keiner kann rechnen, der nie Zählbares wahrnahm, keiner weiß, was Farben oder Töne sind, der keine Augen und Ohren hat. Ideen als vororganismische „Bilder" sind Rückschlüsse aus unserer kurzen Menschenzeit auf die grenzenlose „Geistlosigkeit" davor. So gesehen gilt das übrigens auch für den hehren **Begriff der „Idee"**. In diesem Wort steckt das griechische Wort „Eidos", was schlicht **„Bild"** heißt, originär also etwas mit den Augen Wahrgenommenes meint und somit auch eine dingliche Voraussetzung hat. Unsere ganze gehobene Philosophenrede wurzelt im Sprachgut unserer frühmenschlichen Vorfahren, die nichts bezeichnen, d.h. für Artgenossen verständlich benennen konnten, was sie nicht auch optisch, akustisch, taktil wahrgenommen hatten. Vom Wahrgenommenen zum „Vorgestellten" ist und war der „Weg" dennoch weit. Jeder, der heutige Sprachanfänger (= Kinder) aufmerksam beim „Spracherwerb" beobachtet, weiß das. Ich muß immer wieder an unsere „Große" denken, die mich korrigierte, als ich sie auf eine an der Wand laufende Fliege aufmerksam machte. Das ist aber ein „Laufe", meinte sie trocken. Als Zoologe benutze ich inzwischen das Wort „Fliege" zur abgehobenen Bezeichnung eines hochkomplexen systematischen Ideengutes und bekämpfe bei meinen Studenten und Hörern seinen fehlerhaften Sprachgebrauch bei der Differenzierung von Fliegen, Mücken, „Florfliegen", „Spanischen Fliegen" (die bekanntlich Käfer sind) u.a.m.

So gesehen mußten also erst pferdeartige Säuger entstanden sein, ehe sich denkende Betrachter dazu einen Begriff (Pferd) machen konnten. Die „Idee" Pferd als Voraussetzung von Pferden erscheint nur dem notwendig, der sich diese Tiergestalten als Neuschöpfungen denkt. Der Schöpfer muß zuvor ja wissen, was er will; sonst wäre er nur ein Probierer. Selbstverständlich weiß das auch der schlichte Materialist, wenn er etwa Organismen und Lebenserscheinungen als „Ganzheiten" betrachtet. Wie freilich derart kohärente Gestalten und Funktionssyteme als „aufsteigende" Organismenreihen in Gang gekommen sind, ist auch dem nüchternen Evolutionisten keine Selbstverständlichkeit, wie schon das heutige Modewort „Selbst"-Organisation verrät. Aber er (der Evolutionist) versucht redlich zu bleiben und sucht weiter mit seinen Mitteln, wo er kann, nach zureichenden Gründen. Ihm dabei „Ideologie" vorzuwerfen ist unfair. Sein Bild vom Sein und Werden ist stets ein hypothetisches, der Wirklichkeit angenähertes. Er wird nie letzte „Wahrheiten" predigen. Das schlechte Beispiel des predigenden Welträtsellösers Ernst Haeckel widerlegt mich nicht.

Die wunderbaren Baupläne, Gestalten, Leistungen und Synergismen der Mikroben, Pflanzen und Tiere sind auch für den redlichen Evolutionsdenker als **irdische Organismenwelt** im Material- und Kräftefeld des Kosmos ebenso einmalig (?) wie unverständlich. Auch er weiß, daß alles im „Kosmos" nur „Sinn" bekommt, wenn wir in uns als den einzig Erkennenden Ziel und Zweck des Ganzen sehen. Wozu sonst sollte „alles" „da" sein ? Die These, „zur Ehre Gottes" sei alles „da", widerspricht dieser Deutung nicht; denn auch er muß gedacht werden (von uns). D.h. auch die Idee „Gott" setzt ein denkendes Wesen voraus; im Unterschied zum Bild vom Weltall allerdings ohne jede Anschauungsmöglichkeit, weswegen es ja auch so viele verschiedene Gottesvorstellungen gibt. Sie bevölkern und beleben bekanntlich unsere „Weltbilder" in phantasievollster Weise bis hin zu konkretisierten Darstellungen in Materialien und Formgebungen jeglicher Art. Wenn es einen ernstzunehmenden Gottesbeweis gibt, dann den, daß kein Mensch als Weltbildmacher ohne die Frage nach ihm auskommt, auch der Agnostiker nicht, der sie allerdings verwirft, weil sie ihm nicht beantwortbar ist. Aber wer ist schon glücklich mit dem Finalsatz: „Ich weiß, daß ich nichts weiß"?

Auch die Idee „Gott" setzt ein denkendes Wesen voraus

Somit muß der, der „glücklich" = wissend sterben will, einfach glauben. Wem es genügt (vor sich selber) redlich geblieben zu sein, wird es nicht „glücklich", sondern – nur – „zufrieden" tun.

•Diese **Postkarte** von 1910 zeigt besser als alle gescheite Soziologie, was sich während der letzten 100 Jahre in den Köpfen heranwachsender Mitteleuropäer verändert hat: Mein 14-jähriger Vater zählt seinem Vater lexikalisch auf, was damals zum Weltbild eines deutschen Jungen gehörte bis hin zum überwältigenden Erlebnis der Militärmusik, dem ja 5 Jahre später der fast erlittene Heldentod des „Freiwilligen" folgte.

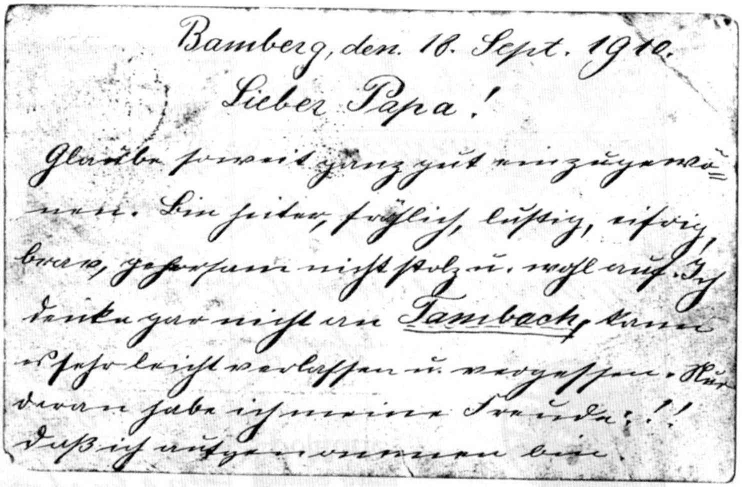
Bamberg, den 18. Sept. 1910.
Lieber Papa!
Glaube soweit ganz gut einzugewöhnen. Bin heiter, fröhlich, lustig, eifrig, brav, gehorsam nicht stolz u. wohlauf. Ich denke gar nicht an Tambach, kann es sehr leicht verlassen u. vergessen. Nur daran habe ich meine Freude:!! Daß ich aufgenommen bin.

Postkarte aus dem Jahr 1910 mit der Aufzählung damaliger Wertvorstellungen eines 14jährigen Schülers

Bamberg, den 18. Sept. 1910
Lieber Papa!
Glaube soweit ganz gut einzugewöhnen. Bin heiter, fröhlich, lustig, eifrig, brav, gehorsam, nicht stolz u. wohlauf. Ich denke gar nicht an Tambach, kann es sehr leicht verlassen u. vergessen. Nur daran habe ich meine Freude:!! Daß ich aufgenommen bin.

RÜCKSEITE:
Heute früh 8 Uhr war ich im Dome. gegen halb 9 Uhr bin i(ch) mit Hausmeister beinahe hinaus bis Bisberg. Da kamen Soldaten ungefähr 3000 und Ulanen und Infanterie.
Dabei war(en) 45 Musikanten.
Da krachte es und zitterte alles.

•Das Sammeln von „Weltbildern" war nicht immer so bequem und billig wie heute. Noch vor 30 Jahren waren die nötigen Flugtickets so teuer, daß sich Normalsterbliche wie wir kaum welche leisten konnten. Folglich bin ich regelmäßig auf die damaligen **„Billigflieger"** ausgewichen, und das waren die Russen, die sich seinerzeit noch „Sowjets" nannten. In ihren „Iljuschins" habe ich so manche Nacht eng und laut verbracht. Alle Flüge der „Aeroflot" führten von Wien erst nach Moskau und dann in die Welt hinaus, nach Afrika oder bis Japan. Brunhilde oder Wolfgang mußten aufpassen, wenn ich dabei verbotene Photos schoß. Ich besitze solche von Sibirien oder von den Pyramiden von Gizeh, als die Flieger dort noch komische Kurven ziehen mußten, weil drunten Israel und Ägypten voreinander auf der Lauer lagen. Ich hätte damals kaum geglaubt, daß sich die Ägypter bald so still zurückziehen würden. Aber bei ihrer üppigen Vermehrung haben sie Dollars nötiger als Sand.

Russischer „Billigflieger" in den 1970er Jahren

Unsere Weltbildspezialisten aus **Religion, Philosophie, Politik** neigen stark zu Ideologie und Mission. Sie predigen gern von allerlei Kanzeln, Pulten und Bühnen herab und werben für ihre Weltbilder, wenn sie nicht gar für sie prügeln und morden lassen. Weltbilder einen ja Gefolgschaften aller Art.

•Der rationale Weltbetrachter sollte von solchem Missionseifer frei sein. Aber auch ihn überkommt immer wieder der Drang nach **Weitergabe** und möglichst breiter Akzeptanz seiner Welterkenntnisse. Allen Forschern ist er eigen, ja sogar auferlegt, der Eifer des Missionars. Auch ich habe nicht nur berufungsgemäß „ex cathedra" über meine zoologischen Weltein- und ansichten vorgetragen, sondern oft und gern auch „populäre" Vorträge gehalten. Siehe Ankündigung der Wiener Urania von 1987.

VOLKSBILDUNGSHAUS

WIENER URANIA

1010 Wien, Uraniastrasse 1 Tel. 72 61 91

Zu unserem Lichtbildvortrag im Auditorium maximum der Universität Wien

Donnerstag, 14. Mai 1987, 19.30 Uhr

Im Rahmen der Reihe ABENTEURER UND FORSCHER
Koordination und Gesprächsführung: Dr. Hubert Ch. Ehalt

Univ. Prof. Dr. Friedrich Schaller

Vom Wienerwald zum Amazonas

Ein Forscherleben zwischen Wald und Wasser

Prof. Schaller war seit 1967 Vorstand des 1. Zoologischen Instituts der Universität Wien und ist seit kurzem emeritiert.
Er kam vom fränkischen Jura, wo er seine Kindheit verbracht hat, zum Zoologie-Studium nach Wien. Hier hat er mit einer Dissertation über die Bodentiere des Wiener Waldes sein wanderfreudiges Waldläuferleben begonnen. Die zoologische Spurensuche führte ihn von den späteren Wirkungsstätten Mainz und Braunschweig aus nicht nur in die Mittelgebirge Deutschlands, sondern auch auf viele Gipfel in den Alpen und sonst in Europa, vom Ararat bis zum Mulhacén, vom Ätna bis zum Vatnajökull.
Die erste große Forschungsfahrt machte er 1956/57 durch Peru, wo er einen bodenzoologischen Querschnitt von der Küstenwüste im Westen über die Anden bis hinunter in den Urwald zog. Auf fünf weiteren Forschungsreisen ist aus dem Waldläufer und Bergsteiger dann ein Amazonasforscher geworden, der auf langen Flußfahrten lauterzeugende und luftatmende Fische untersuchte und im Überschwemmungswald das geheimnisvolle Leben zwischen Wald und Wasser studierte.
Für den Amazonaswald und seine faszinierende Tierwelt hat Prof. Schaller auch Schüler und Mitarbeiter begeistert. Höhepunkt dieser Lehrtätigkeit war 1985 eine Studentenexkursion des Wiener Zoologischen Instituts in den Regenwald am Ucayali.
Daneben fand er immer wieder Zeit für andere exotische Studienreisen und Bergfahrten in aller Welt, vom Feuerland bis nach Alaska, vom Kilimandscharo in Afrika zum Kinabalu auf Borneo, vom Fujiyama in Japan zum Mt. Kosciuzko in Australien. Eine zoologisch besonders interessante Fahrt führte ihn mit dem VW-Bus auch den Weißen Nil entlang bis an die waldige Wasserscheide zwischen Nil und Kongo.
Farbbilder, Tonbandaufnahmen und ein kurzer Film sollen den Bericht über diesen reichen Lebensweg illustrieren und vor allem zeigen, daß bei aller Faszination der großen Naturlandschaften, Berge und Ströme erst der liebevoll-neugierige Blick auf das Leben im Kleinen die volle Schönheit unserer Welt offenbart.

Karten im Vorverkauf an der Uraniakassa und beim Portier der Universität Wien

Vortrag des Autors in der Wiener Urania, 1987

Auch der Weltbild(er)sammler muß sich spezialisieren. Im 1. Band meiner Selbstbespiegelungen habe ich das am Thema der alpinistischen Laufbahn zu zeigen versucht. Sie diente dem Sammeln orographischer Höhepunkte kreuz und quer über den Globus. Das erste Mal hatte ich dabei Gelegenheit und Anlaß zu stolzem Rückblick an meinem 46. Geburtstag auf dem Biberkopf im Allgäu, der mein 500. Gipfel über 2000m war. Zum 65. Geburtstag 1985 hatte ich dann schon 1115 solche Aussichtswarten betreten, und mein Weltbild hatte sich auch in der 3. Dimension tüchtig verdichtet. Mein langjähriger bioakustisch forschender Mitarbeiter Dr. Kratochvil hat das als Hobby-Maler im Stil des phantastischen Realismus als Synchronopsis „meiner" prominentesten Berge sinnlich konkretisiert. Ich stehe da (ein wenig unzünftig geschönt) im Vordergrund auf dem nackten Felsscheitel des **Kinabalu in Borneo**, und um mich erheben sich am tiefblauen Horizont die unverkennbaren Gestalten von Matterhorn, Kilimandscharo, Fudschijama und Großglockner.

•So einfach allerdings wie auf diesem Bild, das mir – wie gesagt – Herr Prof. Kratochvil in Öl gemalt und Herr Prof. Dr. Walter Hödl zum **65. Geburtstag** in den peruanischen Amazonaswald von Panguana gebracht hat, läßt sich aus Einzelbildern ein „Welt"-Bild nicht komponieren. Wer nämlich nur Gipfel sammelt, kommt nicht zu dem, was ich ein Weltbild der irdischen Gebirge nennen würde mit seinen Dimensionen und Aspekten des Erdgeschichtlichen, des Geo- und Mineralogischen, der Hydro- und Glaziologie, der Vegetations- und Faunengeschichte bis herauf zur Siedlungs- und Nutzungsgeschichte des Menschen. Nicht nur unzähliger weltweiter Bergwanderungen bedarf der, der sich ein Weltbild vom Wesen der Erdgebirge machen will, sondern auch intensiver Befassung mit Orographie, Hydrographie, Klimakunde und Kulturgeschichte. Und um das habe ich mich – neben mancherlei anderen irdischen Aspekten – lebenslang redlich und unermüdlich bemüht.

Ölbild zum 65. Geburtstag mit Darstellung der höchsten bestiegenen Gipfel (pinx. Kratochvil)

Darwins Grundgesetz besagt, daß die Zukunft von Organismen lediglich von ihrem Fortpflanzungserfolg entschieden wird. Tüchtigkeit jeder Art („Fitness") muß nicht nur erreicht, sondern auch weitergegeben werden. Auch der Mensch ist ein Organismus. Folglich werden auch in seinen weltweiten Populationen nicht jene, die die größeren Bankhäuser, sondern jene, die die größeren Kinderkrippen haben, auf Dauer überleben und „herrschen". Innerhalb gegebener Populationen ist das der bekannte geläufige Prozeß des Auf- und Abstiegs der Generationen. Selten bleibt da ein „Geschlecht", eine „Dynastie", ein „Clan" länger als 4 Generationen „vorn". Die meisten gehen sang- und klanglos unter.

Anders verhält sich´s mit den großen Kollektiven von Rassen, Völkern, Kulturen. Bei denen führt Darwins Prinzip vom evolutiven Erfolg durch größere Nachkommenzahl schon sichtbarer zu gerichteten Verdrängungs- und Aufstiegsprozessen. Derzeit „erlebt" das – noch mehrheitlich unbewußt – der europide Teil der sogenannten Menschheit, der ja wegen seiner mangelhaften Hautpigmentierung pauschal und „rassistisch" gern „die Weißen" genannt wird.Sie haben nach mehreren Jahrhunderten unglaublicher generativer und expansiver Erfolge nun ein Stadium erreicht, wo sie zwar überall die größten Bankhäuser besitzen, daneben aber auch ihre Kinderkrippen nicht mehr ausreichend füllen. So hat beispielsweise bei der Volkszählung im ersten Jahr des 3. Jahrtausends unserer Zeitrechnung die „weiße" Bevölkerung in Kalifornien nicht mehr wie bisher „üblich" die Mehrheit erreicht. Auch bei uns im eigentlichen Europa kann jeder, der die Grundrechnungsarten beherrscht, leicht extrapolieren, wie unsere Populationen in 50 oder gar 100 Jahren aussehen werden. Schon jetzt sind ja unsere Bevölkerungs-„pyramiden" keine solchen mehr. Aussterben wird die „Menschheit" deswegen kaum, außer unter kosmischem Zwang (Impakt oder dergleichen); „wir" (als Menschensorte) freilich müssen nicht auf Dauer dazugedacht sein (siehe dazu auch Kapitel Österreich).

Die „Weißen" haben nach mehreren Jahrhunderten unglaublicher Erfolge nun ein Stadium erreicht, wo sie zwar überall die größten Bankhäuser besitzen, daneben aber auch ihre Kinderkrippen nicht mehr ausreichend füllen können

Zum Abschluß dieses einleitenden Kapitels folgen hier noch einige willkürlich ausgewählte Bilder, an denen ich beispielhaft zeigen will, daß alles in mein Weltbild kommt, was im Kleinen und Großen, aus Natur und Geist, in Geschichte und Gegenwart Form gewann und Wirkung zeigt(e). Ich bin ein fundamentaler Skeptiker gegenüber jeglicher Gesamt-Deutung oder gar -Erklärung. So ein „Weltbild", in dem alles Anfang und Ziel „hat", wo Gesetze „walten", die dem Ganzen Sinn geben, das halte ich für eine „Vision", und die ist das Subjektivste, was es „gibt". Zwei Beispiele sollen verdeutlichen, wie ich das meine:

Kepler suchte und fand im Gang der Gestirne die Harmonie, ohne die er sich seine kosmische Welt nicht denken konnte. „Sphärenklänge" hörten ja schon die alten Pythagoräer. Und eben lese ich von dem rezenten Kosmologen Sir Martin **Rees**, daß er jetzt hinter den „Bauplan" des Welt-„Ganzen" gekommen sei: In seinem „Weltbild" nimmt „ausgerechnet" der Mensch die ja schon seit je vermutete „Mitte" ein: Es seien nämlich etwa so viele humane Leiber nötig, um zur Masse der Sonne zu kommen, wie wir als einzelne Individuen Atome in uns haben! Der Mann ist wirklich gut (als Maler), und frech ist er auch. Er muß sich ja aber keinem Rechnungshof stellen. Nein – von dieser holognostischen Art ist mein Weltbild nicht. Ich kleckse nur auf meiner kleinen Leinwand.

•**Urbi et Orbi:** Wenn es ein Weltbild gibt, das über Jahrhunderte hinweg „gewirkt" hat, dann ist es das römisch-christliche. Auch wenn Jesus ein Jude war, hat seine „Lehre" erst durch Idee und Praxis des römischen Reichs konkrete weltliche Formen gewonnen. Nicht Bethlehem, wo er zur Welt kam, nicht Jerusalem, wo er umgekommen ist, sind heute die Weltzentren seiner Lehre, sondern Rom ist es. Und der Papst in seiner globalen Kleider-, Kirchen-, Kunst- und Kasernenpracht „repräsentiert" hier weiterhin den **„Welt"-Anspruch** des Galiläers im sogenannten katholischen Christentum. Wo immer der jetzige besonders „global" aktive Inhaber des „Stuhles Petri" (Paul II) auftritt, zeigt sich die ungebrochene Attraktivität der „über"-menschlichen Weltbildvorlage, wie seine katholische eine ist. Kat-holisch heißt ja: Über das Ganze (Weltall) geltend.

Heiliger Vater auf Bierglas

In Ecuador fanden wir Ihn (den „Heiligen Vater") noch auf den Biergläsern, die wir in Quito leerten, ehe wir zum Galápagos-Archipel aufbrachen, wo bekanntlich eine ähnlich globale Idee zur Zeugung kam: Darwins Gedankengebäude einer „natürlichen" Evolution der Organismen. Allerdings sei die entscheidende Differenz der beiden „Weltbild"-Beiträge nicht vernachlässigt: Die „Lehre" Christi ist ein allumfassendes, allgemein und „ewig" gültiges Weltverständnis- und Daseinskonzept, Darwins These ist ein rationaler Verstehens-Versuch, der jegliche rationale Korrektur bis hin zur Widerlegung miteinschließt.

•**Kegeln in Zwettl:** Manchen Farbklecks und Querstrich in meinem Weltbild verdanke ich der mehr als 25 Jahre langen Mitwirkung am **Philosophisch-Biologischen Seminar in Zwettl**. Diese Diskussionsrunde und interdisziplinäre Unterrichtsveranstaltung hat sich seinerzeit Erich Heintel ausgedacht, ein „klassischer" Philosoph von echtem Schrot und Korn, der von seinen erheblichen Kolleggeldeinnahmen aber auch gern Häuser baute. Ihm war und blieb – bei aller von uns nachgelieferten biologischen Aufklärung – der Mensch ein außer der „Natur" stehendes Wesen, und er zuckte bereits zusammen, wenn wir Biologen in seinem Beisein es wagten, von Homo sapiens primär als von einem „Lebe"-wesen zu reden. Der „Geist" in uns war ihm zwar etwas außer-Räumliches und außer-Zeitliches, zugleich aber auch etwas Konkretes. Wir gerieten in jedem Seminar hart aneinander, vor allem, wenn es um die Frage der „Menschwerdung" ging. Für Heintel war eine Evolution des Menschen absolut undenkbar.

Für mein Weltbild sind und bleiben diese Begegnungen eine ganz wesentliche Erfahrung: Ich weiß nun, daß ich mehrheitlich von Artgenossen umgeben bin, die fundamental wie Heintel denken, auch wenn sie inzwischen auch mehrheitlich von der Evolution „des" Menschen zu sprechen pflegen. Und auch obwohl wir inzwischen alle wissen (können), daß wir mit den sogenannten Menschenaffen weit mehr als 90% unseres „Erbguts" gemeinsam haben, können sich nur wenige von uns wirklich wegdenken, d.h. das Konstrukt eines persönlich gedachten außerleiblichen „Geistes" aufgeben – obwohl doch schon rein sprachlich die Mehrzahlbildung dieses Begriffs ins Paradoxe führt. Und wo sollen denn die Milliarden unsterblicher Geister post mortem umherwesen? Kurz, unser Zwettler

Seminar hat meine Ohren sehr geschärft für alles, was Mitmenschen über sich denken und so daherreden.

Umso lockerer haben wir dort die **Abende auf der Kegelbahn** verbracht, vor allem beim sogenannten Sargscheibn, wo Fehlleistungen in Form sich schließender und final mit einem Kreuz gekrönter Kreidestrichskizzen von Särgen geahndet werden. Da die Philosophen des Heintelkreises solchen vordergründigen Selektionsspielen nichts abgewinnen konnten, kam es nach den interdisziplinären Wortgefechten zu nicht weniger erbitterten intradisziplinären Kegelgefechten im Wirtshaus. Das Foto zeigt das Haupt der mehr botanisch qualifizierten Partei mit der Kreide in der Hand in gespannter Aufmerksamkeit vor der Protokolltafel, während ein studentisches Mitglied der mehr zoologischen Mannschaft vor dem nächsten Wurf die Aufstellung studiert.

Kegelrunde beim Seminar in Zwettl

Beim Kegeln war der hemdsärmelige Professor Url stets mein Gegner, im Seminar hingegen war er ein verläßlicher Bundesgenosse im Ringen mit unseren Philosophen, die bis zum Schluß eine „natürliche" Entstehung und Interpretation des Menschen für inakzeptabel hielten und noch halten. Ihre Weltbilder lassen einen „rein" naturgemachten Menschen nicht zu. Und – um ehrlich zu sein – ein kegelndes Naturgeschöpf ist ja auch etwas Kurioses.

• **Komplexannahmestelle:** So mies, wie „der zweite deutsche Staat" 40 Jahre lang vom ersten gemacht worden ist, kann er nicht gewesen sein. Er hatte auch seine „guten" Seiten. Die Anführungszeichen bei gut muß ich für jene potentiellen Leser setzen, die so wie bei Preußen oder dem Dritten Reich nach dem Sitten- oder gar Strafrichter rufen, wenn man dazu auch gute, d.h. sinnvolle oder gar lobenswerte Seiten finden wollte. Wer die (Menschen-)Geschichte kennt, weiß aber, daß alle auch vorbildlichen Kulturen ihre verdammenswerten, scheiterhaufenwürdigen Gegenbilder entwickelt haben. Deswegen ist ja auch das unablässige Toleranzgetue nötig, weil Verständnislosigkeit letztlich nur durch „Ertragen" gemildert werden kann. Meine Weltbildüberlegungen sind als Beispiel dafür gedacht, daß ein Staatswesen, welches für seine geplagten Bürger die Einrichtung eigener **Komplexannahmestellen** möglich macht, als vorbildlich und zukunftsorientiert zu werten ist. Da ich es trotz häufiger DDR-Besuche leider versäumt habe, jemals so einen Laden (oder war's ein Amt) zu betreten, weiß ich bis heute nicht, ob man für seinen abgegebenen Komplex einen Obulus bekam oder zahlen mußte. Auf jeden Fall ist hier den DDR-Bürgern von Ulbricht bis Honecker ein Angebot gemacht worden, das an Menschenfreundlichkeit kaum überbietbar erscheint. Bei uns kämpfen

DDR Komplex-Annahmestelle – menschenfreundliche Geschäftsidee?

Freuds Jünger heute noch um die Krankenkassenwürdigkeit ihrer Seelenheilkunst; die DDR aber nahm schon vor Jahrzehnten ihren Bürgern die Komplexe ab. Wenn das stimmt, was jetzt unsere sogenannten Meinungsforscher vom Weltbild und Seelenzustand der „wiedervereinigten" Deutschen zu berichten haben, dann hat die Schließung jener Komplexannahmestellen tatsächlich zu zunehmendem Stau von Minder- und Überwertigkeitskomplexen geführt.

•Unter unseren natürlichen organischen „Werkstoffen" ist das **Elfenbein** der edelste. Von sanftem Glanz und feinstem Korn, elastisch hart und schnitzbar weich, ein ideal homogenes Substrat für zwei- und dreidimensionale Formgebung. Kostbar ist es aber auch wegen seiner exotischen Herkunft. In der Schule lernen wir, daß es das Zahnbein der Elefanten ist. Aber man muß auch an Ort und Stelle gesehen haben, wie gewalttätig und gewinnsüchtig Menschen zum Elfenbein kommen, will man die wahre „Natur" des Werkstoffs und seiner Bearbeiter erkennen.

Bekanntlich gibt es zwei Herkunftsmöglichkeiten: Den indischen Elefanten haben die Menschen zu domestizieren verstanden, so daß sein Elfenbein auch züchterisch „produziert" werden kann. Verglichen damit gibt es übrigens viel würdelosere Materiallieferanten im Tierreich. Hingegen läßt sich der afrikanische Elefant nur im Tod sein Elfenbein nehmen. Seine Züchtung im Zoo wäre viel zu kostspielig. Folglich hat sich die kunstbeflissene europide Herrenmenschheit seit Ägypter- und Römerzeiten über lange, opferreiche Jagd-, Raub- und Handelswege mit gewildertem Elfenbein aus Afrika versorgt. Seit Mohammeds Zeiten liegt nun das „Geschäft" in den Händen der arabischen „Händler", denen ja lange Zeit auch das lukrative Parallelgeschäft mit dem humanen ebenholzfarbenen Menschensklavengut oblag. Wir hatten 1961 das „Glück", in Khartum zu einer **Elfenbeinversteigerung** zurechtzukommen. Sie trug viel zur Versachlichung meines Menschenweltbilds bei. Denn zuvor waren wir im südlichen Sudan unterwegs gewesen (Band 1, S 150) und hatten dort das fatale Dasein der Menschen und Elefanten mit den eigenen Augen gesehen. An dieser Stelle darf ich es noch einaml sagen: Wer vom dunklen Wesen des sogenannten Menschlichen nur in Worten

Elfenbeinmarkt im Sudan, 1961

oder Bildern Kenntnis hat, kann es nicht fassen, geschweige denn verstehen. Ich jedenfalls, kann seit jener Auktion in Khartum nur durch die Kulturbrille eine Elfenbeinschnitzerei als holde Kunst sehen, ohne diese Brille aber sehe ich dahinter die nackte Natur- und Ausbeutungsgeschichte dazu. So habe ich mein Weltbild in unablässiger Anschauung realer Bilder lebenslang zu objektivieren versucht.

•**Adolf Hitler im Wolfsmuseum:** Das „Weltbild" eines Mannes, der wie ich zum Schluß seines Jahrhunderts noch die (zweite) Milleniumswende unserer Zeitrechnung erlebt hat, ist ohne ihn nicht denkbar. Seit 70 Jahren vergeht kaum ein Tag, an dem ich nicht den Namen Hitler höre oder lese. Verglichen mit den anderen Figuren, die mein Weltbild bevölkern, ist er aber eindeutig die verkannteste. Nichts Zeitloses hat er uns hinterlassen. Trotzdem ist er sogar bis in das provinzielle Wolfsmuseum von Bozeman in Montana geraten, weil er einst sein **„Hauptquartier"** in Ostpreußen **„Wolfsschanze"** genannt hat. Im dortigen Museum fand ich ein Foto des Führers mit Text, der erläutert, wie sehr er Wölfisches liebte und daß solches ominös sogar in seinem Vornamen stecke. Ich bezweifelte erst, daß die etymologische Interpretation dieser Bildlegende korrekt sei, lese aber jetzt, daß Adolf tatsächlich als Wort germanischen Ursprungs soviel wie „edler Wolf" bedeutet.

Im übrigen muß der Zoologe hier noch anmerken, daß Führer samt Gefolg- und Leserschaft bedauerliches allgemeines ethologisches Unwissen über das „Wölfische" verraten, wenn sie einen überspannten menschlichen Denker und Täter mit dem schlicht hunger- und triebgesteuerten Rudelwesen Wolf vergleichen oder gar gleichsetzen. Gerade solche zoologische Metaphern in der Humansoziologie und -ethologie zeigen dem Wissenden deutlich, wie rückständig unsere allgemeine Selbst- und Welteinsicht immer noch ist.

Führer-„Hauptquartier" in Polen, die sogenannte Wolfsschanze

Ein Besuch in der „Wolfsschanze", die heute ja den Polen gehört, zeigt zudem das Unwölfische an jenem vermeintlichen Edelexemplar: Weit weg von seinem Riesenrudel in den ukrainischen, russischen und kaukasischen Wäldern und Steppen saß er da hinter meterstarken Betonmauern und brütete über seinen mörderischen Plänen. Kein anständiger Leitwolf hingegen bleibt hinter seiner jagenden Gruppe zurück.

•**Denkmal auf Kreta für Neuseeländer:** Erst mein 20. Jahrhundert hat seinem Weltbild-Vokabular den Begriff „Weltkrieg" eingefügt und denselben auch gleich in zwei effektvollen Inszenierungen auf die Weltbühne gebracht, wobei gern verdrängt wird, daß der sogenannte zweite Weltkrieg unentschieden geblieben ist, denn seine Hauptkontrahenten haben bekanntlich bis heute keinen ordnungsgemäßen Friedens„schluß" zustandegebracht. Waffenstillstands- und Besatzungslinien sind mehr minder stillschweigend völkerrechtlich „verbindlich" geworden bzw. wurden fallweise „bilateral“ sanktioniert. „Reparationen“ sind bis heute weder inhaltlich noch zeitlich limitiert.

Aber zurück zum Weltbildelement „Weltkrieg“: Schon der erste solche bekam mit der Involvierung der europäischen Kolonien, der alten übernationalen „Reiche“ des Zaren und des Sultans sowie der neonationalen USA eine wahrhaft globale Façon, und im zweiten kamen dann noch die Riesenräume und Menschenmengen Asiens dazu. Während meiner langen Weltbildstudien habe ich jahrzehntelang sorgfältig alle Zeugen und Zeugnisse dieser heroischen Menschheitsepochen registriert und dokumentiert. Hier bringe ich ein bescheidenes, aber besonders ausdrucksstarkes Beispiel: das Foto des Denkmals für die auf Kreta im Dienste Albions gefallenen Neuseeländer. Weiter her können auf diesem Globus Helden gar nicht geholt sein.

Weltkriegs-Denkmal auf Kreta

• Bemerkungen zu **Max Weiler**: Seitdem Steinzeitmenschen unbekannten Aussehens, Verhaltens und Denkens an Höhlenwänden beachtlich gelungene Darstellungen diverser Tiere hinterlassen haben, hat die zweidimensionale Kunst des Zeichnens und Malens Unerhörtes hinzugeschaffen.

Längst ist sie aus Höhlen ausgezogen, hat eigene Werkstätten (Ateliers), Deponien (Museen) und Verkaufsläden (Galerien) bekommen und hat noch Photographie und Computergraphik überlebt. Mein „Weltbild“ hätte ohne Graphik und Malerei bedenkliche Löcher.

An dem Tag (31. 1. 2001), an dem ich dies schreibe, finde ich in der Presse als optischen „Aufmacher“ ein Farbfoto von Max Weiler, der zwischen seinem mit großen Farbtiegeln beladenen Arbeitstisch vorn und einer noch größeren bereits bemalten Bildtafel hinten mit verschränkten Armen zufrieden in die Kamera blickend steht. Darunter ein Kurzabriß seiner Lebensgeschichte und die Nachricht, daß er tags zuvor gestorben sei. Beim Betrachten seines lustvoll großklecksigen Werks erfaßt mich wieder der blanke Neid und ich denke an meine (kleineren) Enkel, die doch auch so gern sattfarben und so ausholend mit Pinsel, Spachtel und Besen umgegangen wären. Man mußte es ihnen aber im kleinbürgerlich-peniblen Ordnungszwang verbieten. Schade; wer weiß, ob nicht doch ein zweiter Weiler unter ihnen gewesen wäre. Der Weltbildbetrachter stieß übrigens in den folgenden Tagen

Der Meister der puren Malerei ist tot

Bild vom 31. 1. 2001 in der Tageszeitung „Die Presse“ zum Ableben von Max Weiler

auf eine merkwürdige Diskrepanz in „seiner" Gesellschaft, die ja größtenteils aus sogenannten Gebildeten besteht: fast alle kamen auf „den" Weiler zu sprechen, weil er doch immerhin 90 Jahre erreichte, aber auch weil sein „Werk" so einmalig sei; bei dessen „Würdigung" aber fügten nicht wenige Großmütter und -väter den Hinweis auf analoge Leistungen ihrer Enkel an, und einige gestanden sogar, daß sie das eine oder andere analoge Opus ihrer F2-Generation gerahmt an ihrer Flur- oder Wohnzimmerwand hängen hätten. Womit die – freilich nur von den mutigeren auch ausgesprochene – Diskrepanz zwischen gesellschaftlicher und persönlicher Wertung derartiger Werke deutlich wurde. Man darf ja nicht vergessen, daß niemand mehr in unserem sogenannten Kunstbetrieb spontan anschaut, urteilt, wählt und zahlt. Vor allem politisch qualifizierte Funktionäre, die ja Kunst mit Steuergeldern kaufen dürfen, unterliegen einem populistischen Geschmacksdirigismus, der bei Systemwechseln nur die Farbe wechselt, wie meine Generation belustigt erleben konnte. Die Parabel von des Kaisers neuen Kleidern gehört eh und je zur Fundamentalliteratur der Soziologie.

•**Mondmüll:** Das erste, was die fortgeschrittene Menschheit ihrem Mond zugefügt hat, war Müll (als Nachbildung im „Weltraum"-Museum von Washington zu bewundern).

Eine humane Weltbild-Bereicherung, die noch Großes ahnen läßt.

Das erste „Auto" auf dem Mond

Die Kontinente

EUROPA

AFRIKA

ASIEN

AUSTRALIEN

AMERIKA

Vorbemerkung zu den Kapiteln über die Kontinente

Wenn man die Kontinente als eine rein geophysische Angelegenheit ansieht, dann gibt es im gegenwärtigen Zeitpunkt ihrer Geschichte 5 davon. Wir wissen, daß sie auf der Erdkugel herumflottieren und sich dabei zerteilen oder sich zusammenlegen können, so daß es manchmal mehr, manchmal weniger sind. In kosmischer Sicht sind sie also nichts Beständiges. Der Name des größten von ihnen (Eurasien) verrät seine Doppel- wenn nicht Mehrfach-Natur, die sich aber mehr menschen- als erdgeschichtlich begründet.

Seitdem sich nämlich Menschen zu den Kontinenten dazudenken, haben wir sechs, vier farbige (je einen weißen, schwarzen, gelben und roten – letzterer stark entfärbt), einen umgefärbten und einen farblosen. Neuerdings möchte der vorlaute Teil dieser bunten Welt-„Menschheit" die human-kontinentale Farbenlehre abschaffen, wohl nicht zuletzt deswegen, weil er ja selber am wenigsten Pigment abbekommen hat. Wie dem auch sei – ich muß mein Weltbildmaterial nun irgendwie sachgemäß ordnen, um es einigermaßen raum- und zeitgerecht zu präsentieren. Und da zeigt sich: Auch wenn ich meine Welt-Reisen unkoordiniert absolviert habe, macht nun ihre kontinentale Ordnung Sinn wegen ihrer vor allem menschenbezogenen Spezifitäten. Berge, Ströme, Wälder, Steppen, Wüsten haben ja (vom 6. abgesehen) alle. Ihr jeweiliger Menschenzirkus aber macht sie unverwechselbar.

Für den „Kontinent“ Europa ein kennzeichnendes Bild zu finden ist ein Kunststück. Weder Griechen noch Römer wußten schon, daß wir sie dereinst als unsere europäischen Urväter betrachten würden. Wenn es einen Kopf gab, in dem und um den herum erstmals der Gedanke einer europäischen Identität dämmern konnte, dann war's der des großen Franken, der die von der Völkerwanderung überfremdeten römischen Provinzen mit dem Schwert zusammenzwang und unter dem Kreuz wieder an Rom band. Karl der Große hat zumindest Westrom zu Europa gemacht. Ostrom kam später unter dem Druck asiatischer Anrainer und Angreifer dazu. Das orientalische Glaubensgut des Christentums zusammen mit dem weitergärenden Gedankenerbe der griechischen Philosophie hat schließlich die ethnisch bunte Völkerschaft Europas von den Säulen des Herkules bis zum Ural und an den Bosporus zu einem Kulturaggregat werden lassen, das heute geistig, technisch, modisch die Menschheit bestimmt und führt. Längst ist dieses Herrenkollektiv über seinen engen europäischen Rahmen hinausgewachsen und bestimmt jetzt global das Bild der Menschheit. Wer heute auf unserer Erde „international“ was sagen und bewegen will, tritt als Europäer („Weißer“) verkleidet auf. Lediglich einige „Exoten“ schmücken noch in ihrem angestammten Habitus die Konferenzen der Macht. Sonst sind alle Krawattenträger; sogar Restdeutschlands Außenminister.

Dieses globale Machtsyndrom Europa kann – abgesehen von kosmischen Katastrophen – seinen Schwerpunkt, der bekanntlich derzeit in Nordamerika liegt, vielleicht noch verlagern, untergehen wird es wohl nur aus naturgesetzlichen, biologischen Gründen. So wie wir des Großen Karls unbewußte Erben sind, werden auch die unseren noch die seinen bleiben, solange das generative Netzwerk nicht reißt. Hier, im eigentlichen Europa selbst, scheint freilich die dazu nötige Potenz schon zu schwinden. Da verdünnt sich Karls des Großen Erbe jetzt zusehends in seinem 3. Jahrtausend. Umso großartiger steht Europa in der Weltgeschichte da. Und der Wissende kann nur hoffen, daß der Aachener Goldsarkophag des Kaisers wenigstens als Symbol der Größe unseren Untergang und den Aufstieg der nächsten Weltkultur übersteht.

ÖSTERREICH

Der Heldenberg hinter Stockerau bietet den tiefsten Blick in die österreichische Seele. Wer ihn kennt, versteht, warum ihn deren Träger so ungern vermarkten, obwohl sie sich doch kein Neujahrskonzert ohne ihren Radetzky-Marsch denken können. Die gußeiserne Heldenversammlung um die Gruft des Unsterblichen erinnert zu aufdringlich an fast-genießerische militante Zeiten.

• „Die Presse" hat in Vorankündigung der Niederösterreichischen Landesausstellung von 2005 folgendes geschrieben:

„Heldenberg"
Sie [die Landesausstellung] findet im Schloß Wetzdorf im Weinviertel statt – 50 km von Wien an der Horner Bundesstraße und der Franz-Josefs-Bahn, berühmt durch den „Heldenberg", den der Armeelieferant Gottfried Josef Pargfrieder als Ruhmeshain für die österreichischen Armeen und als Grablege für die Feldherrn Radetzky und Wimpffen – und für sich selber – anlegen ließ; der deutsche Schriftsteller Stefan Heym erinnerte im jüngsten Roman „Pargfrieder" an den besitzstolzen Aufsteiger.

Heldenberg bei Stockerau

• Von dieser bescheidenen **Burg im schweizerischen Aargau** hat es seinen Ausgang genommen, das „Ost-Reich". Ohne die Habsburger wären seine Gaue schlichte deutsche Länder geblieben. Lustig klingt es dem Wissenden in den Ohren, wenn sich heute streng antimonarchistische Sozialisten oder Liberale auf ihre Nationalität berufen.

Die „Habsburg" im Aargau

Johann Strauß im Wiener Stadtpark

•**Johann Strauß jr.**, der fesche Schani im Wiener Stadtpark, und die von ihrem Endzeitschicksal in sich gebeugte Staatsfigur des Franz Josef im Hofgarten symbolisieren wortlos Österreichs manisch-depressiven Abschied von der Macht im europäischen Völkerkonzern. Daß es den Zertrümmerungsschock von 1918 letztlich so gesund überlebt hat, wird verständlich, wenn man die Brüche von 1806 und 1866 dazudenkt.

Die Fremden halten nun den feschen Schani für „das" Symbol von Österreich. Sie verwechseln gern die Metropole mit dem Land, den Donauwalzer mit der Nationalhymne, halten Beethoven für einen Österreicher und Hitler für einen Deutschen.

Mit dem Neujahrskonzert hat Wien wieder Weltgeltung erreicht. Österreich aber wird in Europa zur Provinz werden.

Franz Josef im Hofgarten

•**Kaiser Franz Josef** – das klassische Symbol der österreichischen Nationalbefindlichkeit im Hofgarten. Die 70 Jahre seiner Regierung waren eine einzige Katabasis. Haus und Reich zerbrachen. Er stand aufrecht bis zum Schluß. Wenn ich über den Ring gehe, versäume ich nie den kleinen Umweg zu seinem bescheidenen Platz im Hofgarten. Vorn beim Mozart drängen sich die Touristen zum unerläßlichen Foto. Bei ihm hinten ist es still. Aber das jetzige Österreich kann nur begreifen, wer sein Leben verstanden hat. Die (Deutsch-) Österreicher selbst haben längst vergessen, daß sie nur „der Rest" seines Erbes sind, wie das in bitterer Ironie der Franzose gesagt hat, dessen Vorfahren Jahrhunderte lang l'Autriche als l'autre riche verstanden hatten.

Gedenktafel für „Sisi" im Wiener Wald

•**Wienquelle**. Ein weiteres tourismusförderndes Symbol novoaustriakischer Selbstbefindlichkeit ist die „Sisi", eines der vielen bavarischen Importgüter, deren Xenogenese nicht mehr bewußt ist. Hier die Gedenktafel an der Wienquelle im nördlichen Wiener Wald bei melancholischer Winterstimmung.

•Diese beiden sind wahrhafte Österreicher gewesen und echte Wiener dazu. Im Zentralfriedhof von Wien finden sich die **Ehrengräber** vieler Großen, die sich erst selber zu richtigen Wienern machten. Die geborenen solchen hatten es ja oft schwer. Im Nachhinein aber werden sie alle stolz verehrt, der Schubert Franzl im Zentralfriedhof, der große Biedermeiermaler Ferdinand Georg Waldmüller im Rathauspark.

Links: Ehrengrab von Franz Schubert im Zentralfriedhof

rechts: Denkmal für Ferdinand Georg Waldmüller im Rathauspark

•Während der hofrätliche **Grillparzer** eher zur deutschen Klassik gerechnet werden wollte und auch wird, hat der nicht weniger im und am Dienst leidende Adalbert **Stifter** seinen geistig-seelischen Schwerpunkt im Österreichischen nie verlassen und verleugnet. Nicht einmal die Tschechen haben ihm seine Heimat als Sudetenösterreicher genommen, und es ist ein tiefgehendes Erlebnis, seine Gedenkstätten in und um Oberplan auch nach 1945 unberührt zu finden.

Denkmäler für Franz Grillparzer (links) und Adalbert Stifter

•**Prinz Eugen** und der **Blauhelm** eines an den Golanhöhen gefallenen österreichischen Soldaten versinnbildlichen Österreichs unerschöpfte Ideenpotenz: Jener hat im Türkenkrieg den Balkan zu dem halbgelösten Problem gemacht, das der bis heute geblieben ist, und dieser starb für ein nicht weniger unlösbares Problem im fernen Heiligen Land. Zudem verkörpert jener edle Perückenträger noch die fast magische österreichische Assimilationspotenz für fremde Geister aller Art. Mehr als die Hälfte aller großer Austriaken sind ja zugereist, hängengeblieben und haben ihre Herkunft vergessen. In neuerer Zeit werden übrigens auch solche bunte Falter dem geistigen Erbgut des attrahenten Völkchens zugezählt, die sich auf ihrer Wanderschaft nur vorübergehend auf einer österreichischen Blumenwiese niederließen. Insbesondere gilt dies für das vagile Volk der Künstler.

Links: Prinz Eugen

rechts: der Blauhelm eines gefallenen österreichischen Soldaten am Golan

•Auch die Österreichische **Akademie der Wissenschaften** ist eine Errungenschaft aus feudaler Zeit, wenn auch im Vergleich eine Spätgeburt des habsburgischen Geisteslebens. Ich erlebte sie an der demokratischen Wende von „schwarzer" zu „roter" Patronanz, also zu Beginn der Kreisky-Ära, wo Frau Firnberg Wissenschaftsministerin war. Die eitlen Professoren hatten ihrer Reform-Ideologie wenig entgegenzusetzen. Der Zeitgeist agierte ja auch in Gestalt ungezogener Studentenkinder hemmungslos für sie.

Frau Minister Firnberg

Auf dem Foto, das ich anläßlich einer Sitzung in Lunz am See geknipst habe, ist sie, die an einer mißglückten Universitätskarriere litt, umgeben vom Akademiepräsidenten Hunger (einem Byzantinisten) rechts, Professor Löffler (unserem Limnologen) vorne links und der Süßwasserbiologin (Rotatorienspezialistin) Professor Ruttner-Kolisko, hinten. Man spürt die Devotion der akademischen Garde. Frau Firnberg war ja bekannt für ihre **Professorenwitze**. In Lunz erzählte sie bei Tisch den:

„Treffen sich zwei Professoren auf der Uni-Rampe, über der die schwarze Fahne den Tod eines Kollegen anzeigt. Fragt der eine: Wissen Sie, welcher Kollege da gestorben ist? Sagt der andere trocken: Mir ist jeder recht."

Maria-Taferl-Souvenir

•Im ersten Band meiner Selbstdarstellung ist zu lesen, wie auch ich in den Bann des „Österreichischen" geriet, wobei mir bis heute unklar geblieben ist, was magnetischer gewirkt hat: Leute, Landschaften, Lebensart? Die Wallfahrtskirche **Maria Taferl** über der Donau bei Pöchlarn war so ein Bezugspunkt, der sich mir seit meiner Studienzeit mit dem Heimatbegriff Österreich verband. Und ein Maria Taferl-Häferl wollte ich immer haben, bis ich's endlich zu meinem 80. Geburtstag erhielt.

Wanderung durchs Kamptal mit Brunhilde, April 1975

•Das **Gefühlspaar** Österreich und Melancholie wird von Literaten und Musikern, insbesondere Wiener Provenienz, viel strapaziert.
Ich fand seine naturgegebene Heimstatt im Viertel zwischen Wachau und Böhmerwald, wo es am Kamp und an der Thaya dem Wanderer und Ruhesuchenden zwischen Wald und Wasser stille Gesellschaft leistet; wie hier am Steilhang des Schauensteins über dem Kamp im Frühjahr 1975.

•Die Zeit dieser **Idylle** im Marchfeld ist vorbei. Wir erlebten sie noch, weil „die Russen" noch 10 Jahre lang nach dem Krieg die „Entwicklung" in Niederösterreich gebremst haben. Die Ölpumpen der deutschen „Besatzer" haben bis heute überlebt. Eine erkennt man rechts vor der rauchenden Lokomotive.

Marchfeld, 1970

•Im Osten geht Österreich unmerklich ins Pannonische hinüber. Der **Neusiedlersee** ist ein Steppengewässer mit unsicherem Wasserstand, der gelegentlich auch einmal ganz gegen Null gehen kann. Fleißige Weizen- und Weinbauern haben den „Seewinkel" zwar „kultiviert", aber aus Naturschutz- und Fremdenverkehrsgründen gibt es noch die lokal steppenerhaltende Rinderherde von Podersdorf, die hier zur Tränke und Kühlung im Wasser planscht.

Im Flug über den Neusiedlersee:

Rinderherde von Podersdorf

Umso stärker ist der Stau der Steppenseegefühle von Westen her. Sie verdichten sich jeden Sommer in riesigen Lagerplätzen, vor denen der Schilfgürtel dem Bade- und Bootsbetrieb weichen muß. Verglichen mit dem milden organischen Eintrag der Podersdorfer Rindertruppe bringt diese Invasion naturgemäß einen bedenklichen „Eutrophierungs"-Effekt mit sich.

Sommertourismus bedroht den Schilfgürtel

•**Erzherzog Johann**: Wenn es einen im späten Haus Österreich gegeben hat, der nicht nur Wien und seinen hohlen imperialen Glanz verkörperte, sondern das österreichische Volk schlechthin in seinem alpenländischen Lebensraum, dann war es dieser Habsburger, der ja bekanntlich auch bereit gewesen wäre, seinem Zeitgeist gemäß im Frankfurter Parlament die Reform der feudalen Machtordnung zu koordinieren. Wer weiß, wie Europa heute aussähe, wäre das geglückt. Preußen und Österreich (in seinem räumlich-ethnischen Sinn) gäbe es vielleicht heute noch, die Nato wäre überflüssig und müßte auf dem Balkan keine Bomben schmeißen.

Die Steiermark denkt an ihren Erzherzog Johann

•**Königgrätz**: Auf diesen Wiesen mußte sich Österreich endgültig von der Reichsidee verabschieden; Experten behaupten, weil es die Rohre seiner Vorderlader nicht rechtzeitig hinten aufgebohrt habe. Die Reichskrone war ja schon 60 Jahre zuvor ins Museum der Geschichte gekommen, und im ephemeren 3. Reich 90 Jahre später gab's keinen würdigen Träger mehr dafür.

Blick auf's „Schlacht"-Feld von Königgrätz, das längst auch reichs-exterritorial ist

•Der Gedenkstätte von Königgrätz logisch gegenüber (wenn auch jenseits der böhmisch-mährischen Höhen) steht dieser **Aussichtsturm** im Weinviertel. Er ermöglicht einen melancholischen Zwischenblick über die Grenze ins Böhmische hinüber. Kombiniert mit einem Hinweis aufs fraglich gewordene Juridische. „Heimat" ist hier nichts mehr Einklagbares, wie ich vermute; denn nach meinem Wiener „Heimatschein", auf den ich vor 33 Jahren stolz war, fragt mich inzwischen auch niemand mehr.

Heimatrecht, nicht nur Nachklang einer Reichsidee

•Wer wissend sucht, wird in Österreich überall belohnt: Im Bergdorf **Pürgg** über dem Nordrand des Ennstals, dem Grimming gegenüber, steht das alte Kirchlein des Heiligen Johannes. In ihm findet sich dieses gotische Fresko, das den Katzen-Mäuse-Krieg darstellt, eine Anspielung auf die bekannte frühgriechische Persiflage des Trojanischen Krieges in der Ilias, um 550 v. Chr., wo allerdings Frösche und Mäuse miteinander Krieg führen („Batrachomyomachie"). Diese naturinadäquate Kämpferpaarung störte unseren mittelalterlichen Künstler offenbar, und er hat ja auch recht: wo kämen sich auch Frösche und Mäuse in die Quere?

Gotisches Fresco im steirischen Bergdorf Pürgg

•Der **Uhrturm** über Graz zeigt, daß trotz vieler „Steirischer Herbste", die den jeweils neuesten Zeitgeist „promovieren", die Zeit in der Steiermark noch immer auf altbewährte Weise bestimmt wird. Nun aber – 2003 – hat Graz seinen Uhrturm geklont und spielt Kulturhauptstadt Europas in zeitweiliger Postmodernität. Sicherheitshalber drehen sich aber die Zeiger im alten Trott weiter.

Das Wahrzeichen von Graz, der Uhrturm

Grimming

•Mons Styriae altissimus, der **Grimming** im Ennstal, dem Frau Paula Groggers Roman „Das Grimmingtor" über seine neuzeitliche Entthronung als „Höchster" der Steiermark hinweggeholfen hat. Übrigens ein Geheimtip für einsamkeitsliebende Langberggeher.

•**Dachsteinblick**: Vor der nebelgefüllten Furche des Ennstals wirken seine drei nordseitigen Aussichtswarten wie Warzen, die sich über dem weiten Karrenfeld („Auf dem Stein") der Karsthochfläche des östlichen Dachsteinstocks erheben. In Wahrheit stehen sie als Gipfelkette hinter dem Stein und wirken vom Tal aus mächtig, vor allem der linke (östliche) breitere Klotz des mons altissimus Styriae, wie der Grimming in der irrigen Volksmeinung, er sei der höchste Berg der Steiermark, tatsächlich bis in Erzherzog Johanns Zeiten hinein geheißen hat. So ein Herbsttag auf dem Dachstein über dem Hallstätter Gletscher macht den Alltag vergessen und läßt die kommende weiße Verhüllung ahnen, neben der Christos Plastikverpackung schlichter Schmarrn ist.

Dachstein-Blick zum Ennstal

Übrigens hat den rechten kleinsten Gipfel, den Stoderzinken, auch Peter Rosegger erstiegen. Es fiel ihm schwer, weil ihm der Atem ausging, weswegen er sich im Aufstieg alles unnütze Gerede verbat. Da wäre ich ihm gern der wortlose Weggefährte gewesen. Zu meinem 83. Geburtstag war ich – allein und wortlos – nochmals droben.

•„Höhere" Mächte versetzten 1939 den ahnungslosen Jungdeutschen für 2 Monate in die **Mozartstadt** Salzburg, gaben ihm Wohnung auf halber Höhe des Südhangs am Festungsberg und einen Arbeitsplatz beim Dom (im Westhof vor den Glockentürmen der Kathedrale). So sah er jeden schönen Tag zum Untersberg, Hohen Göll und Tennen-

Salzburg, ein Höhepunkt im Leben jedes Weltbildsammlers

gebirge hinüber und werktags auf den Schauplatz des „Jedermann“ (der damals 1939 freilich ein „Niemand“ war) hinunter. Spaziergänge zum Residenz-Brunnen auf der Nordseite des Doms und zum Glockenspiel gehörten zu seinen Freizeitvergnügungen, die an den Wochenenden bald in die 3. Dimension ausarteten (siehe Band 1).

• An seinem westlichen Ende trumpft Österreich zeitgemäß nochmals mit Kultur auf. In den Bodensee hinein sind die rostenden Zeugen theatralischen Gewerbefleißes vorgeschoben, zwischen denen zu gegebener Zeit die **Bregenzer Festspiele** vielerlei gereimtes und ungereimtes Zeug in Szene setzen. Wenn's nicht regnet, läßt sich da das zahlende Volk mancherlei bieten.

Bregenzer Seebühne

• Der **Lavanter Kirchbichl** im oberen Drautal zeigt, wie lang und reich die alpine Besiedlungs- und Kulturgeschichte auf heutigem österreichischen Boden ist. Keltisches, Römisches, Germanisches kam hier zu Tage. Hier ist die frühchristliche Kirche zu sehen, deren Nachfolge noch heute zwei stilvolle Wallfahrtskirchen darüber wahrnehmen. Wer alles ist da vorbeigekommen, vertrieb andere, wurde selbst wieder vernichtet und hinterließ seine Spuren? Was sich da heute „Österreicher“ (Osttiroler) nennt – wie bald wird die nächste Menschenschichte darüber kommen? 1000 Jahre sind für solche Prozesse wenig Zeit. Uns fehlt das Vorstellungsvermögen dafür.

Reste einer frühchristlichen Kirche im Lavanttal

Tiroler Freiheitskampf

Prof. Diemers Riesenrundgemälde

Ein Bild vom Berg Isel aus dem Heroon am Inn

•„Berg Isel“: Das große Rundgemälde in Innsbruck sagt dem nachdenklichen Tirolbesucher mehr, als den jetzigen Vertretern und Regenten dieses selbstbewußten Landes und Volkes lieb ist. Es stellt die **Schlacht am Berg Isel** dar, die aus heutiger Sicht – mangels Masse – eher ein Gefecht zu nennen wäre. Das Symbolische daran aber reicht weit über die Auswirkung der Schlachten unseres Jahrhunderts hinaus, in denen nicht Hunderte, sondern Hunderttausende „fielen“.

Bemerkenswert ist die Verkehrung der Blickrichtung: Damals, 1809, wehrte sich das Tiroler Volk – noch ohne Wiener (habsburgische) Autorisierung – gegen seine nördlichen Nachbarn, die Bayern, und gegen die Fremden aus Frankreich; heute sieht der zeitgenössische Besucher in Andreas Hofer und seinen Kampfgesellen Symbolfiguren für die Befreiung Südtirols aus welscher (italienischer) Haft. „Naturgemäß“ haben ja ein Südtiroler Bergbauer oder Dorfwirt tatsächlich nichts zu tun mit ihren Kollegen etwa in Latium oder Apulien. Da waren Hitler und Mussolini realitätsbezogener bei ihrem „Pakt“, der den Südtirolern das definitive ethnische Ende bringen sollte. Ich erinnere mich noch genau daran, wie mir das Kopfschmerzen machte, weil ich an dem Pakt erstmals sah, wie wenig dem „Führer“ wirklich an seinem „völkischen“ Konzept konkret gelegen war, wenn es darum ging, europäische Vormacht zu werden. Oder – so hat der Jüngling schon damals gedacht – wollte er, wie dann im Baltikum, die eigentliche Rechnung erst nach der großen allgemeinen Abrechnung präsentieren? Wenn ja, dann war er längst schon größenwahnsinnig, als wir oberflächlichen 20jährigen es noch gar nicht bemerkten.

Jedenfalls, das **Innsbrucker Rundgemälde** des Professor M. Zeno Diemer von 1895 bleibt ein Zeitgeistzeugnis erster Ordnung, auch im 21. Jahrhundert, wo noch viele solche ethnischen Probleme ihre hoffentlich friedlichen Lösungen finden werden. Die UNO hätte besser schon vor 50 Jahren damit begonnen, die Leute auseinanderzukaufen, als zusammenzureden. In „Yugo“-Slawien beispielsweise wäre das viel billiger gekommen und vor allem viel blutsparender.

•Das Naßfeld im oberen **Gasteinertal** diene hier als anschauliches Beispiel dafür, wie sich manche Bergtäler Österreichs in meiner Lebenszeit gewandelt haben. Bescheiden stand dort 1942 das Valerie-Haus, eine alte, aber gastliche Knappenhütte aus früherer Bergbau-Zeit. Als ich 1990, kurz vor meinem 70. Geburtstag, wieder einsam von Böckstein herauf unterwegs war, lagen im vertrauten Hochtal sonderbar geometrisch geformte Ufos, vertäut an allerlei Drahtseilen. Scherengitterzäune durchzogen das baumlose Gelände. Es konnten nur Außerirdische gewesen sein, die eine derart barbarische, naturfremde Installation vorgenommen hatten. Wenn sie dazu wenigstens eine interpretierende Beschreibung hinterlassen gehabt hätten, wie das ja sonst in unserem installatorischen Kunstbetrieb überall schon hilfreiche Mode geworden war. Um diese (Spätsommer-)Zeit war auch keine Menschenseele da, die dem Sinnsuchenden hätte helfen können. Somit beschleunigte ich meine Schritte, um endlich 1000m höher am stillen Kreuzkogel den gewohnten irdischen Ruheplatz zwischen einfachen Steinplatten und kratzigen Graspolstern zu finden.

Naßfeld im Gasteinertal

Diese Graphik gibt jene Alpenlandschaft wieder, die ich nach wie vor für die schönste halte, die ich kenne

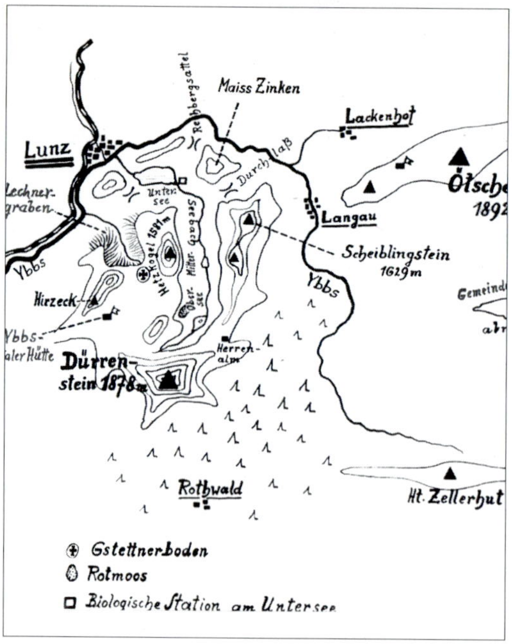

Niemand wird es dem Kenner der österreichischen Bergwelt verübeln, wenn er hier bekennt, daß er seinen Augen eine derart installierte Dienstleistungslandschaft nie mehr antun wird.

• Diese schlichte Zeichnung aus den 40er Jahren zeigt, wie intensiv ich mich von Anfang an mit der **topographischen Erkundung der Österreichischen Alpen** befaßt habe. Von vielen Gebirgsgruppen und Bergen habe ich noch weitere solche Skizzen angefertigt, so daß ich auch bei Nebel ganz selten Orientierungsprobleme bekam, weil ich die bewanderte Gegend fest im Kopf trug.

•Das „Weltbild" des „modernen" Menschen hat durch die Fliegerei eine Dimension gewonnen, die zuvor nur zur Erlebniskategorie der Träume zählte. Daß ich meine ersten Bergwege durch die niederösterreichischen Kalkalpen 50 Jahre später aus der **Vogelperspektive** nachvollziehen werde, hätte ich nie gedacht. Auf einem Flug nach Mailand 1999 schweift hier der noch immer sehnsüchtige Blick des alten Herrn vom Dürrenstein-Massiv links hinten hinüber zum langen Kamm des Ötschers rechts; davor erhebt sich – nur scheinbar höher – die Doppelpyramide der Zeller Hüte, hinter denen sich der nur Kennern zugängliche „Urwald" der Rothschilds (der Rotwald) verbirgt, wo ich vor 25 Jahren die schöne Bärenspur fotografieren konnte. Vorne rechts im Nebel des Salzatals wartet Mariazell auf seine Wallfahrer, und die Wiesen erwarten den nächsten Ausbruch der alljährlichen Narzissenblüte.

Im Flug über die niederösterreichischen Alpen

Der Hetzkogel

•Dieses Bild aus einer Ausstellung in Lunz am See zeigt den Hetzkogel zwischen See und Seebachtal, wie er in der Blütezeit der **„Eisenwurzen"** vor 200 Jahren ausgesehen hat. Zur Verhüttung des Eisens vom Erzberg wurde der Wald in die Öfen gesteckt. Zu Goethes Zeit sah ja Europa viel „umwelt"-ärmer aus als heute. Nur wäre es eine fromme Selbsttäuschung, wenn wir glaubten, heutzutage wäre so etwas nicht mehr möglich. Notfalls werden wir auch weiterhin für unsere menschliche Wohlfahrt alles nicht-Menschliche „opfern". Das verlangt gegebenenfalls schon die „Würde", die jedem von uns zukommt.

Orientierungstafel Ötztal-Wintertourismus

•Vor 50 Jahren sind wir noch von der Bahnstation **Ötztal** zu Fuß mit aller wintertouristischen Ausrüstung nach Sölden und Vent hinaufgepilgert. Heute kommt das nicht mehr vor. Österreich stellt sich für den Winter vollhumanisiert vor, überzogen von Tausenden „Steighilfen" und „Jagatee"-Schenken. Das Ötztal zum Beispiel „wirbt" hier um Gäste, denen diese Welt als Erlebnispark dient. Risikofreie Selbstdarstellung auf präparierten „Pisten" läßt kaum einen mehr zum selbstvermittelten Einstieg in die hochalpine Menschenleere kommen. Schon im Tal unten warten „Animation" und „Gruppe" auf den außergewöhnlichen, der einmal mehr als nur seine Liftkarte konsumieren möchte, was ja auch gut ist, weil kaum einer weiß, was ihn neben und über „seiner" Piste erwartet. Viele Täler und auch Gletscher und sogar Gipfel sind so in ganz Österreich zu Disney-Ländern geworden, eine „Entwicklung", die für so ein altes Kulturland schlicht eine Schande ist, wenn auch eine lukrative.

Aussichtswarte am Rande des Lechtals. Hinten im Westen der Allgäuer Hochvogel

•Wer trittfest ist, wird Österreichs Berge im ersten Herbstschnee besonders zauberhaft finden, vor allem weil ihm außer ein paar Jägern kaum jemand begegnen wird. Ein solcher Herbsttag ist hier festgehalten im Blick von der **Leilachspitze** über dem Lechtal hinüber nach Westen zur unverwechselbaren Felsgestalt des Hochvogels im Allgäu. Und zum Augengenuß kommt da noch die fröhliche Gewißheit hinzu, daß diese Naturlandschaft auch den weiteren „Fortschritt" überdauern wird. Es kann nur sein, daß das eingesessene Völkchen mangels ausreichender Autoreproduktion in Selbstverfremdung endet. Wenn's langsam passiert, werden's die Betroffenen kaum merken.

Blick zur Weißkugel, Ötztal, 1953

•Blick von der Hinteren Hintereisspitze zur Weißkugel am 23. 3. 1953. Einer der eisigsten Ausblicke im spätwinterlichen **Ötztal**. Die Weißkugel ist ja nach Großglockner und Wildspitze der dritthöchste Gipfel Österreichs, mit langem Anstieg, den ich nur einmal mit Brunhilde gemacht habe.

• Wer einen **Fjord** sehen will, spart sich im Tiefblick vom Thaneller auf den Plansee die lange Fahrt nach Norwegen.

• Der **melancholische Blick** vom Saurüssel über Payerbach hinüber zum Großen Otter vor dem Semmering gibt nochmals die Stimmung wieder, die den befallen muß, der die 1000-jährige tatenreiche Geschichte dieses Natur- und Kulturraums der Übergänge im Kopf trägt. Hier klingt das alpine Österreich aus. Hier trägt es seinen Namen zurecht. Am Brenner oder gar im Rheintal ist es doch nicht nach Osten, sondern süd- und nordwärts orientiert. Auch im „vereinten" Europa wird es Kernteil deutscher Sprache und Kultur sein. Was wären sie ohne es, was wäre es ohne sie?

Tiefblick auf den Plansee

Herbststimmung am „Saurüssel"

• Österreichische **Bevölkerungs-„Pyramide“**

Ein denkender Mensch, der diese Graphik in der Wiener „Presse“ vom 25. 1. 2001 sieht, benötigt keinen Futurologen, um sich die historisch nahe Zukunft Österreichs auszumalen. In 50 Jahren ist die „Basis“ der Bevölkerungs-„Pyramide“ am oberen Ende angelangt, und man hat ein auf dem Kopf stehendes Trapez vor sich. Die Metaphorik der Pyramide, die Stabilität und Dauerhaftigkeit symbolisiert, ist erschöpft und muß einem neuen Bild weichen, das die Imagination von Schlankheit und Kopflastigkeit vermittelt. Der Biologe weiß freilich, daß es kaum Organismen gibt, die in ihrer Populationsdynamik nach dieser Symbolik erfolgreich sind.

Presse-Graphik vom 25. 1. 2001

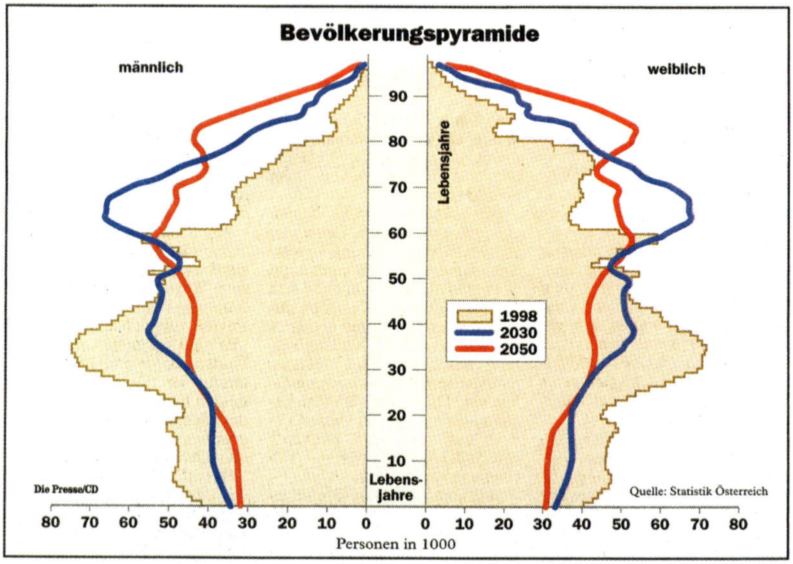

Die Sorte Homo sapiens, die sich heute noch „Österreicher“ nennt, wird also, so betrachtet, verschwinden und durch (bei friedlichem Ablauf) gleich benannte Surrogate ersetzt werden. Das wird kein Unglück sein; die Betroffenen sollten aber wenigstens wissen, was sie sich antun.

Nachbemerkung zu Österreich
Weil der 1. Band ein eigenes Kapitel zum Thema meiner alpinistischen Laufbahn enthält (mit Bildern aus Österreichs Bergwelt), ist hier der alpine Aspekt des Landes kurz gehalten.

Mit Brunhilde am Hafelekar, 11.1.1990

DEUTSCHLAND

Als Kind fränkischer Eltern bin ich schon lange vor der Nazizeit auf solche Werte geprägt worden. Das Ethos der ländlichen „Gesellschaft", in der ich aufwuchs, gipfelte in Begriffen wie Glaube (an Gott), Treue (zum Vaterland), Gehorsam (gegenüber Kirche und Staat), Anstand (zu wissen, was sich gehört). Diese Prägung war aber offensichtlich keine im Sinne von Konrad Lorenz oder Sigmund Freud; denn meine wachsende Vernunft machte mich trotz aller weiterwirkender und in den 30er Jahren sich noch verstärkender Einflüsse solcher Art zu keinem blinden Nachvollzieher dieses Tugendkatalogs, sondern zum distanziert kritischen Beobachter und Bewerter fremder und eigener Urteile, Entschlüsse und Handlungen. Allerdings konnte meine Ratio keinen Einwand gegen das anerzogene kindlich-jugendliche Verhaltenskonzept entdecken; im Gegenteil, wachsende Lebenserfahrung zeigte mir, daß ohne praktizierte Ethik kein Mensch mit sich noch mit anderen zurecht – geschweige denn ins Reine kommen kann.

Klassischer Kodex deutscher Werte und Tugenden

Heute weiß ich natürlich auch, daß nicht alle „Werte" bleibende solche sind. Ich kenne inzwischen auch nur den einen streng durchdachten Versuch des alten Kant, eine für alle Menschen und alle Fälle gültige und einsichtige Ethik-Grundverfassung zu formulieren. Ohne Anmaßung kann man heute noch sagen, daß dieser „kategorische Imperativ", der in nüchterner Weise jede Instrumentalisierung von Mitmenschen verbietet, die größte Leistung der deutschen Philosophie ist. Das „Volk der Dichter und Denker" hat darüber hinaus noch viel Gültiges zu allen Menschenanliegen beigetragen, daß man sich die „Welt"-Geschichte ohne deutsche Mitwirkung nicht vorstellen kann. Kein Weltbildner kommt so ohne Nachschau im Deutschen aus. Das einmalige daran ist dazu, daß es weder als Volk noch als Land faßbar war und ist. In solchen politischen Kategorien hat es ja nie selber endgültig Form und Inhalt gefunden. Umso mehr haben seine guten Geister anderen dabei geholfen.
Das globale Weltbild unseres beginnenden 3. Jahrtausends wurzelt also in dieser Mitte Europas, selbst wenn nun im nächsten Jahrhundert das biologische Substrat leise untergeht, so wie einst die unsterblichen Menschenkombinate der Alten Perser, Griechen oder Römer.

•Wenn es eine Stelle gibt, an der ich das Gefühl haben könnte, mich im Mittelpunkt Deutschlands zu befinden, dann ist es der **Kickelhahn bei Ilmenau** mit der

„Über allen Gipfeln ist Ruh"

Forsthütte, auf deren Fensterladen J.W. v. Goethe am 6.9.1790 den Spruch schrieb: **„Über allen Gipfeln ist Ruh"**. Nirgends sonst war ich weiter weg von der übrigen Welt und zugleich in ihrem Kern. Es gibt keinen zweiten Kulturraum, der an Dichte und Tiefe dem deutschen gleicht, auch wenn das inzwischen die Deutschen selber nicht mehr wissen wollen und in ihren Schulen das Selbstbewußtsein in multikulturellem Getue ersticken.

Bamberger Reiter

Uta von Naumburg

•Bamberger Reiter und Uta von Naumburg: Die wenigen Mädchenzimmer, die ich als pubertierender Gymnasiast und neugieriger Student von innen zu sehen bekam, waren fast alle mit den Photos der beiden „deutschen" Symbolfiguren geschmückt. In ihnen fanden die damaligen jungen Damen der gesitteten Gesellschaft offenbar das, wonach sie neugierig waren: die geheimnisvoll abgehobene ritterliche Männergestalt, die zu wissen hatte, wie man über das, was sich gehört, hinauskommt, und die keusch wissende Frau, die zu verbergen hat, was sie naiv oder klug erwartet. Diese Rollenspiele wurden als typisch „deutsch" anerzogen und empfunden und bedeuteten nicht, wie heute die Psychologie und Soziologie behaupten, Heuchelei. Kontrollierte „Werbung" und hohe Zulassungsschwelle sind „Standards" beim „Liebesspiel" aller „höheren" Tiere. Außerdem waren natürlich diese perfekten Figuren aus der Vorzeit des deutschen Reichsgedankens Vor-Bilder für eine ins 3. Reich heranwachsende Generation. Das „Heilige Römische Reich Deutscher Nation" war ja von Anfang an eine kurios sakrale Idee mit hohen ethischen Ansprüchen. „Heilig" wurde das seinerzeit sehr „weltliche" Römerreich im posthumen Anspruch eingebildeter Erben erst zu Barbarossas Zeiten, und die Deutsche „Nation" kam noch später im 15. Jahrhundert dazu, als Reaktion darauf, daß dem Reich inzwischen die lateinische bzw. italienische Sprachlegitimation abhanden gekommen war, weil das ortsansässige hereditäroriginale Reichsvolk seine transalpinen Herren aus Italien wieder hinausgeschmissen hatte. Davon allerdings haben in meiner Nazi-Jugendzeit jene eingangs zitierten Maiden mit ihren Bamberger Reiter- und Uta von Naumburg-Bildern kaum eine Ahnung gehabt.

Hermann der Cherusker

Gartenhaus von Doorn

Kaiser Wilhelm II

•Ein unsichtbares aber starkes Band zieht sich allegorisch von der martialischen Figur über dem Teutoburger Wald zum bescheidenen klassizistischen Tempelchen in Holland. **Hermann, der Cherusker**, brachte als erfahrener römischer Söldner erstmals seine Stammesgenossen ins Weltgeschichtsbuch ein und lieferte so den virtuellen Ausgangspunkt einer „Reichsgeschichte", die letztlich in dem **Gartenhaus von Doorn** ihr Ende finden sollte. Jedenfalls habe ich das noch so gelernt bis ins 3. Reich hinein, mit dem dann ja auch das letzte Nachspiel der Reichsutopie enden sollte. Nachwehen aber gibt's noch immer: Das Reichstagsgebäude in Berlin und die Reichsbrücke in Wien heißen bekanntlich weiter so. Warum auch nicht? Wörter leben bekanntlich länger als ihre Inhalte. Von Arminius haben wir nicht einmal die Knochen mehr; von unser'm ollen **Kaiser Willem** (dem II.) liegen sie immerhin noch im exilatorischen Sarkophag von Doorn. Und die längsten Reichsverweser der deutschen Geschichte, die Habsburger, haben bekanntlich die Kapuzinergruft in Wien samt separater Herzerlgruft als kaiserliche Deponie über alle Katastrophen gerettet.

•**Turnvater Jahn**, geb. 1778 (Lanz/Pommern), gest. 1852 (Freyburg/Unstrut): Nicht viele Deutsche haben so viel Farbe ins Bild ihres Volkes gebracht wie Friedrich Ludwig Jahn, der lange vor dem, was wir heute Sport nennen, das Turnen in Theorie und Praxis begründet und betrieben hat (1. Turnplatz auf der Berliner Hasenheide 1811). Das war, so wie Fröbels Kindergartenidee (von 1837), einer jener Prae-Modernismen, die ohne viel weltanschaulichen Schaum und „gesellschaftliche" Umwälzung in der ersten Hälfte des 19. Jahrhunderts die Voraussetzungen dafür schufen,

Turn- und Festhalle in Freyburg an der Unstrut

daß nun im folgenden Jahrhundert (also dem von 1850 bis 1950) zwanglos das folgen konnte, was wir heutigen „Selbstverwirklicher“ gern „die Moderne“ nennen. So „unmodern“, wie jetzt viele unbelesen-naive Zeitgenossen meinen, war diese bärtig-würdevolle „Vater“-Gestalt gar nicht. Er eröffnete vielmehr als Pionier eine lange Ära zivilisierter Körperkultur, und das tat er – im deutschen Kulturraum – vielen voraus, denen noch lange danach Schweiß bei Körperbewegung als etwas Unziemliches galt.

Gedenkstein in Ansbach

•**Kaspar Hauser**: Noch eine höchst eigenartige Menschenfigur hat der deutsche Kulturraum hervorgebracht, die unter Gebildeten weltweit zum Begriff geworden ist, obwohl sie von ihrem persönlichen Wirken her nichts (be-) Merkenswertes zur Menschengeschichte beigetragen hat. In Ansbach, dieser hohenzollerschen Enklave Mittelfrankens, steht versteckt im Schloßpark dieses Sandsteinoktogon mit dem lateinisch ver-dichteten Spruch, daß hier am 14. Dezember 1833 ein Geheimnisvoller von einem Geheimnisvollen ermordet worden sei. Aber der ungeklärt gebliebene Kriminalfall ist es nicht, der hier die Denker seither bewegt; es ist die uralte Suche nach der Quelle des Wissens von uns selbst. **Konkret gefragt: Was wird ein Menschenkind allein aus sich selbst?** Bleibt es ohne Mitmenschen ein leerer Seelen- und Geistesschlauch, oder kommt es auch ohne Eltern, Lehrer, Mitmenschen aus sich heraus zu Gedanken, Worten, Begriffen, mit denen wir uns und anderen die Welt wiederzugeben, wenn nicht gar zu „erklären“ versuchen?

Kaspar Hauser 1812(?)-1833 „Auftauchbild“ Pfingstmontag 1828, Lithografie

Kurz, es geht in Ansbach um ein Fundamentalproblem der menschlichen Existenz, das sich hier den Namen „Kaspar Hauser“ gab. Es ist der Name eines Jünglings, der 1828 eines Tages in Nürnberg aus dem Nichts auftauchte, nichts von der Welt wußte, nur wenige Worte stammeln konnte, offensichtlich also von aller Welt isoliert aufgewachsen war, also ein Menschenkind, von dem philosophische Köpfe schon seit 3000 Jahren geträumt hatten, weil sie von ihm die Antwort auf eine aus menschlichen Gründen unbeantwortbare Frage erhofften: was am einzelnen Menschen ist seine autonome Entwicklungsleistung, kann er allein überhaupt ein menschliches Wesen werden? Natürlich ist bei dieser Frage weggedacht, was an „Mitmenschlichem“ er als Säugerjunges schon aus rein physischen Gründen bis zur eigenen Fortpflanzungsfähigkeit braucht, von der dann hinzugedachten Paarungspartnerin einmal ganz abgesehen. „Gesellschafts“-politisch läßt sich die Kaspar-Hauser-Frage auch so stellen: Wieviel an uns ist genetisch autonom, wieviel davon „verdanken“ wir unseren Mitmenschen, ist unser Charakter das, was dieses griechische Wort wörtlich besagt, nämlich eine Persönlichkeitsgestaltung durch unsere „Umwelt“, oder ist er ererbt?

Das Experiment zur Klärung dieser Frage ist ethisch unerlaubt. Folglich mußte so ein Sonderfall wie der des Kaspar Hauser alle Denker bewegen. Im damaligen, wie man heute meint, so muffigen Deutschland fand sich auch – durchaus nicht zufällig – in A. v. Feuerbach ein Mann, der neben der menschlichen Tragik des Findlingsfalls auch dessen wissenschaftliche Bedeutung erkannt und für uns rational nachvollziehbar aufgezeichnet hat. Daß „Kaspar Hauser“ heute ein Standardbegriff in Psychologie, Ethikwissenschaften und vergleichender Ethologie ist, verdanken wir diesem genialen Mann. Wer weiß, wie kläglich heute ein solches Findelkind von seinen wohlmeinenden, aber menschennaturunkundigen Mitmenschen traktiert und extrahiert würde. Die geile peep show society würde ihn quotensteigernd vermarkten.

• An solchen „Spinnern“, wie dem in diesem mecklenburgischen Bauernhaus geborenen **Heinrich Schliemann** (geb. 1822 in Neubukow, gest. 1890 in Neapel) ist der deutsche Sprach- und Kulturraum wirklich nicht arm. Erst als Kaufmann Geld machen in Amsterdam und Petersburg, dann als Millionär in Paris studieren und schließlich in der damals noch recht strapaziösen Türkei nach Troja und anderen klassischen „highlights“ suchen und graben, das ist wirklich kein bequemer Lebensweg!

Geburtshaus von Heinrich Schliemann in Neubukow

Bemerkenswert vor allem, daß das, was den meisten von uns schon nicht gelingt, nämlich aus einem Beruf einen überdurchschnittlichen Erfolg zu erzielen, für ihn nur Vorarbeit für die zweite noch viel bedeutungs- und folgenreichere „Berufung“ gewesen ist. Daneben verblaßt alles, was der große Mann an Kuriosem und zeitgemäß Unzureichendem an sich gehabt und von sich gegeben haben mag.

• **Alfred Wegener** (geb. 1880 in Berlin, gest. 1930 im Grönlandeis): In diesem bescheidenen „Direktorhaus“ einer ehemaligen Glashütte hat der Mann einen Teil seiner Jugend verbracht, in dessen Kopf Heraklits Weltformel „panta rhei“ zum irdisch konkreten Weltbild werden sollte. Inzwischen haben wir uns daran gewöhnt, daß auch unsere Kontinente unterwegs sind. Der Neugierige findet es nur schade, daß sie dabei so unmenschlich langsam sind.

„Direktorhaus“ Alfred Wegeners

Deutschland

•Von **Bismarck-Türmen** wimmelt es in ganz Deutschland, mehr im Norden als im Süden. Die von Napoleon endgültig zertrümmerte Reichsidee hatte er in Versailles wieder gekittet, allerdings nur mit dem säkularen Leim des prussifizierten Hohenzollernhauses, das zuvor die viel älteren und belegten großdeutschen Ansprüche der Habsburger bei Königgrätz mit seinen besseren Gewehren und Generälen zum Verstummen gebracht hatte. Nun konnten die Preußen, Sachsen, Schleswig-Holsteiner, Rheinländer, Hessen, Baden-Württemberger, Bayern u.a.m. als Deutsche von ihren Bismarcktürmen stolz auf ihr zweites Deutsches Reich herabschauen. Leider reichte ihr Blick nicht viel weiter, so daß es – wiederum in Versailles – erneut in die Brüche ging und nur noch von einem „böhmischen Gefreiten" (Zitat Reichspräsident v. Hindenburg) für weitere 1000 Jahre reinstalliert werden konnte, eine freilich katastrophal endende Inszenierung, nach der ein weiterer Reichsgedanke witzlos geworden schien – bis kürzlich (April 99) das Deutsche Volk in Gestalt seiner demokratisch geweihten Vertreter munter in den Berliner „Reichstag" zurückgezogen ist. Hoffentlich ist das nicht der Anfang vom Ende des nächsten (4.) Reichs gewesen!

Bismarck-Turm in der Asse bei Braunschweig, ein beliebtes Wanderziel für uns und unsere Kinder von 1958-1967

•Im **Sachsenwald** bei Hamburg ruht der Schöpfer des 2. Deutschen Reiches, das freilich nur ein kleines war und lediglich 47 Jahre halten sollte; immerhin knapp viermal länger als das an Megalomanie eingehende 3.

Gedenktafel an der Ruhestätte Bismarcks

•Das Symbol spätnationalen deutschen Selbstbewußtseins: „Unser" **Kaiser Wilhelm (II)** am megalomanen **Kyffhäuser-Monument** über der Goldenen Aue. Endgültig zu Deutschen zusammengeschmolzen wurden ihre Stämme aber erst nach Bismarck und Wilhelm durch den „Friedensschluß" von Versailles und durch den friedensschlußlosen zweiten Weltkrieg. Hätten sonst die zahllosen Bismarck- und Kaiser Wilhelm-Türme, -Denkmäler, -Gedenktafeln und -Steine diese angebliche Endkatastrophe des Deutschen „Reiches" unversehrt überstanden?

Kaiser Wilhelm II, Reiterstandbild am Kyffhäuser-Monument

• Vom Kyffhäuser hat man einen wunderbaren Tiefblick auf die **Goldene Aue**. So hieß diese fruchtbare Ebene schon lang, bevor die Bauern dort den goldgelben Ackersenf als ertragsteigernden Gründünger für ihre großen Felder entdeckt haben.

Goldene Aue

• **Albert Einstein-Turm** in Berlin-Potsdam: Bei einem meiner ersten Besuche in Berlin „nach der Wende" „mußte" ich ein prominentes Zeitzeugnis aus dem Jahr meiner Geburt besuchen, den Einsteinturm auf dem Telegraphenberg in Potsdam. Ihn haben Verehrer und Förderer des Relativitätsdenkers gestiftet und 1920/21 von dem Architekten E. Mendelsohn als astronomische Beobachtungswarte errichten lassen, allerdings nicht beachtend, daß die, 94 Meter über dem Meeresspiegel am Rande von Berlin, keinen hinreichend klaren Blick mehr ins sogenannte Weltall ermöglichen würde. Und so ist denn dieses angeblich in Stromlinienform gedachte Bauwerk von Anfang an ein unschnittiges Museumsstück der avantgardistischen Wissenschaftsbewegung meiner Kindheit geblieben. Bei seinem Anblick im verschlafen wirkenden Forschungsgelände kommen die Namen vieler prominenter Wissenschaftler in den Sinn, die um 1920 auf dem Gipfel oder am Beginn ihrer Laufbahn standen. Berlin war da politisch ein Scherbenhaufen, geistig eine Brutstätte vieler teils hoher, teils hohler Ideen. Heute ist es ja wieder Reichs- nein Bundeshauptstadt, und der Einsteinturm in Potsdam eines seiner zeitüberbrückenden Symbole.

Einstein-Turm in Berlin

• Das Vorurteil **„typisch deutsch"** war vor 50 Jahren noch ein klassisches solches. D.h. es wurde sinngemäß von Nichtdeutschen gepflegt und im individuellen Fall nur selektiv bestätigt. Heute haben wir einen derartigen Grad von Selbstbezogenheit erreicht, daß wir keine Fremden mehr zu unserer Vorbeurteilung brauchen.

Man muß sich nur die öffentlichen Reden unserer Volks-„Vertreter" anhören, um zu verstehen, was ich meine: Eingeständnisse und Bekenntnisse sind Standard in jedem beliebigen Text.

Die Frage allerdings nach einem „typischen Deutschen" löst mehr als je und trotz aller aufwendigen „politischen Bildung" (die ja in „guter" Nazitradition wieder zum Schulfach gemacht worden ist) Verlegenheit aus. Wer war schon ein solcher? Luther, Kant, Goethe, Bismarck, ...?

In nüchterner Wahrheit ist die Sache einfach: Auch das deutsch(sprechend)e Element Europas (kurz deutsches Volk) hat derart viele verschiedene Charaktere und Käuze hervorgebracht, daß als deren gemeinsamer Nenner nur die Eins bleibt: Jeder einzelne von ihnen ist einfach aus seinem Genom, seiner Sippe, Kultur, Zeit, Topographie, Ökonomie heraus als ein Unikum entstanden und hat als solches seinen spezifischen Beitrag zum Gesamtcharakterbild des Deutschen beigesteuert. Das ist bei allen Völkern und Kulturen so.

Um das deutlicher zu machen, steuere ich hier zwei Fälle „typischer Deutscher" bei, die üblicherweise nicht als solche gelten: **Till Eulenspiegel und Otto Lilienthal**.

Till Eulenspiegel

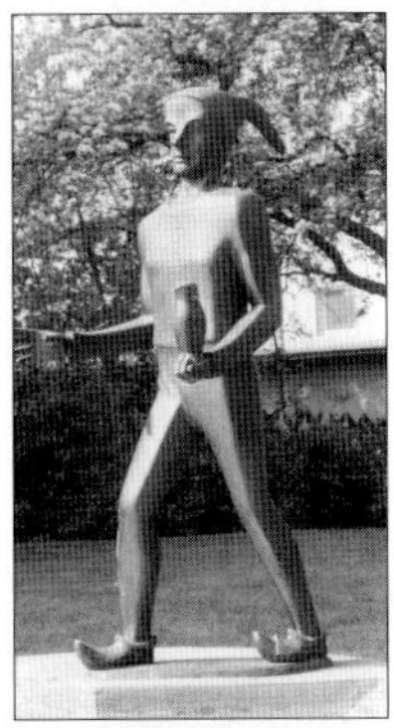

Der hintertriebene Wortklauber und derbe Witzbold aus braunschweigischen Landen (dessen Realität übrigens nicht ganz gewiß ist) zeigte den Leuten, wieviel sie zu lachen geben, wenn man sie einfach ernst beim Wort nimmt. Seine Narrenkappe wird ja auch gern als die Schlafmütze des biederen „Deutschen Michels" apostrophiert. Hier ein Bild des Till Eulenspiegel-Brunnens in Schöppenstedt.

Der andere „Deutsche" lebte 500 (?) Jahre später und liefert das klassische Beispiel für jene Sonderausgaben des deutschen Wesens, die als hartnäckige Experimentierer selbst den Spott ihrer Mitmenschen in Kauf nehmen. Der deutsche Kulturraum ist ja voller solcher Käuze, vom fliegenden Schneiderlein in Ulm über den ersten Zweirad fahrenden Freiherrn Drais in Karlsruhe bis zum ersten Autofahrer Benz in Stuttgart.

Otto Lilienthal

Otto Lilienthal griff den Dädalus-Traum der Alten Griechen auf und trieb ihn so weit, daß er schließlich als Ikarus endete. In der Sturheit seiner selbstauferlegten Aufgabenstellung, die ihn von Anklam in Neubrandenburg nach Berlin brachte, ist er so wie Carl Benz viel mehr als nur ein „Spinner" gewesen; er wurde Ingenieur, studierte den Vogelflug und laborierte unermüdlich an seinem Gleitfluggerät. Daß er eines Tages zu Tode stürzte, war das Opfer, das die Natur sozusagen fordert, wenn wir ihr ihre Geheimnisse entwinden. Der „Flugpionier“ Lilienthal hat ja in Deutschland bis Graf Zeppelin und Wernher v. Braun gewissermaßen Tradition.

Münchhausenbrunnen in Bodenwerder an der Weser

•Ich meine, der **Freiherr von Münchhausen** ist auch ein Symbol deutscher Wesensart in seinem Drang, der Wirklichkeit zu trotzen. Ob er sich am eigenen Schopf aus dem Sumpf zieht, auf Kanonenkugeln sein Ziel findet oder auf einem halbierten Gaul davonreitet, fast immer enthebt er sich phantasievoll der Realität. Seinen Zuhörern und Nachbarn freilich wird er dabei leicht unheimlich, weil die oft nicht erkennen können, wie ernst es ihm mit seiner Angeberei tatsächlich ist.

•Dieses zeitlose Bild des Hauptplatzes von **Rothenburg ob der Tauber** ist mir 1959 gelungen (aus dem Turmfenster des Rathauses). Es zeigt, daß der Zeitgeist

Rothenburg ob der Tauber, 1959

in Deutschland vor 40 Jahren noch ein klassisch-deutscher war. Im Zeitraum eines aktiven Menschenlebens hat sich „meine“ Welt dramatisch gewandelt. Aber sie hat doch ihre Gesichter gewahrt; sonst würden es Japaner und „Amerikaner“ nicht bezahlenswert finden, sie in europäischer und hier eigens noch in deutscher Ausfertigung zu besichtigen. Rothenburg ob der Tauber wird auch im „globalen“ Zeitalter lohnendes Reiseziel bleiben, zumindest solange wie die Rothenburger selber sich als etwas Originelles sehen.

• In Franken drehen sich an der **Regnitz** noch immer für kleinbäuerliche und gärtnerische Zwecke die Wasserräder aus handwerklicher Eigenproduktion. Diese wird auch ökonomisch das begonnene „globale“ 21. Jahrhundert überleben, weil keine Firma so wenige Wasserräder so billig nachliefern kann. Vor 5 Jahren sah und hörte ich in Syrien am Orontes die Riesenräder von Hama, die ja dort eine literarisch belegte lange Geschichte haben, und seitdem quält mich die „Weltbild“-Frage: Wer hat wann und wo die ersten solchen „automatischen“ Hebehilfen für Brauchwasser aller Art gebastelt? Schon weil sie nicht nur praktisch, sondern einfach schön sind, gehören sie zum unerläßlichen technischen Fundus der Menschheit, egal ob in Deutschland oder anderswo.

Wasserrad in Franken

• In fränkischen Dörfern stehen Linden als **Versammlungs- und Tanz-Treffpunkte**. Sie sind Hinweise darauf, daß die Vorbevölkerung hier mehrheitlich slawischer Herkunft war. In Effeltrich bei Erlangen steht ein außergewöhnlich sehenswertes Exemplar. Die radialen Äste der Riesenkrone sind horizontal gewachsen und darauf ein großer Holztanzboden errichtet, auf dem tatsächlich jahrhundertelang getanzt worden ist.

Die Dorflinde von Effeltrich

• Das **Weinschiff von Neumagen und die Riesensäule im Odenwald** sind beredte Zeugen römischer Kultur im Westen Deutschlands. Wäre den Römern die Besetzung bis zur Elbe gelungen, hätte der Frankenadel danach mit einer romanischen Zunge gesprochen und wäre Europa homogener geblieben, wobei freilich seine „Grenze“ nach Osten zu ebenso „offen“ geblieben wäre wie heute. Solche Gedankengänge machen Spaß, wenn man im „rheinischen“ Deutschland unterwegs ist oder zur Moselquelle hinaufwandert und überall auf Römerreste stößt. Merkwürdigerweise wirkt auf mich der Limes an der Donau viel weniger „römisch“ als am Main.

Das Römer-Weinschiff von Neumagen

Steinsäule im Odenwald

•Solche **Judenfriedhöfe** wie diese Idylle in den Haßbergen bei Bamberg zeugen davon, daß sich auch in Deutschland immer wieder Judensiedlungen entwickelt haben mit eigener Infrastruktur bis hin zur separaten Grablege. Assimilation war seit je von beiden Seiten tabu. Nun sollte man's mit nüchternem Desinteresse probieren. Bis zu gegenseitiger „Liebe" haben es ja nicht einmal die sogenannten deutschen Stämme untereinander gebracht.

Judenfriedhof

•Keine Gemeinde Deutschlands ist zu Beginn des 21. Jahrhunderts ohne **„Kriegerdenkmal"** denkbar. Eine zentralisierte Auflisteung aller (deutschen) „Gefallenen" der beiden „Weltkriege" des 20. Jahrhunderts (wie das die US-Amerikaner noch mit ihren Vietnam-„Opfern" in Washington praktiziert haben) würde ja unmenschliche Ausmaße annehmen. Mir ist unter allen Gedenkstätten dieser Art die halb im Wald versteckte bei Sigmaringen an der oberen Donau im Gedächtnis geblieben, weil sie gar nichts „Heldisches" mehr in der Trauer an sich trägt. Sie erinnert an Hitlers unmenschliche Pleite von Stalingrad. Natürlich war sinnlos, was dort geschah; aber Hitler und Stalin waren wohl erst durch solche Opferorgien sowohl bei den Deutschen wie bei den Russen zu entmystifizieren. Bis heute tragen beide Völker schwer an ihrem „Erbe". Von ihren Talenten her wären sie die idealen Zukunftspartner. Die Russen freilich müßten ihr zaristisches Kolonialerbe abstoßen, oder noch besser wäre es, sie würden es den Briten gleich als Commonwealth entbinden. Zu solchen weltpolitischen Akten fehlen uns allerdings heute die „Staatsmänner", wie etwa Bismarck noch einer gewesen ist.

Stalingradkapelle bei Sigmaringen

•Der Süd- und Mitteldeutsche stellt sich unter einem Berg eine Erhebung vor, deren Besteigung ihm wenigstens ein paar tiefere Atemzüge abverlangt. Gegen die Mark Brandenburg zu muß er da immer anspruchsloser werden. Bevor er auf der Autobahn nach Berlin hinüberrollt, hat er letztmals am Hohen Fläming Gelegenheit, die 200m-Isohypse zu überschreiten. Allerdings habe ich in Deutschland selten so eine sommerliche Wiesenpracht erlebt wie am **Hagelberg** bei Belzig. Sogar schwarz-rot gestreifte Baumwanzen der Gattung Graphosoma saßen da auf dem Kerbel.

Blick vom Hagelberg

•Deutschland ist ein Land starker Symbolik: Den **Klippen von Rügen** entsteigt auch der Staub endloser Sitzstunden vor den Kreidelandschaften der Schultafeln.

Die **Externsteine im Teutoburger Wald** hallen wider vom hehren Gesang germanischer Priester, die ihren Zeitgeistwandel vom nordischen Götterhimmel zum orientalisch-mediterranen Gottmenschen auf dieser dramatischen Freilichtbühne gewiß eindrucksvoll performiert haben.

Links: Kreidefelsen von Rügen

rechts: Externsteine, Teutobuger Wald

• Das offene Kapellchen auf dem höchsten Felsen gibt sich, so wie die Reliefs unten, ganz christlich. Das runde Lichtloch im **Altarraum** verrät aber die heidnische Vorgeschichte. Es hat einst gewiß der Sonnenstandsmessung gedient.

Heidnisch-christliche Kultstätte

• Mainz hat nicht nur Deutschland, sondern der ganzen Welt einen Künstler geliefert, der die menschlichste Kunstform aller Zeiten ersann, das gedruckte Buch. Alles, was die Welt ist und bietet, was der Mensch dazu erlebt und denkt, läßt sich in ihm verdichten und beliebig aus ihm wiedergeben. Jener „Erfinder" der Druckkunst, **Johann Gensfleisch** zum Gutenberg, war freilich kein sorgenfreier Mann. Er hatte zeitlebens Schulden und landete schließlich im Dienst und Lohn des Mainzer Erzbischofs. Und seine Kunst hat seitdem auch mehr Unheil als Heil gestiftet. Das aber macht ihn oder seine Vaterstadt nicht kleiner oder gar schlechter. Die Menschheit wird auch im 3. Jahrtausend unserer Zeitrechnung alles, was ihr in die Hände und Hirne kommt, gedruckt festhalten. Und es muß sich erst zeigen, ob Gutenbergs greifbare Lettern oder das elektronische Datennetz der Computer die verläßlicheren Kunstformen unserer geistigen Reichtümer sein werden. Nicht alles, was denkbar und programmierbar ist, hat auch Sinn oder gar Wert. Die Wissenden werden in ihren Bibliotheken bleiben und ihre eigenen Programme haben und nützen.

Gutenberg-Denkmal in Mainz

• Anläßlich des 250. Geburtstages Goethes hat sich **Weimar** erfolgreich bemüht, das Andenken des „Dichterfürsten" zeitgemäß geschmacklos wiederzubeleben. Die einfallsloseste, aber nicht billigste Idee dazu hatten jene Erbträger, die sein **Gartenhaus** haargenau klonten und auf freier Wiese vor dem Original aufstellten, um so dem infantil-intimen Befingerungsdrang der Bildungsbeflissenen an der Wende vom 2. zum 3. Millennium entgegenkommen zu können. Ich vermißte nur das Hinweisschild auf die Wand im Klosett, an der der Schmier- und Sprühdrang der Zeitgenossen auch straffrei hätte zu entstauen sein können.

Goethes Gartenhaus in Weimar – detailgetreuer Nachbau

Liebe Besucher,
In Goethes zweitem Gartenhaus können Sie alles berühren.

Im Interesse aller weiteren Besucher möchten wir Sie gleichwohl darum bitten, das Inventar sehr sorgsam zu behandeln und vom „Umrücken" der Möbel ebenso Abstand zu nehmen wie von der Benutzung des Goethe'schen Bettes oder dem Öffnen der Schubläden.

Die Aufsichtskräfte sind gerne bereit, Ihnen die Funktionsweise der Möbel vorzuführen.
Vielen Dank für Ihr Verständnis.

Kulturstadt GmbH

Informationstafel für infantil-digitale Goethe-Besucher

• Im übrigen nutzte Weimar den **ideologischen Ausnahmezustand** des Goethejahres dazu, in einer Sonderausstellung einem ehemaligen Gönner seine Reverenz zu erweisen, ohne in den Verdacht zu kommen, hinter den starken Bildern von Arbeitern der Faust und Stirn die Jammergestalten von Sachsenhausen verstecken zu wollen.

Sonderausstellung in Weimar

Wer „Deutschland" sagt, hat (zu) viel zu bedenken: Wer denkt da zum Beispiel noch daran, daß Eger und Marienbad zu den klassischen deutschen Orten zählen, an denen sich typisch Deutsches abgespielt hat:

• In Eger ließ der Kaiser seinen **Feldherrn Wallenstein** erstechen, weil er ihn inzwischen mehr fürchtete als die Schweden. Der Friedländer hätte sich doch einen besseren Astrologen halten sollen.

• In Marienbad sorgte der senile Goethe noch ein letztes Mal für seinen literarischen Ruf als Schwerenöter, indem er auffällig öffentlich der 55 Jahre jüngeren **Ulrike von Levetzow** Anträge machte.

Links: Ermordung Wallensteins

rechts: J. W. v. Goethe (74) und Ulrike v. Levetzow (19)

• An einem der Berliner Spree-Kanäle erinnert diese schräge Schriftplatte an die ermordete Altkommunistin **Rosa Luxemburg**. Der treffsichere Berliner Volksmund hat dem Kunstwerk den schlichten Namen „Rosas Rutsche" gegeben und damit zum Ausdruck gebracht, wie unsentimental der Tod einer solchen Ideologin erlebt worden ist.

Links: Rosa Luxemburg-Gedenkstätte in Berlin

rechts: Friesendenkmal

• In **Friesland** hat sich deutsches Wesen sehr selbstbewußt artikuliert. Es sei ja nicht vergessen, warum die Germanen ihre östlichen Nachbarn als Slawen benannt haben.

Etschquelle in Südtirol

• „Von der **Etsch** bis an den Belt", wie oft habe ich das gesungen. Heute könnte ich deswegen möglicherweise vor einen deutschen Richter geraten. Auch das hat man davon, wenn man so (zu) alt wird. Hoffen wir, daß Ähnliches meinen Enkeln erspart bleibt.

• An den nächsten beiden **Quellen** (im Schwarzwald und in der Rhön) zeigt sich die ganze Spannweite des Lebensraums der Deutschen. Ihre Wasser enden an Stränden, die nichts verbindet. Und viele der wechselnden deutschen Zeitgeister hat es nicht ihnen nachgezogen,

Weser- (Werra-) Quelle in der Rhön

Die Donau- (Brigach-) Quelle im Schwarzwald

Cäcilienhof, Potsdam

sondern über die Alpen zum Mittelmeer oder gar quer in den Osten. Und da ist ihnen viel Slawisches zugewachsen.

• Den **Cäcilienhof in Potsdam**, ein kunsthistorisch eher belangloses Gebäude, besuchen heute mehr ältere Leute als je zuvor. Sie wissen noch, daß unter seinem Dach ein Pakt signiert worden ist, der ihr Dasein und Denken bestimmt hat. Ich habe beim nachdenklichen Gang durch den üppigen Garten begriffen: Verlierer sind für den Krieg zuständig, Sieger aber für den Frieden. Und die zweite Aufgabe ist in der Regel unlösbar, wie ein Blick über die Geschichte zeigt. Daß diesmal den Siegern so lange nichts ernsthaftes passiert ist, erklärt sich einfach aus dem unterlassenen Friedensschluß: Vor ausgestreckter Pistole steht keiner, der zu Boden ging, gerne auf, zumal wenn er dort gut gefüttert wird.

Deutschland

• Der Deutschen **Malkunst** kann man nicht nachsagen, daß sie jemals nicht auf der Höhe der jeweiligen Zeit gewesen sei. Bei Renaissance, Barock, Rokoko, Klassizismus war sie dicht dabei. Vielleicht hat sie den Impressionismus etwas verschlafen. Umso progressiver war sie am Expressionismus beteiligt, und nach den kurzen Depressionen der Reichskunst und der Kunst des Arbeiter- und Bauernstaates wirkt sie längst wieder aktivst malend, spachtelnd, schüttend, montierend am avantgardistischen Wechsel der Stile mit. Tabus hat sie immer gern gebrochen. Ärgerlich ist

Max Ernst

inzwischen, daß kaum ein Bruch noch was bringt. Was hier das Walraff-Richartz-Museum in Köln von Max Ernst zeigt, war 1926 noch der Rede wert. Heute müßte mindestens Pornographisches oder besser noch Inzestuöses dazukommen.

•Deutschland und **Berlin** sind für uns schicksalhaft verknüpfte Begriffe. Wir vergessen aber gern, daß Berlin erst spät in die Deutsche Geschichte gekommen ist, wie immer man diese sehen mag. Und sein jetziges Wahrzeichen, die Ruine der Wilhelminischen **Gedächtniskirche**, zeigt, daß diese Stadt das Gestern im Heute ist und kein Zentrum hat. Von Deutschland her gesehen liegt sie danach und daneben. Man sieht es daran, daß im sogenannten Osten der Stadt weiterhin der Heilige **Lenin** über seinem Volke thront und auf dem sogenannten Platz der Republik noch immer die steifen Figuren von **Marx und Engels** ihre Vaterschaftswürde demonstrieren. Schade, daß nichts Nazistisches fürs ideologische Gleichgewicht der protzigen Selbstdarstellung sorgt. Aber der Menschenkenner weiß ja, daß Hitlers Gedankengut mit preußischem Geist nicht vermählbar war. Da sich jedoch Mesalliancen vielfach fruchtbarer als anständige Paarungen erweisen, kam es hier schließlich in der abenteuerlichen Folge aller Irrungen und Wirrungen zeitweise sogar dazu, daß neben dem gefühlsträchtigen Symbol preußischen Aufstiegs und Untergangs der „Erzfeind" schamlos für sein Wasser Werbung treiben durfte (siehe Bild unten).Es wäre aber völlig unangemessen, den massigen Kulturschwerpunkt dieser europäischen Kapitale hinter der hämischen Schadenfreude des Nichtberliners und Nichtpreußen zu vergessen. Künste und Wissenschaften haben hier eine Heimstatt wie selten sonstwo!

Links:
Die Gedächtniskirche in Berlin

rechts: Lenindenkmal

•Die „Volkskunst" meiner Zeit fand ihren Höhepunkt an „der" **Mauer**. Diese war selber ein zeitgeistiges „Kunstwerk" politischer Natur; sie schützte eine kollektive Schnapsidee vor der Aufklärung. An der aufgeklärten Wandseite „outete" sich das Volk in vielerlei Schmier- und Spritztechnik. Nirgendwo sonst in Europa als an der „Berliner Mauer" war der scheinfundamentale Gegensatz zwischen bunter Freiheit west- und nackter Unfreiheit ostseitig derart stark zum Ausdruck gekommen. Blanker Unverstand und reine Geldgier haben dieses Gesamtkunstwerk dann zerstückelt und global in den Handel gebracht; ein erstes mene tekel für das, was uns demnächst die sogenannte Globalisierung, d. h. Totalvermarktung „kulturell" noch bringen mag.

Marx und Engels auf dem „Platz der Republik" in Berlin

Die Berliner Mauer

•Zeitweise sind **deutsche Fürstenhäuser** tüchtige Exporteure gewesen: Mit ihrem nach strengen Reinheitsgeboten produzierten Nachwuchs waren sie auf vielen Adelsmärkten erfolgreich. Die Anhalter in Petersburg, die Wittelsbacher in Athen, am eindrucksvollsten die Coburger in London. Hier auf dem Markt in Coburg steht das klassische Beispiel dynastischer Paarungspolitik, Albert, der ungemein beliebte Prinzgemahl der pummeligen Queen Victoria, umweht vom würzigen Weihrauch der ortsspezifischen Rostbratwürste. Derselbe steht größer noch und prächtiger vor der Albert Hall in London, in Gold.

Denkmal für Albert, Ehemann von Queen Victoria, auf Coburgs Marktplatz

Wie konnten sich die zwei Schwiegervölker ein und zwei Generationen danach derart barbarisch die Schädel einschlagen?

•Fürst Pückler-Muskau war das Vorbild eines sogenannten Adeligen, wie sie in Deutschland gar nicht so selten waren. Er machte große Reisen und schrieb amüsant darüber, erfand die nach ihm benannte Eiskombination und hinterließ uns drei herrliche **Landschaftsgärten** englischen Stils, den schönsten in Muskau, aus dem das Photo hier stammt.

Fürstlicher Garten in Muskau

Das Zoologische Institut in Marburg

• Das alte **zoologische Institut in Marburg** an der Lahn zeigt als würdiger Bau heute noch, wieviel Geld auch an einer aus heutiger Sicht winzigen Provinz-Universität für eine wirtschaftspolitisch so uninteressante Wissenschaft „übrig" war. Der Kulturbegriff schloß Wissenschaft und Kunst als selbstverständliche „Pflichten" eines Staatswesens mitein. Jeder „Regent" trachtete den anderen die besten Köpfe wegzu-„berufen". Daß Künstler dabei oft Probleme bekamen, ist natürlich und mangels Verständnis auch heute nicht besser.

• Wandertrio (links Bückmann, Mitte Funke) auf dem Hohen Meißner bei Kassel, Ende Mai 1965, photographiert von Brunhilde. Solche Treffen von Göttinger und Braunschweiger Zoologen gab es damals öfter im Harz und Weserbergland. Der **Hohe Meißner** bot neben seinen kraftvollen Buchenwäldern das Schauspiel eines auch ohne Krater rauchenden Berges. Der blaue Qualm, der dem Waldboden des Gipfelplateaus entsteigt, stammt aus jahrzehntelang glosenden Kohlenflözen.

Zoologen-Wanderung

Blauer Dunst, diesmal von unten

Die Schneekoppe

• **Schneekoppe und Rübezahl**: Diesen exterritorialen Berg darf man mit gutem Gewissen zu den Symbolen deutscher Befindlichkeit zählen, auch wenn er heute auf der Grenze zwischen Polen und der Tschechei liegt. Er erhebt sich im magischen Reich des Rübezahl, der in den Köpfen der Schlesier und Sudetendeutschen umging und mit deren Kindern auch in der Diaspora lebendig blieb. Die Schneekoppe wird immer daran erinnern, daß es besser ist, Fremdes von Fremdem zu trennen als kunstvolle Symbiosen herbeizureden, deren reibungslose Praxis endlos Kraft kostet, die der Alltagsmensch nicht übrig hat. Das aktuelle Schicksal des Versailler Kunstprodukts „Jugo-Slawien" zeigt erschütternd, was ich meine. Eine gut finanzierte ethnische Separation hätte der UNO viel Geld und Arbeit gekostet und große Ehre

Hundertwassers Interpretation vom Riesen Rübezahl

Kartoffelplakat

Weserstein bei Hannoversch Münden

gebracht, den dortigen Völkern aber auch viel Blut, Schweiß, Tränen und Unehre erspart. Und es gibt noch tausende solcher Aufgaben für sie (die UNO) von Katalonien und Nordirland über Kurdistan bis Osttimor.

Ob der Erzeuger dieses **Rübezahlbildes** je im Riesengebirge oder auf der Schneekoppe gewesen ist, weiß ich nicht; aber in Hundertwassers bunten Kringeln kann nur ein gutwilliger Betrachter jene magische Kraft verspüren, die der schlesische Volksmund dem bärtigen Berggeist nachgesagt hat. Mit den Schlesiern, ihrer Sprache und ihrem Sagengut geht auch der Geist, der hier sein skurriles Wesen trieb, in infantiler Intellektualität unter. Offensichtlich hat der Künstler nichts vom Wesen des schlesischen Berggeists verstanden.

• Die Kartoffel gilt heute als ein typisch deutsches **Grundnahrungsmittel**. Wie widerwillig die Deutschen zu diesem Vorurteil kamen, kann man beim Münchner Ostbahnhof im dortigen Kartoffelmuseum nachlesen. Friedrich der Große, der, meine ich, bestenfalls als Preuße dieses Epitheton verdient, war jedenfalls in der Kartoffelwerbung ganz groß.

Ich hatte dieses Museum lange Zeit auf meiner Altersliste der Unerläßlichkeiten, ehe ich es endlich mit 78 meinem Weltbildmosaik einfügen konnte.

• Der einzige große Fluß, der in Deutschland entspringt und mündet, ist die **Weser**. An dem einen ihrer beiden Quellflüsse liegt jener Ort, von dem man das ausgehen lassen kann, was sich heute deutsch fühlt und nennt: Ohne des Iren Bonifazius Freveltat hätten sich dort die vielen Sorten von Germanen kaum so bald als Christen zusammengefunden.

• Die **Lüneburger Heide** und **Hermann Löns** sind zwei Begriffe, die eine wesentliche Facette des sogenannten

Deutschen Wesens ausmachen: Heimat- und Naturverbundenheit. Vermutlich laufen uns – nicht nur in Deutschland – nun diese beiden Seelengefäße still aus. Was nachwächst, wird Löns noch lesen können, kaum aber verstehen. Die Machangelbüsche der Heide werden sich auch weiterhin in den Reisebüros gut „verkaufen" lassen und der Löns-Gedenkstein wird als exotisches Wanderziel in Mode bleiben. Solange sich populationsdynamisch um uns herum nichts zu dramatisch ändert, wird diese Idylle Bestand haben. Unter den Sanddünen sind ja hoffentlich keine (Boden-) Schätze versteckt?

Lüneburger Heide

Löns-Gedenkstein

• Im August 1947 kamen wir mit einem sogenannten Interzonenzug nach Triberg in den **Schwarzwald** und wanderten von dort über Feldberg, Belchen und Blauen bis Badenweiler, um abschließend in Freiburg i. Br. noch den unversehrten Münsterturm zu besteigen. Das Bild (geknipst von unserer Wandergefährtin Eva Spies) zeigt, wie unbeschwert (in jedem Sinn des Wortes) wir damals durch das besetzte Deutschland gepilgert sind.

Unbeschwerte Bergwanderung im Schwarzwald: beim Haldenhof, 8. 8. 1947

• Weil sie es oft und mit sich selber schwer hatten, befaßten sich die Deutschen gern mit der Welt an sich. So haben deutsche Philosophen nicht wenige fundamentale Weltentwürfe geliefert, die für alles und nichts Begriffe und Deutungen bieten. Mit der Weltverbesserung hatten sie hingegen weniger zu tun. Es gab zwar den langen Streit zwischen denen, die ihre

Welt für die beste aller denkbaren hielten, und denen, die eher das Gegenteil annahmen; aber nach dem Desaster des Erdbebens von Lissabon (1755) war der Streit zu Ende; denn kein guter Gott hätte so einen miesen Schabernack mit seiner Schöpfung treiben können. Kants kategorischer Imperativ hat dann jedem seine eigene Gewissensentscheidung auferlegt, was angesichts des durchschnittlichen Bewußtseins- und Intelligenzquotienten der sogenannten Menschheit nur bedeuten konnte, daß sich nichts ändern könne am Verhältnis von „Gut“ und „Böse“ innerhalb derselben. Da mußten schon **pragmatischere Denker** her, um endlich nach konkreten Eingriffsmöglichkeiten in den lückenhaften Tugendkatalog der „Gesellschaft“ (siehe Band 1 Seite 271) zu suchen. Und die suchten dann nicht nur danach, sondern forderten sie gleich lauthals. Der erfolgreichste von ihnen war – natürlich – ein Deutscher, zum Trost für viele „Volksgenossen“ aber kein „echter“ solcher. Karl Marx aus Trier war Jude und als solcher konnte ihn die Mehrheit der Deutschen zeitweise ganz verdrängen und sogar verleugnen. Umso lebendiger kam er nach dem Schlamassl von 1945 wieder ans Licht und in einem Drittel Deutschlands sogar zur Ehre der Volksaltäre und Transparente, die dort errichtet wurden. Da blühte die Kunst der **Sprücheklopferei** wieder mächtig auf, die doch eben erst am „Bombenterror der Alliierten“ erstickt war. Ich erinnere mich noch gut an unsere Verwunderung, als wir so um 1970 herum unsere ersten VW-Bus-Fahrten durch die „DDR“ machten, über die vielen für uns neuen Glaubenswahrheiten, die da überall verkündet wurden. Allerdings muß es etwa auch zur gleichen Zeit gewesen sein, daß mir meine Studenten in Wien eine rote Mao-Bibel schenkten.

Karl Marx in der DDR

•**Baustelle Berlin**: Dieses Bild offenbart besser als alle anderen den Seelenzustand der Deutschen im ersten Jahr unseres sogenannten 3. Jahrtausends. Aus Arbeitern der Stirn und Faust sind Spekulanten geworden, die ihre virtuelle Zukunftswelt von Kränen gestalten lassen, deren Betrieb vom europäischen Stromverbund gesichert ist, solange das Kapital reicht, d. h. von unterbezahlten Hilfsvölkern in der weiten Welt „verdient“ wird. So perfekt hat sich gewiß auch unser seinerzeitiger Führer sein Herrenvolk nicht vorgestellt.

Dauer-Baustelle Berlin

•**Deutschland-Schlußbildkombination**: Der Mann auf dem Marktplatz vor der **Stadtpfarrkirche von Wittenberg** und der eitle **Degenträger** daneben verkörpern das eigentlich Einzige, was dem wüst wechselhaften Areal Deutschland am längsten schon Eigenheit und Bestand gibt: Die Sprache.

Von der **Burg** darunter ging das Geschlecht aus, das schließlich erstmals, wenn auch spät, dem wabernden Gebilde einen festen Rahmen und Namen gab: Deutsches Reich. Es wollte ja davor in endloser Kraftvergeudung partout Erbe des Römischen sein.

Und der baumgeschmückte Giebel daneben birgt als willkürliches Beispiel die Materialien einer der unzähligen Ideen, die unaufhörlich in deutschen Hirnen ihr Wesen und Unwesen getrieben haben und noch treiben: Hier ist es die Evolutions- und Stammbaumidee des Ernst Haeckel, die bei ihm schon eine Ideologie war, obwohl er sie gar nicht ersonnen hatte (**Phyletisches Museum in Jena**).

Es sieht ganz so aus, als werde diese Idee im angelaufenen Jahrhundert noch ihre Konsequenzen haben.

SCHLUSSBILDKOMBINATION

Im Uhrzeigersinn:

Stadtpfarrkirche von Wittenberg mit dem Lutherdenkmal davor;

geckenhafter Schattenriß des jungen Dichterfürsten Goethe;

die Stammburg der Hohenzollern;

das Phyletische Museum in Jena

Nachwort

Was Deutschland ist, bleibt weiterhin schwer zu sagen, obgleich es im letzten Jahrhundert nach zwei katastrophalen Niederlagen von seinen Besiegern stärker als je zuvor gereinigt und verdichtet worden ist. Als Staat bleibt es aber weiterhin ein fragliches Subjekt des Völkerrechts. Seit seinem letzten Superdesaster hat ja bis heute noch niemand einen ordentlichen Frieden mit ihm geschlossen. Umso stärker steht es als Kulturproduzent in der Welt da. Biologisch ist sein stilles Ende abzusehen. Umso lauter und länger wird Deutschlands Nachhall sein.

Die kuriose Suche nach dem „besten Deutschen" die kürzlich (Ende 2003) im Fernsehen ablief (ZDF), zeigte zum Schrecken jedes einigermaßen „Gebildeten" den unglaublichen Tiefstand, den das deutsche Selbstbewußtsein inzwischen erreicht hat. Da kam eine kunterbunte Mischung von Namen zusammen, deren „Ewigkeitswerte" zwischen 0 und 100% liegen. Der aufschlußreichste Fall war der des Wolfgang Amadeus (Gottlieb) Mozart, der bekanntlich väterlicherseits aus Schwaben (Augsburg) und mütterlicherseits aus dem Salzkammergut (St. Gilgen am Wolfgangsee) stammte und als Salzburger seinerzeit landesrechtlich nicht einmal zu dem gehörte, was sich „österreichisch" (besser habsburgisch) nannte. Die naive Nennung seines Namens als möglicher Kandidat für die Liste der besten Deutschen löste einen Sturm nicht in den Wassergläsern sondern in den Wasserköpfen der empörten Zeitgenossen aus. Ihnen schwebt auch in dieser Identitätsfrage sichtlich schon das „Vorbild" der USA vor, wo jeder zum „Amerikaner" wird, der in dem (heutzutage auch in den Wolken über dem) Staatsgebiet der USA zur Welt kommt. Da ist offensichtlich das schlichte Wissen von der Differenz der Begriffe Volk, Nation und Staat verloren gegangen. Bei uns hat das ja bekanntlich mit dem „Fall" Adolf Hitler angefangen, der allerdings genau umgekehrt zu Mozarts „Fall" liegt. Armes Deutschland!

In der Augsburger Fuggerei, gebaut 1514-1523, der europa-ersten großzügigen Siedlung für soziale Fürsorge von Jakob Fugger, hängt heute diese Steintafel, die zeigt, wie „deutsch" Mozarts Wurzeln waren. Der „Maurer" ist hier noch nicht (wie dann beim Urenkel Wolfgang) ideologisch, sondern schlicht handwerklich gemeint.

„In diesem Hause wohnte von 1681 bis 1693 der Maurer Franz Mozart. Dieser Bürger der Fuggerei schenkte mit seinem Urenkel W. A. Mozart der Menschheit den grössten Tonschöpfer aus schwäbischem Stamm"

SCHWEIZ

Mein Bild von der Schweiz blieb jahrelang durch Schillers Wilhelm Tell geprägt. Dann kam die Sehnsucht nach ihren Viertausendern hinzu, und jetzt erst ist dieses Bild vom einzigen Millionenstaat, der seine Lebensentscheidungen autonom individual-demokratisch vollzieht, in mir abgeschlossen. Hätte ich „übriges" Geld auf der Bank, würde ich es in ein Köfferchen tun und nach Basel oder Bern bringen; der „Euro" wäre mir wegen seiner zu vielen windigen Teilhaber zu vielversprechend, und das ist eine fragliche Qualität bei Geld-„Anlage". Da erschiene mir der wenigversprechende konservative „Finanzplatz" Schweiz sicherer.

Doch Ernst beiseite, die Schweizer Berge sind das Geld wert, das sie kost(et)en. Ich habe es dort auf 25 Viertausender gebracht. Alle habe ich führerlos bestiegen; im Gegenteil, fast immer ging ich, der Autodidakt, auch vorneweg, in Spaltengewirren, an Eisflanken, auf Fels- und Firngraten, außer an exponierten Stellen, wo mir die eine Hand doch zuwenig Diesseitshaftung bot. Das war vor allem aufs Matterhorn so, das ich zusammen mit Heinrich Schönmann, Walter Völlenkle und Wolfgang bestieg.

•Der im Wortsinn prominenteste Einstieg in die Schweiz führt über den Südgrat des **Monte Rosa**, den ich 1958 mit Werner Funke und Helmut Sturm ging.

•**Saas Fee** war 1960 noch ein richtiges Bergdorf mit vielen Ziegen und wenigen Autos. In den Gasthöfen dominierten die „zünftigen" Bergsteiger (Hochtouristen) oft noch mit einheimischen Führern. Für die hätte ich das Geld nicht gehabt, aber auch keinen Bedarf, da ich die Touren sorgfältigst geplant und schon 10 Jahre Gletschererfahrung in Österreich hinter mir hatte.

Links: Ostwand des Monte Rosa

rechts: Stärkung vor dem Aufbruch in Saas Fee mit Hüther, Winter und Beck (3.8.1960)

•Unser erster Versuch, die **Bernina** zu besteigen, endete 1952 an einer Riesenspalte auf der Bellavista-Terrasse, aus der wir den Touristen eines Schweizer Bergführers (gesund) bergen halfen. Brunhilde holte sich dabei eine kräftige Augenentzündung, weil sie die Schneebrille vergessen hatte. 10 Jahre danach bin

Dauerskat in 3601m Höhe unterm Gipfel des Piz Bernina

ich dann mit W. Hüther, H. Wolter und D. Zinkler den luftigen Spallagrat bis zum Gipfel gegangen.

•Bei der **Capanna Marco e Rosa** (3601m), in der wir 1962 vor dem Gipfelgang bei wütendem Schneesturm, in Decken gehüllt, Dauerskat spielen mußten und dabei dem Wirt seinen ganzen Rotwein leertranken.

•Auf dem stolzen Gipfel des **Piz Bernina** über dem Engadin posieren Walther Hüther, Henning Wolter und Dietmar Zinkler vor meiner Leica.

Meine Seilgenossen auf dem Piz Bernina, 1962

Erster verschenkter Versuch auf's Finsteraarhorn, 1964, mit Chr. Winter und H. Holter

•Nach einer langen Wanderung vom Grimselpaß und Oberaarsee her über den Oberaargletscher zum **Oberaarjoch** fanden wir dort in der Hütte eine Seilschaft junger Italiener, denen tags zuvor einer in eine Spalte gefallen war. Er lag lädiert, aber gehfähig, im Lager, sein Rucksack noch in der Spalte. Wir wollten ja auf's Finsteraarhorn hinauf, immerhin der Höchste der Berner Alpen. Nun aber beschlossen wir, dem traurigen Spaltensturzopfer eine Freude zu machen, und bargen unter listigem Blindeinsatz eines in der Küche „organisierten" Fleischhakens Rucksack samt Kamera aus ca. 7m Tiefe. Und tags darauf führte ich die doppelte Seilschaft behutsam den ganzen Gletscher wieder hinunter. Petrus war so lieb und verbarg uns dabei den „verschenkten" Gipfel hinter einer Wolke. Einige Wochen später bekam ich aus Mailand einen zittrig geschriebenen Brief. Er war von dem Lädierten, der, wie er schrieb, erstmals wieder seine rechte Hand gebrauchen konnte.

•Das nebenstehende Bild stammt von dieser abwechslungsreichen Fahrt durch die Berner Alpen, wo wir auf der Strecke zwischen dem Dammastock über dem Rhonefirn, Bern und Furkapaß am einsamen Zeltplatz von Binn zwei schöne Nächte verschliefen.

Zeltlager in den Berner Alpen, 1964

Und das Finsteraarhorn, einer der „unerläßlichen" Höhepunkte der Schweiz, habe ich dann 12 Jahre später auf Brettern befahren und „abgehakt".

•**Zum Höchsten des Berner Oberlandes** ging es auf Brettern mit Oki und Wolfgang.

Am Grat des Finsteraarhorns posiert Schwiegersohn Oki über den Abgründen (19.4.1976)

•Stolz auf dem **Matterhorn** mit H. Schönmann und W. Völlenkle, 11.8. 1969 (Photo von Wolfgang).

Am Gipfel des Matterhorns war der Einarmige schon sehr froh über seine kraftvollen, jungen Seilgefährten

•Meine drei Weggenossen vom Matterhorn betrachten das Dreigestirn Monte Rosa, Lyskamm, Breithorn.

So eine Schau macht klar, daß die Schweiz zum Symbolbegriff aller schönen Berglandschaften auf der Erde werden mußte

•Neben den Gipfelfluren kamen natürlich auch die Niederungen der Schweiz nicht zu kurz in unseren euroinvestigativen Exkursionsprogrammen. Hier hat der Opa seine fünf kleineren Enkel auf der nach einem Brand wiedererrichteten Luzerner **Seebrücke** postiert, am Tag nach einem Ausflug auf den Pilatus mit Besuch bei der Tellskapelle am Vierwaldstätter See, wo überall viel Bildungsgut möglichst unaufdringlich zur F2* „hinüber"-zubringen war.

Luzerner Seebrücke mit Gunda und Dietlinde und den 5 noch süßen kleineren Enkeln (1997)

Die große Plage der Schweiz ist ihre Schönheit. Sie steht im Wunschkatalog aller Welt, und nur gesalzene Preise verhindern ihren Ausverkauf.

Brunhilde vor dem Silser See im Oberen Engadin, 1952

*F2 = biologische Kurzbezeichnung für die Enkelgeneration

NIEDERLANDE

Wir hatten uns angewöhnt, bei Holland an Holzpantoffeln und Käsemarkt zu denken und zu vergessen, daß das vom „Heiligen Römischen Reich" abgefallene Mündungsgebiet von Rhein und Maas korrekt „Die Niederlande" heißt.

Holland-Klischees: Holzpantoffeln und Käsemarkt

Neuerdings freilich ist Holland in der Judikatur zu Abtreibung, Schwulenehe, Sterbehilfe, Drogenkonsum und anderen liberalethischen Humankomplexen zur Führungsmacht Europas aufgestiegen. Nahezu jeder menschliche Spleen findet da seine Würdigung und Praxis. Und wenn die niederländische Fußball-Nationalelf aufs Feld läuft, kommt noch das bedeutende farbenreiche Kolonialerbe dazu.

Bürgerhäuser in Amsterdam

• Da könnte man fast vergessen, was dieses kleine Völkchen so weltbedeutend werden ließ: Seine nautische Begabung gepaart mit globaler Profitkunst. Die protzigen **Bürgerhäuser** an Amsterdams Grachten zeigen dem Kenner die dazugehörenden Kontostände.

• Und wer Niederlande sagt, muß auch ans zwittrige Staatswesen **Belgien** denken, wo heute unsere EU ihren Rahm von der Milch der Euromelkkühe absahnt.

Eines der belgischen Bieridole

ITALIEN

Nach Frankreich, wohin wir als damalige Bürger der französischen Besatzungszone am ehesten durften, war Italien das europäische Land, in das es uns früh am meisten zog. Schon 1951 reisten wir mit dem ersten „übrigen" Geld – noch vor allen damals allgemein für existentiell erforderlich gehaltenen „Anschaffungen" – per Bahn nach Florenz – Rom – Neapel – Paestum – Pisa – Bologna – Venedig (nicht ohne dazwischen den Vesuv zu besteigen). Schlank und fit, wie wir waren, feierten wir Tag für Tag wahre Kulturkonsumorgien. Und fast überall waren wir allein.

Den banalen Begriff „Touristen" gab's noch gar nicht.

Rom 1951, Teatro Marcello

• Der nachdenkliche Italienbesucher kann die übliche Identifikation der heutigen Italiener mit den **Alten Römern** nicht nachvollziehen. Schon das letzte Drittel des Imperium Romanum war doch von einem Staatsvolk repräsentiert, das alles andere als „römisch" war. Orientalen aller Art, Iberer, Gallier, Germanen und Illyrier hatten zu Hunderttausenden das römische Bürgerrecht (wir würden sagen die römische Staatsbürgerschaft) erhalten und fühlten sich als „Römer", waren aber naturgemäß keine solchen im ethnischen Sinne. Somit stand die Reichsidee auf fremden Füßen und ging im Mahlstrom der „Völkerwanderung" unter, wenn auch nicht verloren. Den europäischen Erben Roms wird's demnächst ähnlich ergehen, und unsere Erben werden dann auf ihre **europäischen Wurzeln** ebenso „stolz" sein wie wir auf unsere römischen. Was soll's! Schließlich hatten schon zuvor die Römer im Kleinen das gleiche „Bewältigungs"-problem mit ihren Etruskern, deren Grabkammern und Sarkophage in Etrurien dem Epigonen eindrucksvolle Zeugnisse stiller Vorfahrengröße bieten.

Etruskischer Sarkophagdeckel mit verewigtem Ehepaar im Museum von Orvieto

•Die mehr rührende als heroische Geschichte des Brüderpaares **Romulus und Remus** kennt jeder, und heute noch ziert dieses Reichssymbol alle prominenten Lokalitäten Italiens. Homo sapiens zeichnet sich vor allen anderen Animalitäten auch dadurch aus, daß seine Kopfgeburten (Ideen) überlebenskräftiger sind als sein physischer Nachwuchs. Dafür liefert dieses erfundene Brüderpaar ein klasssiches Beispiel.

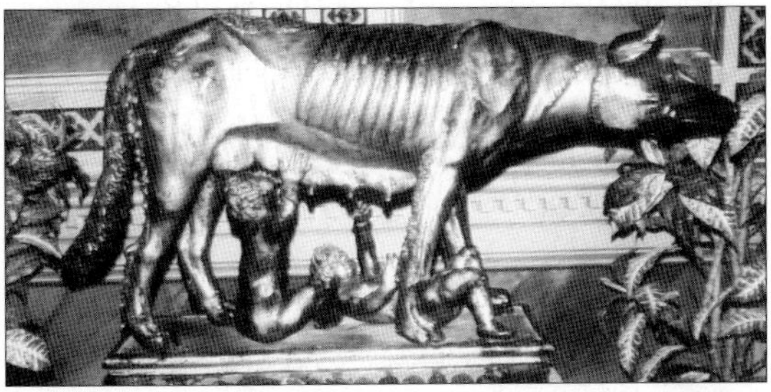

Romulus und Remus, die von der Wölfin gesäugten Reichsgründer

•Wenn es ein irdisches Material gibt, dessen bloße Nutzung Assoziationen mit Rom und Italien auslöst, dann ist es der **Marmor**. Natürlich weiß der Gebildete, daß die Wurzeln der römischen Marmorkunst in Etrurien und Griechenland lagen. Aber in Masse und Formenfülle hat keine andere Kultur soviel gestaltetes Marmormaterial hinterlassen wie die römisch-italienische vom Altertum herauf über die Renaissance bis zu Mussolini. Die gewaltigen Marmorsteinbrüche von Carrara liefern dazu weiterhin jede gewünschte Quadergröße in beliebiger Reinheit und Feinheit.

Marmorabbau in Carrara

•Ein großer Teil Italiens ist trotz aller Renaissance tief mittelalterlich geblieben, auch wenn heute die großen Familien nicht mehr in ihren sogenannten **Geschlechtertürmen** hausen und im Ernstfall jetzt lieber an der Börse den Nachbarn „feindlich" übernehmen als ihn in seinem Turm mühsam physisch auszuhungern. Die klassische Reminiszenz an jene heldenhaften Zeiten liefert noch immer San Gimignano, das aber bei näherem Hinsehen längst touristisch verkommen ist.

Blick über die Türme von San Gimignano

•In 50-jähriger Sammelarbeit habe ich unter anderem auch eine **Kollektion von Tiefblicken** angelegt, die meisten naturgemäß auf Bergtouren. Auch von Türmen habe ich viele. Aber einen so vollendet geometrischen wie den vom Dach des Petersdoms auf den gleichnamigen Platz, den habe ich nur einmal.

Tiefblick auf den Petersplatz in Rom

•Das klassische Italien pur: Blick vom Torre Mangia auf den **Campo in Siena**. Nachdem ich droben eine Stunde lang vergeblich auf Sonnenschein gewartet hatte, stieg ich ab, um am Ausgang unten mit lautem Fluch umzukehren. Die Wolke war weg, und ich kam doch noch zu diesem unerläßlichen Bild.

Der berühmte Campo von Siena

Blick vom Schiefen Turm über Pisa

•Ein Blick, der uns heute verwehrt ist: vom Schiefen Turm auf Dom, Baptisterium und Campo Santo in **Pisa**. (Inzwischen – 2002 – gegen gute Euros wieder geöffnet).

•Mit dem **Castel del Monte** hat der Staufer Friedrich II tief in den Süden Europas ein Symbol für Macht und Ordnung in Europa gesetzt, ehe sich diese beiden humanen Abstracta wieder einmal im Mahlstrom der Geschichte verloren. Der wissende Besucher von jenseits der Alpen steht nachdenklich davor. Ob er nun sein „Vereintes Europa“ erleben wird, mit dem weißen Castel jenseits des Ozeans? (Ja. Er tut's inzwischen mehr und mehr.)

Erbaut von Friedrich II: Castel del Monte

•Wer heute diesen Arkadenhof mit seiner phantastischen Aussicht besucht, weiß natürlich, daß die ganze Pracht ein Surrogat ist, nachdem die Angloamerikaner am 15. Jänner 1944 die Wiege des Benediktinerordens am Südende von

Latium restlos in Schutt und Asche gelegt hatten (obwohl sie wußten, daß die Klostergebäude von **Montecassino** besatzungsfrei waren).

In weiteren 1000 Jahren mag auch das belanglos sein, und die Stätte christlichen Pioniergeists wird wieder von der Patina des Alters überzogen sein.

Montecassino

Oder werden weitere Barbaren ihre Zerstörung oder ihren Zerfall zulassen oder gar betreiben? An solchen Orten, wo Gedanken über Jahrhunderte hinweg schweifen, ist Italien ja besonders reich.

Palazzo Rufolo

•Dieser verspielte Säulenhof in seinem sarazenischen Stilgefühl macht den **Palazzo Rufolo** von Ravello über Amalfi am Golf von Salerno zu dem, was phantasievolle Gemüter ein Zauberschloß nennen. Der farbensatte Garten daneben auf luftiger Terrasse hoch über dem tiefblauen Meer hat Richard Wagner zu Klingsors Zaubergarten im Parsival angeregt. Da schlägt Kunst als Gesamtkunstwerk schlicht zu Kitsch um, so schön ist es. Und davon bleibt niemand unberührt.

Rast an der Via Appia

•Die **Via Appia** war zur Römerzeit gewiß lauter als heute. Über ihr Steinpflaster (Asphalt gab's ja noch keinen) klapperten die Hufe, rumpelten die Eisenreifen der Lastkarren, knallten die Peitschen und hallten die Rufe der Fuhrknechte (wenn die nicht gerade ein Lied von Wein, Weib und Venus sangen). Ich weiß noch, wie mir das alles im Kopf umging bei unserem kleinen Mittagsschlummer im VW-Bus, den in der Wirklichkeit nur ein paar laute Zikaden störten.

•Leicht vergißt der Italienreisende, daß **Sardinien** ja auch noch zu Italien gehört. Allerdings sind die Sarden kaum als „echte" Italiener zu bezeichnen. Aber ein solches imperialistisches Problem haben ja auch die Franzosen mit ihren Korsen und Bretonen, die Spanier mit ihren Basken und die Italiener ganz besonders nochmals mit ihren Tirolern. Jedenfalls hat sich auf Sardinien vieles aus vorrömischer Urzeit erhalten, was uns Späteuropäern zeigt, daß die ethnische „Raumordnung" unseres Pseudokontinents nicht nur ein Sedimentationssyndrom der „Völkerwanderung" ist.

Rundturm auf Sardinien

Sardiniens **Nuragen** (kegelförmige Rundtürme aus der Jungstein- und Bronzezeit) geben der melancholischen Berglandschaft ein recht unitalienisches Gepräge.

•Zu Italien sei schließlich nicht vergessen, daß diese spät geeinte Nation ihren lang gestauten Irredentismus-Frust durch Inkorporation Südtirols kompensiert hat, so daß nun dieser Blick von der Riesenwächte des Königsspitzengipfel auf Cevedale = Zufallsspitzen (links) und Rosengarten (rechts hinten) als ein italienisches Panorama zu gelten hat.

Südtiroler Winterbild. Von der Königsspitze zum Doppelgipfel des Cevedale und auf den Felskamm des Rosengartens

•An meinem 80. Geburtstag, den ich bei göttlicher Stille in Südtirol auf dem Zinseler in den Sarntalern nahe dem Penser Joch verbracht habe, kam ich nachmittags an **Bozen** vorbei, und da erfüllte ich mir einen langgehegten, aber aus psychohygienischen Gründen stets verdrängten Wunsch: Den schmerzlichen Rundgang um Mussolinis Siegestor. Es hat mit seinen Liktorenbündeln und Beilen auch das klägliche Ende des Duce (an einem kommunistischen Strick) überdauert und trotzt mit seinen faschistischen und autoerotischen Inschriften bis heute allen Korrektur- oder gar Destruktionsansätzen unserer sonst so p.c-beflissenen Zeit (siehe Bd. 1 Seite 295).

Mussolinis Siegestor in Bozen

Die Berliner Mauer sah ich noch fallen. Das Bozener Tor wird mich überstehen. Und dort wird weiterhin zu lesen sein, daß Rom den Barbaren im Norden Sitte und Kultur gebracht habe. Tacitus würde grinsen.

Brief an Brunhilde

Cogne, 1.8.58

Liebe Bruni!

Gestern und heute waren 2 wunderschöne Tage. Wir sitzen jetzt um 1/2 10^h abends in einem Wirtshaus beim Zeltplatz von Cogne im gleichnamigen Tal östlich des Gran Paradiso und schlürfen ein wohlverdientes Bier. Früh um 10^h sind wir noch auf dem Paradiso gesessen, einem Blockgipfel über weiten Firnen mit ganz herrlicher Aussicht. Um 6^h waren wir von der Vitt. Emanuele-Hütte aufgebrochen. Der Himmel war fast wolkenlos. Über Moränenhalden und dann über blankes Gletschereis, schließlich über ermüdende Firnhalden ging es hinauf. Es herrschte Massenbetrieb; denn der Paradiso scheint ein italienischer Modeberg zu sein. Was für ein Gegensatz zu der abweisenden Öde und Großartigkeit des Combin! Auf den flachen, warmen Gipfelblöcken schlief es sich wunderbar. Beim Abstieg versank man stellenweise tief im Schneematsch. Wir sind gleich ins Tal nach Pont abgestiegen, haben unsere Siebensachen schnell gepackt und sind um 4^h noch durchs Val Savaranche zum Aosta-Tal hinunter und das nächste Tal östlich wieder heraufgefahren, hierher nach Cogne, wo wir im Zentrum des Nationalparks die Steinböcke morgen besuchen wollen.

Gnifetti-Hütte am Mte. Rosa, 4.8.58

Die Steinböcke waren bis jetzt unsere einzige Enttäuschung, denn sie wollten sich nur auf größere Entfernung photographieren lassen. Aber der Tag im oberen Valnonthey am Gr. Paradiso war schön. Ich bin wie ein Gamsjäger in den Schrofen herumgeturnt, um "zu Schuß" zu kommen. Es war herrlich warm auf den begrasten Felskanzeln, und die 1000 bunten Blumen nickten im Wind. Der "verbummelte" Tag war so schön, wie wenn wir einen weiteren Berg bestiegen hätten.

MALTA

Malta ist trotz seiner Kleinheit ein eigener europäischer Staat, der seit 5000 Jahren Geschichte macht wie kaum ein anderer Erdenfleck gleicher Kleinheit. Wer dort die Augen und Ohren aufmacht, begegnet der Reihe nach den Phöniziern, Karthagern, Römern, Byzantinern, Sarazenen, Normannen, Staufern, den „Häusern" von Anjou und Aragon, Kastilien und Habsburg und somit den Franzosen und Spaniern, welch letztere schließlich die beiden Inseln von Malta den aus Rhodos verjagten Johannitern anvertrauen, die nach stolzen 268 Jahren als Malteser-Ritter erst von Napoleon entmachtet und enteignet werden. Schließlich holen sich die Engländer die strategisch einmalige Kombination von Hafen und Festung zwischen Europa und Afrika und machen sie bis 1974 zur „Kronkolonie" bzw. zu einem Mitglied des Commonwealth, wie Groß-Britannien den Komplex seiner zu friedlicher wirtschaftlicher Abhängigkeit domestizierten Kolonien schlau zu nennen pflegt.
Wer also in nuce erfahren will, was sich in und um „Europa" seit der Vorzeit abgespielt hat, der kommt auf Malta auf seine Rechnung.

•Einmalig sind bereits die Zeugnisse der Vorgeschichte mit ihren plumpen **megalithischen „Tempel"-Anlagen**, in denen sich schon mancherlei sprechendes Figürliches gefunden hat, wie etwa das Riesen-Untergestell der „Dicken Dame" vom Südtempel in Tarxien, wo man wohl vermuten darf, daß da 5000 Jahre vor uns wohlgenährte „Fürsten"-Frauen frei von körperlicher Arbeit exklusiv der Fortpflanzung „dienen" durften (oder konnten; je nachdem, ob's dort patri- oder matri-archalisch zugegangen ist).

Unterteil einer edeldicken Dame aus der megalithischen Tempelanlage von Tarxien

•Noch eindrucksvoller fand ich die steinernen **„Gleisspuren"** auf Malta, die – wenn's stimmt – aus der Bronzezeit stammen und von gewaltigen Transportleistungen erzählen, über deren Art und Zweck sich viel denken läßt. Jedenfalls muß es da laut und ideologisch gewaltsam zugegangen sein; denn die „Fertigung" solcher Spurrinnen läßt sich in vormotorischen Zeiten nur unter Blut, Schweiß und Tränen oder in Erwartung jenseitiger Belohning vorstellen. Vermutlich handelte es sich bloß um den extrem kraftaufwendigen Transport der Megalithe für sakrale und imperiale Bauten.

Spurrinnen auf Malta. Da wurden in Europas Vorzeit – vermutlich gegen viel Lohn im „Jenseits" – tausende Tonnen Gestein bewegt

GRIECHENLAND

Das nüchterne Nachdenken über „die Welt" hat in Griechenland begonnen und damit der Aufklärungsprozeß, der uns Europäer zu den Herrenmenschen macht, die wir sind, weil wir uns bemühen, das Erdachte nicht dem Erweisbaren gleichzusetzen und so in vorweggenommenen „System-Lösungen" zu enden. Der griechische Götterhimmmel mit seinem Unernst war ja als „Weltreligion" ungeeignet; so wenig wie das, was sich Kelten, Slawen, Germanen dazu ausgedacht haben. Ungebundenes rationales Denken hat so in Europa auch das intolerant geschlossene orientalische Weltbild des Monotheismus überstanden. Die Griechen selber zwar sind ethnisch untergegangen. Aber ihre suchende Denkweise ist uns geblieben, und das hoffentlich für alle Zeiten!

Kap Sunion

•Wenn ich also sagen sollte, wo in aller Welt ich das tiefste Bewußtsein meiner unstillbaren Wissensgier gespürt habe, dann gibt es nur eine Antwort: Im Schatten eines der großen hellenischen Baudenkmäler, etwa – wie hier – am **Kap Sunion** mit dem weiten Blick hinaus in die blaue Leere des Meeres.

•**Delphi 1969**: Schon ist das familieninterne archäologische Lehramt an die „studierte" Friederike (im roten Kleid) übergegangen, die auf dieser Fahrt ihr Athenstipendium antrat, um dabei auch ihrem Mann Ortholf (Oki) Harl, dem späteren Stadtarchäologen von Wien in die Hände zu laufen.

Studien in Delphi

Selinunt

•Die steinerne Gigantomanie der Kolonialgriechen in Unteritalien und Sizilien hat selbst unserem 14jährigen (Wolfgang) imponiert: Turnübung in Selinunt.

•Im weiten Blick von den Trümmern des antiken **Assos** hinüber zur Silhouette der Insel Lesbos öffnet sich auch der Horizont, an dem seit zweieinhalb Jahrtausenden Morgen- und Abendland ineinander fließen. Von 348 bis 345 beherbergte hier die griechische Stadt den Aristoteles; auf Lesbos drüben vergnügte sich 150 Jahre zuvor die Dichterin Sappho mit ihren Gespielinnen; um das Jahr 58 startete hier dann der Apostel Paulus seine Reise nach Süden; davor war die Stadt lydisch und persisch, ehe sie nun seit der „ethnischen Säuberung" nach dem 1. Weltkrieg eine rein türkische geworden ist. Während der halben Stunde, die ich dort auf einer Säulentrommel saß, ging mir, dem europäischen Epigonen, vielerlei durch den Kopf. Wie ephemer mutet da dem Biologen die Menschengeschichte an, wenn er sie mit den Jahrmillionen „seiner" Evolutionszeitabläufe vergleicht.

Blick auf Lesbos

•Zum 77. Geburtstag bin ich endlich (mit Schwiegersohn Oki und den Enkeln Philipp und Sebastian) auf den **Athos** gekommen, in Erfüllung eines fast lebenslangen Wunsches.
Die maskuline Frömmigkeit der Mönchsrepublik machte dem Agnostiker die schöne Bergwanderung zum gedankenreichen Erlebnis.

Mönchisches Mittagsschläfchen in der farbenreichen Vorhalle der Hauptkirche des Klosters Iviron am Athos

Gipfelkreuz auf dem Berg Athos

•Das **Gipfelkreuz** in 2030m Höhe symbolisiert in seiner eisernen Strenge den Geist einer in Europa einmaligen Mönchsrepublik, die freilich neben ihrer transzendentalen orientalischen Frömmigkeit auch die diesseitig materielle Fundamentierung eines heiligmäßigen Erdenlebens nicht vernachlässigt, wie der Rundblick von da oben auf die ringsum aufwendig neu angelegten Forststraßen verrät.

Löwe als Zeitgeistzeuge aus Stein

•Der **Löwe von Chäronea**, ein besonders berühmtes und „klassisches" Zeitgeist-Monument. Was die alten Griechen (Thebaner) nach jener fatalen Schlacht (338 v. Ch.) über die Trauer um ihre gefallenen Söhne hinaus bewegte, nämlich der von der nationalen Schande geschürte Zorn über den provinziellen, wenn nicht gar barbarischen Sieger (Mazedonien), das bewegt die „neuen Griechen" heute noch in ihrer Sorge um ein womöglich ungriechisches, autonomes „Mazedonien" auf dem „Balkan".

Nachklassische Sakralarchitektur

•Die lange Besatzungszeit der türkischen Muselmänner hat die orthodoxe **Frömmigkeit** der nachklassischen Griechen zu den intimsten Leistungen sakraler Architektur gebracht. Ihre Kapellchen wirken nicht wie künstlerische, sondern eher wie floristische Tupfer in den panisch stillen Berg- und Küstenlandschaften.

Geschichtsträchtiges Ortsschild

•Ein zeitgeistträchtiges Ortsschild aus dem Neuen Griechenland: In diesem Dörfchen am Fuß des **Parnass-Gebirges** wurde, als es noch den vorchristlichen Namen Panopeus trug, laut Homer der Zimmermann namens Epeios geboren, der den griechischen Schlitzohren seinerzeit das Trojanische Pferd gefertigt hat, mit dem sie einen Krieg zu Ende bringen konnten, der auf „anständig" soldatische Art nicht zu gewinnen war. Die Kriegskunst der Täuschung (auch List genannt) ist ja eine zeitlose Technik geblieben, bis herauf zu den heutigen massenmedialen Geschichtsklitterungen und Sprachregelungen.

KRETA

Trotz seiner geographischen Randlage hat Kreta für uns Europäer zentrale begriffliche Bedeutung. Bekanntlich ist nach griechischer Fantasie und Mythologie Europa die schöne Tochter des Phönizierkönigs Agenor gewesen, also eine mediterrane Afrikanerin, die auch als Königskind noch praktizierende Hirtin war. Sie wurde vom notorischen Schwerenöter Zeus hinterhältig betört und entführt. Er spielte einen sanften Stier, die Jungfrau bestieg neugierig den harmlos Wiederkäuenden, und der lief und schwamm mit der Leichtfertigen einfach davon und nach Kreta hinüber. Dort machte er ihr zwei Knaben. Der eine namens Minos wurde ein großer weiser Herrscher. Heute noch reden wir ja von der minoischen Kultur auf Kreta. Aber auch seine menschliche Größe war – wie jede solche – nicht makellos. Er betrog nämlich den Poseidon mit einem billigen Opferstier und dafür ließ ihn der Meeresgott Poseidon von seiner Gattin Pasiphoe, also von der minoischen Königin, auch mit einem Stier – womit sonst ? – betrügen. Sie setzte aus dem Seitensprung ein Ungeheuer in die Welt, an dem nun ganz Kreta schwer zu leiden hatte: Der Bastard aus Menschenleib und Stierkopf namens Minotaurus hauste in einem von Baumeister Dädalus eigens dafür angelegten Labyrinth und musste dort regelmäßig verköstigt werden, unter anderem auch mit Menschenfleisch. Dieses wurde dann als Tribut in neunjähriger Abfolge aus dem von den Minoern unterworfenem Athen herübergebracht, in Form einer Schiffsladung aus je sieben lebenden Jungfrauen und Jünglingen. Erst Theseus hat bekanntlich dem grauslichen Vertrag ein Ende gemacht, wobei der sich seinerseits auch wieder mies benahm, in dem er seine liebende Helferin Ariadne, die bekannte Tochter des Minos, die mit dem Wollknäuel, heimwärts auf Naxos einfach heulend sitzen ließ. So betrachtet fängt Europa nicht gerade sehr anständig an, und wer es heute, 3000 Jahre später, vorurteilslos und aufmerksam betrachtet, kann ihm auch für den Abgang in seine Nachgeschichte keine gute Prognose stellen. In seiner Südostecke geht es ja weiterhin recht unfein zu.

Knossos

• In den **Palastruinen von Knossos**, die uns der Engländer Evans wieder sichtbar und zugänglich gemacht hat, spielt jene „finstere" minoische Frühgeschichte neben dem spätminoischen Reichtum und Luxus keine große Rolle mehr.

Öl und Wein gab's in Fülle, und die Damen waren fesch frisiert. Ob es dann die Explosion von Santorin (Thera) war, oder ob es „nur" die Griechen gewesen sind, die dem ganzen ein Ende machten, bleibt offen.

FRANKREICH

Wie die Gallier Romanen, die Romanen Franken und die Franken Franzosen geworden sind unter Einschmelzung von Basken, Bretonen, Normannen, Burgundern u.a., wird auch dem regelmäßigen Besucher Frankreichs nur mühsam klar. Auf jeden Fall lernt er bald, daß Paris nicht Frankreich ist so wie Wien nicht Österreich. Aber wohl jeder Kulturbeflissene beginnt sein Frankreichprogramm mit Paris.

Ich bin aus besatzungsethischen Gründen mit Frankreich überhaupt erstmals in ein „Ausland" gekommen. Das war 1950, wo wir den ersten Meeresbiologischen Kurs der Mainzer Universität in Banyuls sur mer abhielten. Ich habe also 30 Jahre alt werden müssen, ehe ich über meinen deutschen Zaun kam. Stolz studierte ich dazu am desolaten Mainzer Bahnhof die Fahrpläne der französischen Staatsbahn, um die glatteste Verbindung hin und zurück zu finden. An explorative Zwischenhalte oder gar Umwege wagten wir im „Feindesland" noch nicht zu denken. Das änderte sich aber rasch, und Frankreich haben wir danach ein gutes Dutzend Mal bereist, kreuz und quer, in Höhlentiefen und auf luftigen Türmen und Bergen; jedes Mal war's ein Gewinn und Genuß für Leib, Seele und Geist! Da hätte ich nun buchstäblich tausende faszinierender Bilder davon auf Lager. Aber Zeit und Geld erlauben – weil ja anschließend noch der Rest der Welt auf seine Referenz wartet – nur ganz wenige.

Der Eiffelturm, hier einmal als Schattenuhr-zeiger vorgestellt

•Heute ziert sich die gallische Metropole mit den koketten Produkten von **Niki Saint Phalle** (hier vor dem Centre Pompidou). Ich hätte gewiß auch schon als 20- oder 30-jähriger diese spaßigen Kreationen für schlichten Kitsch erklärt; hübsch zwar, doch ohne Nahrung für mein denkhungriges Hirn.

•Die apotropäischen **Fratzen** auf der Turmbalustrade von Notre Dame erinnern an ähnliches Ungetier auf den Dachfirsten der Tempel und Paläste in China. Hier im modernen Paris könnte es freilich auch sein, daß sie den Schrecken der Alteingesessenen vor den architektonischen Sünden der Neuzeitarchitekten symbolisieren.
Jedenfalls kann ein selbst- und stilbewußter Europäer nur hoffen, daß solche gewachsene Ensembles wie das von Wien oder jenes von Paris nicht New York- oder Hong Kong-ähnliche Züge annehmen. Gegen die internationale gottlose Starmafia unserer Architekten nützen Nachtmahre freilich nichts mehr. Ich hätte für ihre Schadlosmachung einen angemesseneren (weil kostspieligeren) und effizienteren (weil unumkehrbaren) Vorschlag parat: In der stillen Verzweiflung über die vielen Verhunzungen, die die Menschheit „meiner" Zeit diesem Planeten antut, stelle ich seit längerem im Geiste Passagierlisten für Mondraketen zusammen: Für die ersten solchen hätte ich bereits genug Schub-„Kunden". Architekten wären eine beachtliche Mehrheit unter ihnen; weil sie doch soviel Unentsorgbares unseren unschuldigen Nachfahren hinterstellen.

Dämonen auf der Balustrade von Notre Dame

Fußwaschungsszene aus Granit in der Bretagne

•Kaum ein anderes Land ist einerseits so radikal rational wie Frankreich und andererseits so fundamental katholisch zugleich, wenn nun auch in der Neuzeit die Mehrheitsverhältnisse der sogenannten Intellektuellen sich dramatisch ins Atheistische verschoben haben. Aber rührende Zeugnisse tiefer Frömmigkeit findet man in „Gottes eigenem Land" auf Schritt und Tritt. Die Bretonen haben die ihre im spröden Granit ihrer Kalvarienberge verewigt. In dieser **Fußwaschungsszene** sieht aber keiner der Beteiligten so demütig drein, wie ich das anhand der einschlägigen Religionsstunde meiner Schulzeit erwartet hätte.

Gerbier de Jonc, an dessen Fuß die Loire entspringt

•Die **Loire** ist Frankreichs zentrales Fließgewässer. Jeder kennt die schönen Renaissance-Schlösser in ihrem weiten grünen Tal zwischen Orleans und Angers. Wer aber macht sich schon die Mühe, ihre Quelle am Fuß des Felskogels Gerbier de Jonc (1551m) in den Monts du Vivarais aufzusuchen oder gar diese herrliche Aussichtswarte selbst zu besteigen. Mir gelang das auch erst kurz vor dem 80., wobei ich gleich zwei Posten in meiner Unerläßlichkeitsliste streichen durfte, weil ich auch die nahebei im Wald versteckte Quelle der Ardèche aufstöbern konnte.

•Hier zwei **Loire-Schlösser**: Chaumont, das anfangs Domizil der Katharina von Medici, Witwe Heinrichs II, gewesen ist, und Chambord, das prächtigste von allen, das sich Franz I (von 1519 an) als Jagdquartier errichten ließ, mit großartigem Garten drumherum. Vielleicht hat die Französische Revolution, die doch der Humanité mit vielen entrumpften Köpfen zum Durchbruch verholfen hat, hier auch die Architektur zu reinerem Ansehen gebracht, indem sie das üppige Mobiliar und dekorative Kunstzeug kurzerhand aus den Fenstern warf.

Loire-Schlösser: links Chaumont, rechts Chambord

•Dem Französisch-Schweizerischen Jura entspringen einige starke Karstquellen, deren blankes, grünblaues Wasser verrät, wieviel wohlgefiltertes Naß sich in den mächtigen Kalksteinschichten darüber sammelt. Der **Doubs** ist einer jener Flüsse, die so einen spektakulären Ursprung haben.

Doubs-Ursprung

Boule, der geschlechtsspezifische Volkssport der Franzosen

•Das **Boule-Spiel** ist der Volkssport der Franzosen. Es vereint das Volk alters-, klassen- und bildungslos. Bei meiner nächsten Frankreichfahrt (nach Lyon, wo meine Enkelin als Stipendiatin studieren darf) werde ich aber darauf achten, ob es noch immer geschlechtsspezifisch betrieben wird.

Le Puy

•**Le Puy** ist, so kommt's mir vor, eine besonders gallische Stadt. Am Ostrand der Auvergne gelegen, von steilen Felsbastionen überragt, die von weithin sichtbaren christlichen Wahrzeichen gekrönt sind, macht sie dem christlichen Wallfahrer wie dem unfrommen Bildungsbeflissenen gleich viel Mühe bei der Begehung ihrer steilen, steinigen Gassen. Aber alle Ziele lohnen den Muskelaufwand. Das rührendste von allen ist die rosafarbene Riesenmadonna auf dem Rocher Corneille über dem Dach der Wallfahrtskirche und Kathedrale Notre Dame.

•Die **französischen Alpen** haben dem Bildsammler vieles und Spektakuläres zu bieten. Die Barre des Ecrins im Dauphiné ist ein solches Schaustück als schwarze

Barre des Ecrins, 22. 7. 1978

Felsenwand nach Süden und weißer Eisbalkon nach Norden, der genußreiche Umkehrpunkt einer klassischen Tour unserer frankophonen „Bergkameraden“.

•Einem altgewordenen Alpinisten macht es naturgemäß besonderen Spaß, wenn er seine Jubiläumstouren mit dem eigenen Sohn absolvieren kann. So wie hier am 29. 7. 1978, wo er den **Mont Blanc** nach 25 Jahren zum zweiten Mal als seinen 1000. Gipfel über 2000m überschritten hat, um anschließend noch den Mont Maudit und den Mt. Blanc du Tacul „mitzunehmen“, ehe der lange steile Abstieg zum Mer de Glace dieses genußreiche Unternehmen abschloß.

•Gallier und Iberer kamen nach Caesar zwar als römische Bürger zusammen, blieben aber doch bis heute durch die **Pyrenäen** getrennt. Diese bieten dem Gipfelsammler einsam lohnende Ziele.

Zum zweiten mal am Mont Blanc

PYRENÄEN-FAHRTEN

Von Friedrich Schaller

Für den eiligen Spanienfahrer sind die Pyrenäen ein rasch überwundenes Hindernis. Er umgeht sie an der Atlantik- oder Mittelmeerküste oder überquert sie auf einem der schön ausgebauten Pässe. Dabei, oder auch beim obligaten Besuch des Pyrenäenkleinstaates Andorra, ertönt freilich manches Oh und Ah hinter der Windschutzscheibe; denn die vorüberhuschenden Berge und Triften, die raschen Blicke von den Paßhöhen sind schön und eindrucksvoll. Bald aber sind diese flüchtigen Bilder hinter Saragossas Kirchen oder Madrids Museen wieder verblaßt und vergessen, und auf der Rückreise ist sowieso keine Zeit mehr zum Schauen. Mehr schon sieht, wer der französischen Seite entlang die großartige Pässefahrt vom Atlantik zum Mittelmeer oder umgekehrt macht. Diese Straße sucht ihresgleichen in den Alpen. Sie quert alle Wasser, die vom Hauptkamm nach Norden fließen, und windet sich über ein Dutzend Bergkämme dazwischen. Die meisten Täler und Pässe sind waldarm und bieten so ungehinderte Fernsichten.

Schon auf diesem Wege wird jeder Tourist wenigstens eine der berühmten Aussichtswarten kennenlernen, die den Pyrenäen nördlich vorgelagert sind. Am ehesten wohl den 2 877 m hohen Pic

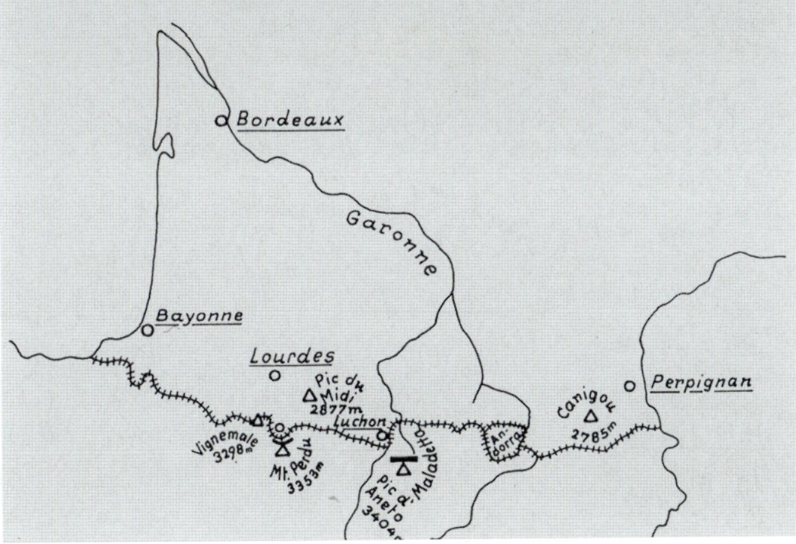

„Der Bergsteiger“ 31, 785-790 (1964).

Zum Anfang des Berichtes die schlichte Skizze des 44jährigen Berichterstatters

Originalwiedergabe des Berichtes, Seite 3, vom langen Weg zum Pic d'Aneto

und gingen – nicht gerade redselig – unser „Tagewerk" an. Das schöne Steiglein führte uns in der Dämmerung über steile Blockhänge an einem dunkelblauen See vorbei zum scharf eingeschnittenen Grenztor des Port de Venasque (2 488 m) hinauf. Die Sonne hatte an den vegetationslosen Graten in allen Schattierungen von Violett bis Orangerot gespielt. Nun gießt sie in der Scharte ihr erstes wärmendes Licht auf uns, und wir stehen gebannt vom plötzlichen Anblick der „Verfluchten". Hoch jenseits der tiefblauen Furche des hintersten Eseratales leuchtet ein breites Firnfeld zum Gipfel hinauf. Ein kleiner heller Würfel im Dunkeln drunten zeigt uns aber erst einmal ein Zwischenziel, die freundliche Hütte der Renclusa (2 133 m). Leider kann man nur scheinbar zu ihr hinüberspazieren. Es geht noch über 500 m hinunter, bevor wir wieder aufwärts kriechen müssen. Langsam werden die Sonne und der Durst in der trockenen Luft unangenehm. Wieder an einigen Wasserlachen vorbei steigen wir aber ohne Aufenthalt und unverdrossen über wüstes Blockwerk einem Felsgrat entgegen, hinter dem nun gewiß Gletscher und Gipfel gleich kommen müssen. Es ist bereits 3 Uhr nachmittags, da sitzen wir endlich dort – aber zum Aneto sind es immer noch 2 Stunden. Vom Grat müssen wir über lockere Blöcke zum Gletscher hinunter. Dann geht es auf dem festen Firn etwas schneller.

Ein paar Spanier mahnen uns dringend zur Umkehr – es sei viel zu spät. Sie haben ja recht, aber schließlich wollen wir unseren 12stündigen Marsch nicht umsonst gemacht haben. Übrigens waren es die einzigen Pyrenäisten, die uns damals begegnet sind. Meiner Frau erzählten sie, wie schwer es für einen Spanier sei, eine bergkundige Lebensgefährtin zu finden, denn die Spanierinnen sagten, sie seien doch keine Ziegen, daß sie im Gebirge herumkraxeln müßten. – Nun, wir überquerten schon die ersten kleinen Spältlein im Eis und machten eben noch Scherze dar-

Nordwand des Grand Vignemale aus dem Gaubetal — *Photo F. Schaller*

Lacaze Duthiers

• Am Südostfuß der Pyrenäen liegt in der letzten französischen Bucht vor der spanischen Grenze das Fischer- und Weinbauerndorf **Banyuls sur mer**, wo die Sorbonne ein großes marinbiologisches Institut (das Laboratoire Arago) unterhält. Dort habe ich schon 1950 unter der Leitung Buddenbrocks den ersten Kurs mit Mainzer Zoologiestudenten gemacht. Neben dem großen Gebäude, das auch ein gut bestücktes Aquarium beherbergt, sitzt dieser würdige Gelehrte Lacaze Duthiers, der zu den Pionieren der marinen Faunenkunde zählt.

KORSIKA

Mit Korsika verbindet Frankreich eine wunderliche Haßliebe. Schon 1557 hatten die Franzosen, die als mehr minder erwünschte „Befreier" von genuesischer Herrschaft gekommen waren, die Insel zum französischen Hoheitsgebiet erklärt, mußten aber schnell wieder abziehen. 200 Jahre später (1768) verpfändete Genua die aufsässige Insel wieder an Frankreich, ohne die Korsen auch nur zu fragen. Und 1790 hat sich das revolutionäre Gallien Korsika einfach als Departement angeschlossen. Seitdem ist das stolze Inselvolk nie ganz zur Ruhe gekommen, weil es sich nach wie vor für etwas Eigenes hält. Man spricht zwar vorwiegend italienisch, fühlt aber nicht so. Man hat nun zwar einen französischen Paß, aber das Herz schlägt nicht für die Trikolore. Umso kurioser ist der Treppenwitz der Geschichte, daß der „größte" Franzose der Neuzeit (die wir ja mit der „Entdeckung" Amerikas beginnen lassen) ein Korse und genauer genommen – d.h. der Herkunft nach – gar ein Genuese gewesen ist. Der Vater des großen Korsen Napoleon Buonaparte lief nämlich 1769 zu den Franzosen über – er war in Finanznöten – und sein Sohn machte dann in Revolutionszeiten seinen wohlbekannten Aufstieg zum Kaiser aller Franzosen und vieler weiterer Europäer, bis er vor Moskau stecken blieb, was ihm ja 150 Jahre später bekanntlich ein ähnlich „groß" Gewordener in einer analogen grotesk-traurigen Schmierentragödie nachgemacht hat.

Inschrift an Napoleons Geburtshaus in Ajaccio

•Reiterdenkmal des großen „Korsen" auf der **Prairie de la Rencontre** südlich von Grenoble, der Punkt, wo Napoleon im März 1815 nach der Flucht aus Elba auf seinem „triumphalen" Ritt gen Paris mit der von dort ausgesandten Truppe zusammentraf. Und diese Truppe war vom Anblick des großen – in Wahrhheit leiblich recht klein geratenen – Mannes so angetan, daß sie, statt ihn befehlsgemäß zu verhaften, umkehrte, um ihn im Triumph nach Paris und kurz danach von dort zum grandiosen Shut Down von Waterloo zu begleiten.

Reiterdenkmal bei Grenoble

DIE IBERISCHE HALBINSEL

Daß Spanien und Portugal auch einmal globale Mittelpunkte waren, spürt man dort auf Schritt und Tritt. Der sprichwörtliche Stolz unserer iberischen Miteuropäer ist wohlbegründet. Nur selten denken wir daran, daß viele Hundert Millionen Menschen Spanisch und Portugiesisch sprechen. In Madrid hat der weltimperiale Gestus Großartiges hinterlassen. Karl V sah dort bekanntlich in seinem Reich die Sonne weder auf- noch untergehen. Aber einen entlaufenen Mönch wie Martin Luther hat er doch nicht wieder einfangen können.

Ich komme in solchen Ländern schwer voran, weil man da an jeder Ecke im Geschichtsträchtigen hängenbleibt. Hier seien nur ein paar Schnappschüsse am Rande kommentiert, die auch das „Alternative" am iberischen Selbstbewußtsein sichtbar machen.

• In (der) **La Mancha** steht dieser hübsche schattenwerfende Schattenriß des berühmten Spaniers in der sommerdürren Landschaft. Die wehrhafte Burg im Hintergrund weist auf seine ritterliche Herkunft hin.

Don Quijote

• Im riesigen Felsendom unter dem gigantischen 130m hohen Steinkreuz vom **Valle de los Caidos** läßt General Franco noch posthum die Mordlustopfer jenes spanischen Bürgerkrieges bebeten, besingen, beweihräuchern und beweihwassern, der dann als europäischer und schließlich transkontinentaler Weltbürgerkrieg weiter- und ausgehen sollte. Wie die aktuelle Geschichte zeigt, kann ja von Zu-Ende-Gehen noch keine Rede sein.

Gedenkstätte des spanischen Bürgerkriegs

• Wer denkt gerne daran, wie weit es die „Mauren", die wir früher schlicht Mohren nannten, in Europa schon gebracht hatten? Ihre Spätnachfolger aus Iran und Irak, Türkei,

Alhambra, maurisches Stilgefühl in Reinkultur

Syrien, Ägypten und dem ganzen Maghreb werden aber nun das alte Ziel mit friedlichen Mitteln (billige Arbeitskraft, Produktivität der Lenden, Familiensinn und andere Tugenden mehr) doch noch erreichen. Schade nur, daß sie vielfach ebenso anfällig für die zunehmende Geschmacklosigkeit und Denkschwäche sind wie unsere sich dramatisch verdünnenden Nachwuchsgenerationen. Die Formkraft und Stilsicherheit, wie sie an der **Alhambra** über Granada bis heute sichtbar geblieben sind, werden sie als unsere „Erben" nicht mehr erreichen. Es wird wohl alles im Eintopf der „Weltkultur" enden.

Columbusdenkmal in Huelva

•Und weil sich dieser **exilierte Genuese**, der zu einem spanischen Vizekönig mutierte, um die Hälfte des Erdumfangs irrte, heißen die autochthonen Bürger der sogenannten Neuen Welt heute noch Indios oder Indianer.

•In Portugal hat mich dieses Monument am tiefsten berührt. Es steht am Tejo und zeigt den **Aufbruch Europas** unter Heinrich dem Seefahrer nach „Übersee". Keiner der Aufbrecher zeigt sich nachdenklich.

Heinrich der Seefahrer, Aufbruch Europas in Gottes Namen

In Wahrheit sind sie ja auch nur Einbrecher geworden.

• Diese nässe- und mäusesicheren **Maisstadel** geben den Dörfern von Asturien und Galizien einen unverwechselbaren Charakter. Heutzutage würde das Feuilleton unserer gehobenen Presse dem Architekten, der auf so eine „Formsprache" käme, gewiß einen eigenen Artikel widmen.

Maisstadel

• Bei Aveiro läßt langer Sonnenschein das Meerwasser in den künstlichen Lagunen leicht verdunsten, so daß eine ertragreiche **Salzproduktion** möglich ist.

Salzgewinnung

• Portugals Antlantikküste ist sehr windig und ernährt ihre Bauern nur kärglich. Umso malerischer ist deren Lebensstil geblieben, wie dieses Bild von **Cabo Razo** zeigt.

An der Atlantikküste

ENGLAND UND SCHOTTLAND

Der Herbst 1964 sah uns zusammen mit dem Ehepaar Bückmann in England und Schottland. Wir wanderten auf den Snowdon (3560 ft) und Ben Nevis (4406 ft), womit auch Großbritanniens Gipfelpunkt „absolviert" war. Die eiszeitgeformten, waldlosen Gipfelfluren jenseits des Hadrianwalls gehören mit zu den Landschaften, die meinen Kopf am intensivsten bewegen.

Rast in den Trossachs

• Hier sitzen die Bückmanns in den **Trossachs** beim Nachmittagskaffee vor unserem VW-Bus.

Schlachtfeld von Hastings

• Die nächsten zwei Bilder repräsentieren historische Affären von sehr verschiedener Bedeutung für Großbritanniens Geschichte. Auf dem **Schlachtfeld von Hastings** (genauer von Senlac bei Battle) kamen mit den Normannen endlich die „richtigen", d. h. dauerhaften Herren von Britannien ans Licht, angeführt von Wilhelm, der schlicht „der Eroberer" genannt zu werden pflegt. Zuvor hatten nach Caesar (55 v. Chr.) und dem Abzug der Römer (412) erst die Sachsen (die 445 als Schutz gegen die frechen Pikten und Skoten=Schotten gerufen worden waren), regiert, ehe sich 1013 noch die Dänen sehr ungemütlich breit machten. Nach alledem war dieser Wilhelm durchaus der richtige. Seit ihm hat kein Fremder mehr als Eroberer Britanniens heiligen Boden betreten, nicht einmal solche Räuberhauptmänner wie Napoleon oder Hitler.

Am zweiten Ort steht in idyllischer Fjordlandschaft ein Leuchtturm dort, wo 1745 der liebe Prinz Karl Stuart = Bonnie Prince Charlie gelandet ist, um nochmals zu versuchen (bei Culloden), „seinen" Thron zurückzugewinnen. Aber er war sichtlich nur ein Spätaufguß seines großen Geschlechts, und so begann er hier in **Glenfinnan** seine Laufbahn als harmloser Liebhaber guten Whiskys und schöner Frauen. Schottlands Geschichte hat ja auch ohne ihn genug Heldenfiguren aufzuweisen.

Glenfinnan, wo Bonnie Prince Charlie noch hoffnungsvoll seine Fahne auf „seinem" schottischen Boden gehißt hat

Greenwich

•Wenn es eine Stelle gibt, wo Albions Weltbedeutung augenfällig, ja handgreiflich wird, dann ist es das idyllische Dörfchen **Greenwich** im Osten Londons, wo seit Charles II die „Welt"-Zeitmessung erfolgt. Hier läuft vor seinem Observatorium der Null-Meridian durch, und jeder, der vorbeikommt, läßt sich, zumindest beim ersten Mal, darauf oder daneben photografieren.

•Für Englands martialische Geschichte liefert dieses zweiteilige Riesengeschütz im **Tower** das passende Symbol.

Im Tower von London

•So kitschig farbenfroh und symbolträchtig ist kaum eine andere Brücke in der Welt wie die **Tower Bridge** in London.

•Das **Stadtbild Londons**, das ja nie ein Großer geformt hat, lebt vom Wechsel der Blickpunkte. Nicht einmal die Themse gibt ihm eine Achse. Da war es logisch, daß der spaßige Spätgeist des 20. Jahrhunderts die Lösung des perspektivischen Problems in Form eines Zentralauges fand. Und daß die Londoner dazu eine Anleihe im Wiener Prater machten, ehrt uns schon, meine ich (diesmal als Wiener).

Links: Detail der Tower Bridge

rechts: Riesenrad als Auge Londons

Prinz Albert

• Der vergoldete **Prinz Albert** vor der Albert Hall in London ist ein Symbol großer über den Tod hinaus gehender Gattenliebe. Die pummelige Queen Victoria, die einem halben Jahrhundert den Namen gab, hat seinen Tod restzeitlebens nicht verwunden, eher eine unbritische Attitüde; Britannien war ja sonst seinen Bundesgenossen selten treu. Aber den Coburger Prinzgemahl verehren sie in England bis heute. Die Coburger sind ja auch ein eher harmloses Geschlecht (siehe dazu S. 78).

Denkmal für Sherlock Holmes

• Wenige literarische Schöpfungen haben ein derart zerebral-vitales Eigenleben angenommen wie der **Meisterdetektiv** Sherlock Holmes aus der Feder Sir A. C. Doyle's. In Londons Baker Street Nr. 226B war und ist er auch noch immer museal lebendig. Am Eingang der Baker Station daneben steht er sogar als lebensgroße Bronzefigur. Ins nahebei gelegene Wachsfigurenkabinett der Madame Tussaud hat er's aber nicht gebracht. Dazu ist er doch zu virtuell und zu wenig quoten- bzw. skandalträchtig (wie etwa Adolf Hitler oder Franz Beckenbauer). Den unentbehrlichen Dr. Watson hat man leider neben ihm vergessen.

• Dieses futuristische Gebilde in der Themse unterhalb Londons ist als Kunstwerk von wahrhaft seherischer Qualität. Es ist eine hochtechnische Vorkehrung gegen die auflaufende **Flut** der Nordsee, die kommen wird, wenn uns das Eis an und um Nord- und Südpol, in Grönland und auf den Gebirgen weiter wegschmilzt. Die ersten Flutungen werden sich hier durch Knopfdruck abfangen lassen. Dann wird es in irgendeiner Sturmnacht zur großen „Mannstränke" kommen, wie „wir" ja schon im Mittelalter an der deutschen Nordseeküste eine hatten. Viele Populationszentren in aller Welt werden geflutet werden. Da gehören neben London nicht wenige „Weltstädte" dazu.

Futuristische Gebilde zur Flutbekämpfung

•Daß die alten Römer an und über Rhein und Donau kamen, ist noch verständlich. Aber daß sie über den Ärmelkanal setzten, um auch noch Britannien ihrem Imperium zuzuschlagen, das löst Respekt vor der Kraft ihres gewalttätigen zivilisatorischen Ausdehnungs- und Ordnungsdrangs aus. Umso bemerkenswerter finde ich es, daß dieses gewaltige Reich vor dem relativ bescheidenen Barbarenrest der Pikten im Norden, deren Areal wir heute noch Schottland nennen und respektvoll von Britannien absetzen, offensichtlich Angst hatte, wie die zwei Grenz-Wälle bzw. -Mauern, die dort noch immer gut sichtbar quer über die Insel ziehen, anschaulich verraten. Dem festgemauerten **Hadrianswall** zwischen Newcastle und Carlisle (also zwischender Tyne-Mündung und dem Solway Firth) haben die Besatzer um 140 n. Chr. herum (unter Kaiser Antonius „Pius") noch den Erdwall zwischen dem Firth of Forth und dem Firth of Clyde vorgeschoben mit einem großen Legionslager bei Stirling dazu, was immerhin einige Jahrzehnte lang seine guten Dienste im Sinne der Pax Romana getan hat, ehe diese wohlgemeinte romano-diktatorische Ordnungsvorstellung in neuen Völkerbewegungen unterging. Wenn man den schönen Hadrianswall entlangwandert und ein wenig gebildet ist, kommen einem krause Gedanken bezüglich heutiger Pazifikationen im Kaukasus, in Mesopotamien oder im Heiligen Land. Und unsere derzeitige Pax Americana erinnert fatal an jene gloriose Epoche der Pax Romana.

Hadrianswall

Basalthöhle von Staffa

•In romantischer Zeit war es Mode, solche nordische Kultstätten zu bereisen und zu besingen. Mendelsohns Hebriden-Ouverture hat sich bis heute als lockendes Klanggemälde gehalten. Das Kloster von **Staffa** und die Basalthöhle dazu machen eine Inselreise um Schottland noch immer zum Erlebnis, vor allem in Kombination mit einem Besuch auf den Orkney-Inseln, wo das sogenannte 2. Deutsche Reich seine witzlos gewordene nautische Wehr sang- und klanglos auf Grund setzte.

•Auch der Norden Europas hat eine lange Vorgeschichte. Über der Steilküste der Orkney-Insel Pomona ist hier eine **späteiszeitliche Wohnanlage** zum Vorschein gekommen (Skara Brae), die klar zeigt, wie komfortabel man schon damals (vor 3000 Jahren) auch im Hohen Norden Europas zu wohnen verstand. Schade, daß wir den „Zeitgeist" dieser Steinbaumeister nicht kennen.

Skara Brae (1983)

IRLAND

Wie bei den „Vereinigten Staaten von Amerika", wo sich nicht einmal mit dem Zusatz Nord- der reale Umfang des Staatsgebildes von seinem nominellen Anspruch abgrenzen läßt, verhält es sich mit dem Staatsbegriff „Großbritannien" (von dem wir gerne im schlampigen Gebrauch des Namens England vergessen, daß er der völkerrechtlich offizielle ist). England, Wales, Schottland, Irland und allerlei Inseln drumherum sind eigentlich in dieser Staatsbezeichnung zusammengedacht. Aber so wie bei den USA ist es letztlich auch den britischen Staatsdenkern nicht gelungen, ihre Großidee rein zu realisieren. So ist es den Briten passiert, daß die Iren ihre Insel für sich behalten haben. Leider halt nicht ganz.

Hätte die irische Republik im Bündnis mit den „Achsenmächten" den 2. Weltkrieg gewonnen, wäre durchaus denkbar gewesen, daß man die „Protestanten" Nordirlands „repatriiert" hätte, wie später die Schlesier aus Polen.

So aber geht „die Geschichte" weiter. Die Iren in Amerika haben ja ein besseres Gedächtnis als die Schlesier oder Sudeten-„Deutschen" in ihrer Bundesrepublik.

•Bei unserem Besuch in Irland 1974 kümmerten wir uns nicht um solche ephemeren Aspekte, sondern wir suchten uns jene physiographischen und kulturgeschichtlichen Punkte zusammen, die das Gesamtbild Irlands ergeben sollten. Dazu gehörten einerseits der Gipfel Carrantuohill (3414 ft.) im Süden und das einmalige **Basaltpflaster** des Giant's Causway im Norden. Lustig war's, wie wir und unser ladegeräumiger VW-Bus extrem mißtrauisch beäugt und revidiert über die Grenze gelotst wurden. Damals „bumste" es dort nämlich noch oft und laut. Umso genußreicher für uns waren die einsamen Besuche droben wie drunten.

Wen stört hier am zeitlosen Giants Causeway der Gedanke an das ephemere mörderische Dilemma eines verfehlten ethnischen (nicht theologischen!) Invasionsproblems in Nordirland?

Giants Causeway

•Nur 1041m ist der Carrantuohill hoch. Aber die lange einsame Wanderung zu seinem felsigen Gipfel hinauf zählt zu den erinnerungsstärksten unserer Berglaufbahn. Die Ginsterhecken leuchteten. Und nur ein Schneehuhn störte die absolute Frühlingsstille.

Auf dem Höchsten Irlands: Carrantuohill, 6.4.1974

•Das scheingewölbte frühchristliche **Gallarus-Oratorium** von der Halbinsel Dingle am Westende Irlands versinnbildlicht gälische (keltische) Frömmigkeit, sollte aber im Vergleich mit der Symbolik der Riesenkanone im Londoner Tower auch nicht mißverstanden werden als kontrastierendes Sinnbild irischer Friedfertigkeit. Die Iren haben halt gegen die Nordmänner aus England den Kürzeren gezogen und können diese bis heute nicht mehr los werden. Natürlich wär's „gescheiter", wenn das die IRA nun im 3. Jahrtausend christlicher Zeitrechnung endlich einsähe und vor den „Protestanten" die Waffen streckte. Wer aber, der – noch dazu in seinem „eigenen" Land – frei herumläuft, täte das schon?

Frühchristlicher Bau, Halbinsel Dingle

DAS NÖRDLICHE EUROPA

Wenn es erlaubt ist, die Brut- und Schwarmländer der Nordmänner, die sich Wikinger nannten, von England bis Island und von Jütland bis zum Nordkap zusammenzufassen, so ergibt das ein Gegenbild zum Mediterranen, woraus die ganze Spannung des Begriffs „Europa" sichtbar wird. In einem freilich verdeutlicht es auch die gemeinsame Wesensart des europäischen Rassenkreises: Im unstillbaren Drang nach dem Neuen und Fremden, der bei den Nordmännern zeitweise bis zur Neomanie ausartete, gepaart mit großartigem technischen Können und nautischem Wissen (analog dem etwa gleichzeitigen Expansionsdrang der Polynesier im Pazifik, deren Aggressionspotenzen aber durch die Weite des Raums verdünnt worden sind).

Wir haben diese „nordischen" Länder und Inseln mehrfach mit dem Auto bereist, das erste Mal im VW-Käfer von H. Sturm auf einer noch sehr einsamen Fahrt durch die Berge von Jotunheimen und zum Kebnekaise in Lappland (1959). Die unvergeßlichsten Fahrten führten dann nach Island (1963 und 1969). Ich stehe nicht an zu behaupten, daß diese Insel mit ihren wüsten Landschaftsformen und literarischen Auswürfen das Urwüchsigste ist, was Europa zu bieten hat. Da mögen Britannien und Schottland, Dänemark und Schweden noch so reich sein an europäischem Gedanken- und Kulturgut und in der Formenfülle ihrer Küsten- und Berglandschaften, an die nackte Kraft des Isländischen kommt nichts heran.

•Die **„Steinzeit"** hat in Skandinavien nachgewirkt bis in die Neuzeit. Große Bildhauer haben überall ihre Werke hinterlassen, angefangen mit den Runensteinen aus der Wikingerzeit (wie der hier in Anundshögen bei Västeras vor dem großen Hünengrab), über Thorwaldsens großartige Hinterlassenschaften in Kopenhagen zu Gustav Vigelands Skulpturensammlung in Oslo, zum Friedensbrunnen in Narvik, wo es soviele Opfer auf englischer und deutscher Seite gab, oder zum finnischen Denkmal für die Gefallenen vom Dezember 1939, wo die Russen unverständlicherweise den Patriotismus des kleinen Volkes weit unterschätzten. Dazu noch die Metallfiguren des dramatisch bewegten Wal-Harpuniers am Sandefjord und des großen finnischen Laufidols Nurmi vom Olympiastadion in Helsinki.

•Für den deutschen Nordland-Fahrer beginnt dieses mit **Dänemark**, und er vergißt gern, daß das ferne eisige Grönland lange auch dazugehört hat. Tiefblicke bietet das südlichste der Wikingerländer wenige. Aber die Möneklippen (Møns Klint) geben den Kreidefelsen von Rügen in nichts nach. Und der Gipfel des Dänenlandes, der sich stolz Himmelbjerget nennt, wird von einem ordentlich großen Backsteinturm überhöht, so daß er eine lohnende Rundsicht bietet.

Nächste Seite: Die Kreideklippen auf der Insel Mön.

Runenstein aus der Wikingerzeit

Denkmal für Finnlands Soldaten, die gegen Stalins Einfall kämpften

Wal-Denkmal am Sandefjord

Kreideklippen, Insel Mön

NORWEGEN, SCHWEDEN, FINNLAND

•In Oslo hat **Gustav Vigeland** das nordische Körpergefühl seines Volkes in vielen klassischen Figuren festgehalten. Die Nordmänner waren ja Jahrhunderte lang von den Zwängen eines weithin unwirtlichen Landes geprägt, das seine Bewohner auf's Meer trieb und in den langen Wintern lichthungrig machte. Heute leben die Nachfahren weniger hart und selbstbewußt im weichen Wohlstand des Nordseeöls.

Skulptur von Gustav Vigeland

•Unsere erste Skandinavienfahrt hat uns 1959 im VW-Käfer Helmut Sturms weit nach **Lappland** hinaufgeführt. Natürlich „mußten" wir dabei in Jotunheimen den Galdhöpiggen und in Lappland den Kebnekaise „mitnehmen"; unvergeßliche Mittsommernachtswanderungen! Auch ein 5-tägiges Stück des berühmten Kungsleden sind wir mit schwer beladenen Rucksäcken und schwach gefüllten Mägen (was bezeichnenderweise Brunhilde mit ihrer weiblichen Konstitution am besten verkraftete) marschiert, allein, wie damals überall noch, wo heute sich die „Trekking"-Herden drängen. Hier quert Brunhilde auf schwindelndem Hängesteg einen schäumenden Bergbach.

Hängebrücke am Kungsleden

Links: Schlafplatz vor Narvik

In Schweden fuhr man 1959 noch links. Grenzübergang nach Finnland

•Das sind noch pionierhafte Zeiten gewesen, als ein Hocker schon Luxus war und mit dem teuren Brennstoff Esbit gespart werden mußte. Umso schöner war es nahezu allein auf den langen Schotterstraßen nach Lappland (1959).

Einfache Unterkunft

Links: am Wasserfall von Tvinne

rechts: Lappenzelt

• Später war das Zelt schon größer (unter dem schönen Wasserfall von **Tvinne**, 1967), aber doch nicht so geräumig wie das Lappenzelt im Samland am Polarkreis.

• Wer kennt schon die finnischen **Koliberge**, eispolierte Aussichtswarten über den endlosen Wäldern und Wässern Mittelfinnlands. Sie lassen den Schauenden vergessen, daß er nur einer von vielen ist.

Die wundervolle Stille der Koli-Berge in Finnland

Rast am Kungsleden (mit H. Sturm und Brunhilde am 11.8.1959)

ISLAND

Der Mittelatlantische Rücken, der bekanntlich einen riesigen Gebirgszug längs des Atlantik darstellt, zieht genau durch Island und erhebt sich dort über die Meeresoberfläche. Da steigt Magma (Basaltlava) auf und bildet erkaltend schöne Formationen. Und da sich dieser Rücken in Island genau mit einem Querrücken kreuzt, der von Grönland nach Schottland herüber zieht, kommt es zu vielerlei Vulkanismen.

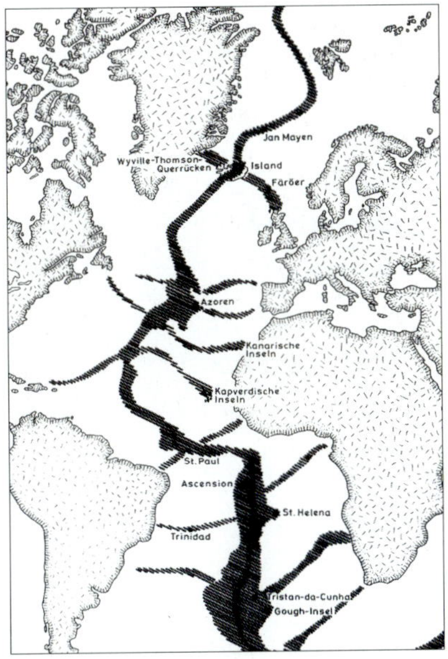

Skizze des Atlantischen Rückens

Aus: Schutzbachs Islandbuch (Dümmler-Verlag 1976)

• Die Interaktionen zwischen **Feuer und Eis** machen Island zum faszinierendsten Naturlebensraum Europas, der noch dazu von Pflanzen, Tieren und Menschen großer Eigenart besiedelt ist. Wer sich und seine „Welt" als etwas aus sich werdendes und in sich vergehendes begreift, ist von Island fasziniert. Zwei unserer schönsten Fahrten in Europa führten uns 1976 und 1979 nach Island. Bei der zweiten war auch Wolfgang mit seinem Zeltchen dabei. Dieses tat gute Dienste bei unserer nächtlichen Ersteigung des Hvannadalshnukur im Vatnajökull (Oraefajökull).

Die Faszination Islands

•Die Isländer, die uns mit ihrer wüsten Literatur so nahe kommen, leben schon längst nicht mehr unter **Grassodendächern**, sondern in „richtigen" Häusern mit Heißwasserleitungen aus dem schwankenden Untergrund.

Traditionelles Grasdach-Haus

•Die schönsten Bilder haben wir aus Island mitgebracht: Wasserfälle, einer schöner als der andere; hier der **Svartifoss**, dort der mächtige Dettifoss; Vegetationsbilder in origineller Geometrie; Begegnungen mit einer reichen Vogelwelt: mit den Dreizehenmöven als Gesimsbrütern und mit den neugierigen Papageientauchern; das Wort Geysir ist ja ein altisländischer Begriff.

Der Svartifoss

•Die menschenfernsten **Schlafplätze** unserer auf Humandistanz bedachten Wegesuche fanden wir in Island: wie hier am Liosavatn, den im Sommer ein unfriedlich Artgenossendistanz wahrendes Schwanenpaar bewohnt.

•Wer **Geysir** sagt, denkt auch an Island. In diesem Begriff erreicht das rein Physikalische den Charakter des exakt und kunstvoll repetitiv beherrschten Bewegungsakts. Und kein nach Applaus heischender Artist reißt den langzeitnachdenklichen Beschauer aus seiner Versunkenheit.

•Und zum Schluß noch ein typisch isländisches Dokument für prae- und postmodernen Aktionismus in der Natur: Das Schüttbild aus Riesenhand auf dem Basaltpudding **Budaklettur**. Noch hat's die globale Kunsttheorie nicht entdeckt. Nur Geologie und Botanik machen sich ihren banausischen Aufklärungsreim drauf.

Schlafplatz mit dem besonderen Erholungswert der Menschenferne

Geysir

Trio über dem Dettifoss

Wo Hermann Nitsch viele Eimer wasserfester Tinte gebraucht hätte, machen es die Flechten kunst- und kostenfrei

TSCHECHIEN

Auf der Fahrt von Wien nach Prag kommt man durch viele Städtchen, die ihren österreichischen Charakter auch über die Habsburger Zeit hinaus erhalten haben. Das gilt vor allem für das Land um Iglau. Das Städtchen Teltsch diene hier als Beispiel dafür, dessen Marktplatz ebenso gut an der Thaya oder am Inn liegen könnte.

Marktplatz von Teltsch

•Nahe Prag zeigt die alte Silberbergbau-Metropole Kuttenberg ein ähnlich geschlossenes Stadtbild, das in der großartig gewölbten **spätgotischen Barbarakirche** kulminiert, die die großbürgerlich wohldrapierte Skulptur der Hl. Barbara, der Patronin der Bergleute, beherbergt.

Skulptur der Hl. Barbara, Patronin der Bergleute in Kuttenberg

rechts: spätgotisches Gewölbe der Barbarakirche

•Auf dem **Hradschin** über Prag wechselten sich aus genealogischen und dynastischen Gründen diverse europäische Herrengeschlechter ab, die Premisliden, Luxemburger, Polen, Habsburger. Lange Zeit dominierte wirtschaftlich und kulturell das deutsche Element, das unter Habsburg zum österreichischen mutierte. Allerdings begann nach 1861 ein unaufhaltsamer ethnischer und sprachlicher Abstieg der deutschen Population, die schließlich 1918 und 1945 ihr definitives Ende fand. Stadtstilistisch freilich hat Prag mit Bamberg, Meißen oder Limburg so viel gemein, daß es seine bürgerliche Herkunft nicht verleugnen kann. Und sein Alltagslebensstil mit der ortsspezifischen Küche macht Prag zum „Muß" des europäischen Bildungsbeflissenen.

Blick von der Karlsbrücke zum St. Veitsdom

Prag, das jahrhundertelang eine mitteleuropäische Metropole mit der ältesten deutschen Universität war, war in meiner Schulzeit die Hauptstadt des Doppelkleinstaates Tschechoslowakei, dann eines „Protektorats" des sogenannten Großdeutschen Reiches, dann des ethnisch zwar von seinen deutschen (korrekter österreichischen) Staatsbürgern, nicht aber von seinen anderen „Minderheiten" gesäuberten wiedererstandenen Doppelkleinstaats, bis es schließlich derzeit Hauptstadt des einigermaßen „reinen" Tschechenstaates geworden ist.

Grabsteinwald des Prager Judenfriedhofs

•Ein Volks- und Kultur-„Element" Prags, dem die Literatur deutscher Zunge Erstaunliches verdankt, fiel dabei einer „Säuberung" zum Opfer, die im gespenstischen Grabsteinwald des **Prager Judenfriedhofs** bewegender als in jedem denkbaren Holocaustmal zeitlos symbolisiert erscheint.

POLEN

1977 war es noch das reinste Vergnügen, durch Polen zu kurven. Die schmalen Landstraßen waren von reizvollen Birkenalleen gesäumt, es gab kaum Gegenverkehr, und die Nächte irgendwo am Waldrand waren göttlich still. Der Ruf des Käuzchens klang wie vom Heimatfilmregisseur bestellt.

• Tannenberg war für mich bis 1945 der symbolische Name für die **Ostfront** des 1. Weltkriegs, wo das Deutsche Reich 1914 wenigstens einen seiner Gegner „ordentlich" besiegen konnte. Daß dort schon 1410 die Deutschen Ordensritter von den Polen und Litauern „in die Pfanne gehauen" worden waren, habe ich gewiß in der Schule gehört, aber nicht gelernt. Ich kannte ja als Gymnasiast auch das unförmige Tannenbergdenkmal von 1927, in dem die Nazis später den Sarkophag des Reichsmarschalls v. Hindenburg, also des Siegers von 1914, deponiert hatten, ehe sie ihn vor der unfreiwilligen Sprengung 1945 nach Westen retten mußten.

Als wir 1977 mit unserem VW-Bus nach Polen kamen, fanden wir ein ganz anderes Denkmal im masurischen Tannenberg. Es erinnert daran, daß hier nicht nur der Deutsche Orden, sondern die ganze germanisch-deutsche Ostbewegung schon vor 600 Jahren ihr Ende fand, sofern man nicht die Wikinger um Novgorod, deren Kinder zu Russen [also Rot(haarig)en] mutierten, diesem Prozeß zurechnet.

Denkmal im masurischen Tannenberg

• **Heilsberg** ist eine der Backsteinburgen aus der Zeit des Deutschen Ordens, die bis heute zeigen, welche politisch-militärische, missionarische und ökonomische Kraft anfangs in der Ostbewegung des deutschen Adels und Bürgertums steckte.

Heilsberg, eine der mächtigen Backsteinburgen aus der Zeit des Deutschen Ordens

Aber mangels entsprechender populationsdynamischer Potenz mußte die „Landnahme“ schiefgehen. So betrachtet unterscheidet sich die Populationsbiologie des Homo sapiens kaum von der anderer Organismen: Sie wird definitiv nicht auf den Schlachtfeldern, sondern in den Betten entschieden.

UNGARN

Herrn Antal Festetics, der damals noch „mein“ Assistent war, verdanke ich zwei schöne Besuche in der Hortobagy-Pußta (1968 und 1969), also dort, wo sich Ungarns Hirten- und Reiterleben noch am ehesten in seiner Eigenart erhalten hat.

•Für einen Mitteleuropäer ist schon die Gesellschaftsstruktur und Nomenklatur der **madjarischen Hirten** ein Kuriosum. Pferde-, Rinder-, Schaf- und Schweinehirt sind nicht Hirten für zoologisch verschiedene Herden, sondern jeder von ihnen repräsentiert einen eigenen Berufsstand, wobei die Pferdehirten die Oberklasse sind. Stolz haben sie uns ihre Reitkünste und erstaunliche Dressurszenen vorgeführt. Dann haben sie uns sogar das Schauspiel einer kämpferischen Begegnung zweier Steppenstiere geboten. Die prachtvollen Burschen warfen viel Staub auf,

In der Hortobagy-Pußta 1968

Kämpferische Begegnung zweier Steppenstiere

ehe sie sich kraftvoll die Stirn boten. Daneben drängten sich die schraubenhörnigen Zackelschafe im Schatten zusammen und ein Storch mit seiner Brut beäugte uns aufmerksam von seinem luftigen Reisigbalkon.

Bei einer späteren Fahrt durch Ungarn (1973) fanden wir Zeit für den höchsten Punkt Ungarns, den Kekes (1015m), der ohne Turm keine Aussicht böte.

Hortobagy 1969 (mit Frau Festetics, rechts)

Die Kunst des Schafemelkens

•Obgleich ich auf dem Lande aufwuchs und im Frankenjura auch Schäfer und **Schafherden** sah, erlebte ich das Schauspiel des Schafemelkens nie. Erst in der Hortobagy-Pußta sah ich mit Staunen zu, wie eifrig sich die Schafmütter dazu drängten und wie schnell der Eimer sich füllte mit jeweils nur wenigen gefühlvollen Strichen.

•In **Budapest** merkt man schnell, was für ein selbstbewußtes Volk die Ungarn trotz aller Pleiten seit ihrem Nagy = Großen Lajos (Ludwig I, 1342-1382) geblieben sind. Überall erinnern Monumente und Namenstafeln an eine Vergangenheit, die beispielhaft dafür ist, daß die machtpolitische Effizienz einer Menschenpopulation nicht identisch sein muß mit ihrer physischen Quantität. Dieses kleine Reitervolk kam bekanntlich aus Asien unter dem Fürsten Arpad um 900 n.Chr. herum ins Donaubecken zwischen Donau und Theiß, also in eine Gegend, in der zuvor die Hunnen und Gepiden übel gehaust hatten, und trieb es zunächst selber wie jene weiter mit Raubzügen bis Frankreich und Spanien. Dann zeigte ihnen Otto I auf dem Lechfeld, daß sich Europa solches Treiben nicht mehr bieten ließ, und im Gegensatz zu manchen anderen solchen streifenden Hordenmenschen finden die Ungarn reibungslos den Übergang zur „seßhaften" Lebensform der „Zivilisierten", kommen mit Stephan I dem Heiligen bereits 1001 zu einer päpstlich gesegneten Krone und mischen dann tüchtig in „christlicher" Machtpolitik mit, bis sie zwischen die Osmanen und die Habsburger geraten und schließlich bei letzteren landen. Heute sind sie von allen Machtträumen geheilt und warten brav auf Euro und Globalisierung. Ungarn ist ein vorbildliches Gastland geworden. Sogar die **Zigeuner** haben es dort als Musikanten gut.

Zigeunermusikanten

Heldendenkmal in Eger (Erlau)

•Dieses Standbild in Eger = Erlau (wo der gute Wein wächst) erinnert an die wirklich heldenhafte Verteidigung der Burg gegen mehr als 100.000 Türken durch nur 2.000 Ungarn unter Istvan Dobo.

•Vor der Krönungskirche der ungarischen Könige (St. Matthias) steht auf dem Budapester Burgberg dieses repräsentative **Reitermonument des Stephan I** des Heiligen (1001-1038). Er war der erste einer stolzen Reihe.

Reitermonument von Stephan I, dem Heiligen, (1001-1038)

BULGARIEN

1969 sind wir auf der Fahrt nach Griechenland durch Bulgarien gekommen und haben hier Auto und Zelt (für zwei Kinder) im Hügelland vor Sofia zwischen große Königskerzen gestellt. Damals war so ein Unternehmen im Campingbus noch eine einsam schöne Bildungsreise.

Im Hügelland vor Sofia

Sowjetdenkmal am Stadtrand von Sofia

•Solche russische **„Befreiungsdenkmäler“** findet man auch in Ländern, die – wie Bulgarien – zuvor mit den Feinden der Sowjetunion im Bunde waren. Es ist keines darunter, das einen Schimmer von sogenannter moderner Kunst an sich hätte. Auch auf dem Gebiet waren die Differenzen in der Selbstdarstellung zwischen internationalem und nationalem Imperialsozialismus nicht groß. Vom letzteren sind uns zum Glück nur italienische und spanische Ausgaben geblieben.

•Den Bulgaren ging's in der **Geschichte** ähnlich wie den Ungarn. Ihr altbulgarisches Reich, das jeweils von einem Chan regiert wurde, reichte vom Dnjestr bis zur Theiß und von den Karpaten bis zum Balkangebirge. Dann gerieten sie erst unter die byzantinische und schließlich unter die türkische Knute, nicht ohne dazwischen unter ihren nun Zaren genannten Herrschern zeitweise auch Großmacht zu spielen, wobei das Großbulgarische Reich an drei Binnenmeere grenzte: Schwarzes, Ägäisches und Adriatisches. Die Türken aber blieben dann 500 Jahre lang im Land. Erst 1877 befreite Rußland sein „kleines Brudervolk“, das schließlich 1908 unter dem Coburger Prinz Ferdinand endgültig ganz unabhängig wurde. Allerdings schrumpfte dann das einst gewaltige Hoheitsgebiet Bulgariens im Balkankrieg und nach dem ersten Weltkrieg auf den heutigen bescheidenen, aber ethnisch „sauberen“ Rest zusammen. Als Zentrum einer eigenen orthodoxen Kirche hat Bulgarien aber weiterhin überregionale Bedeutung. Das zeigt sich augenfällig am gewaltigen Bau der Alexander Nevski-Gedächtniskirche mit ihren vergoldeten Kuppeln.

Daneben wirken die protzigen Häuser der Partei mit dem typischen Turm aus der Stalinzeit darüber eher „unbulgarisch“.

Links: Alexander Nevski-Gedächtniskirche

rechts: Parteizentrale mit Turm

•**Georgi Dimitrov** liegt hinter diesen Pilastern (nächste Seite) ebenso (d.h. vom gleichen sowjetischen Professor Zbarskij) einbalsamiert wie sein unsterbliches Idol Lenin. Der bulgarische Kommunist und spätere Ministerpräsident von Stalins Gnaden starb 1949 in Moskau, und dieses Mausoleum in Sofia wurde für ihn in der Rekordzeit von 6 Tagen und Nächten errichtet. Wer solchen Aufwand für die „Ewigkeit“ von Gizeh über Xian, Teotihuacan, Angkor Wat, Mount Rushmore bis

Dimitrovs Mausoleum in Sofia

heute sieht, erkennt auch, daß er nicht nur für Despoten, sondern allzeitmenschlich typisch ist, sogar in anscheinend rationalen Sozialsystemen wie dem dialektisch-rationalen (Diamat-) Kommunismus, in dem es doch nach Marxens reiner Lehre keine schön balsamierten Mumien mehr hätte geben dürfen.

•Die bedeutendste Sehenswürdigkeit Bulgariens ist das **Rila-Kloster** im Herzen des gleichnamigen Gebirgsmassivs südlich von Sofia. „Natürlich" mußten wir bei unserem ersten Besuch auch dorthin, nicht zuletzt, weil sich nahebei der höchste Berg des Balkans erhebt, der fast 3000m hohe Mussala.

Rila-Kloster im gleichnamigen Gebirge

Das Kloster geht auf einen Einsiedler zurück und ist inzwischen alles andere als eine Einsiedelei. Nach jedem Brand ist es größer und prächtiger wiederaufgebaut worden, das letzte Mal nach 1833.

•Buchstäblicher Höhepunkt eines Bulgarienbesuchs ist der einsame Mussala-Gipfel im **Rilagebirge** (2925m). Die Wanderung hinauf, vorbei an tiefblauen Karseen aus der Eiszeit, bietet dem nachdenklichen Wanderer viel Stoff für Gedanken über die formenreiche Oberflächengestaltung von Gottes sinnloser Welt (=Erde) und über das kuriose Getriebe der Menschen darauf, die als empfindsam wissende Wesen den einzig einsehbaren Grund fürs Ganze liefern. Wer sonst denn hätte was davon?

Mussala, der Höchste im Balkan, 4. 7. 1969

RUMÄNIEN

Auch Rumänien ist eine sprachliche Hinterlassenschaft Roms. Die Daker und Geten, die in den Auen und Waldbergen der Unteren Donau und der Karpaten hausten, nahmen erst ab 109 n.Chr. historische Gestalt an, nachdem sie von Trajan in zwei Feldzügen ans römische Imperium angeschlossen worden waren. Die Provinz Dacia wurde trotz ihrer Abgelegenheit nicht weniger erfolgreich „romanisiert" als Frankreich, so daß die Leute auch dort heute noch einen nachrömischen Dialekt sprechen und schreiben, obwohl dann von 271 n.Chr. an Goten, Hunnen, Bulgaren, Awaren, Ungarn, Türken u.a. darüber hinweggezogen und darin „gehaust" haben. Die Ungarn holten sich übrigens den Deutschen Ritterorden ins Land, und bis Hitler blieb Siebenbürgen faktisch deutsches Siedlungs- und Kulturgebiet.

• Wie alle Völker träumen auch die Rumänen ihren Großflächen-Traum, und den konnten sie nach 1918 sogar realisieren (im Karpatenbogen gegen die Ungarn, jenseits des Prut gegen die Russen). Seitdem freilich scheitern sie beim Streben nach angemessener „Weltgeltung" weniger an ihren ebenso schwachen Nachbarn als vielmehr am mangelhaften Selbstdarstellungsvermögen.

Rumänien 1973 Adamclisi: Tropaeum Traiani, ein Völkerschlacht-Denkmal aus „klassischer Zeit"

Das riesige **Tropaeum Traiani** von Adamclisi in der Dobrudscha erinnert noch heute an die Überwältigung durch Rom, der das Land bis heute nicht nur seinen Namen, sondern auch seinen durchs Christentum verstärkten europäischen Charakter verdankt.

Manistiri (Kloster) Moldovitsa

• Wenn man mich fragte, warum man in seinem Weltbild auch Rumänien braucht, dann würde ich ohne viel Nachdenken seine **Klöster** nennen. In der Moldau und in der Bukovina erreichen sie ihren stilistischen Höhepunkt als wehrhaft umfriedete Baukomplexe, die in einer für den wirklich Frommen optimal dimensionierten Kirche zentriert sind, an deren Außenflächen die Gestalt- und Farbphantasie der malbegabten Mönche wahre Freskenorgien feiert. Hier steuere ich aus meinem Bilderschatz nur zwei Beispiele bei. Ebenso eindrucksvoll sind Humor, Arbore, Dragomirna, Voronets.

Manistiri (Kloster) Sucevitsa

Heiligenschein-Perspektive von Curtea de Arges

•Auch dem modernsten Künstler könnte nichts Stärkeres in der Symbolisierung der Fadesse ewiger Glückseligkeit einfallen als dem (zumindest in unseren Künstlerkompendien) unbekannten Wandmalermönch in der **Bischofskirche Curtea de Arges** mit den ins Endlose wiederholten Heiligenscheinen.

Burg- und Wehrkirche von Birthälm

•Die Burg und Wehrkirche von **Birthälm** ist ein klassisches Beispiel für die jahrhundertelange Abwehrkraft der Siebenbürgen-Deutschen gegen „Einfälle" aller Art und vor allem gegen die unentwegten Übernahme-Versuche der Türken. Heute dämmert das Deutschtum dort seinem Ende entgegen, wenn es sein unrühmliches solches nicht schon genommen hat.

•Sogar unsere (deutsche und österreichische) Jugend kann heute (2001) noch mit dem Namen **Hermannstadt** etwas anfangen, während das (offizielle) „Sibiu" in

Ansicht von Sibiu oder Hermannstadt

Die Cabana Simbata, Ausgangspunkt für die Wanderung auf den Höchsten der Karpaten (Moldoveanul, 2536m)

deren p.c.-übermalten Bildungsbildern (siehe Schaller – Erfüllte Endlichkeit, Seite 295) eher vorstellungsblaß bleibt. Noch immer aber bietet dieser reizende siebenbürgische Ort das nahezu ungestörte Bild einer geschlossenen deutschen Stadt mit schönem österreichischen Akzent.

• Im Schallerschen Weltbildkatalog darf natürlich der Höchste von Rumänien nicht fehlen (siehe Kapitel 3 – Erfüllte Endlichkeit). Wir sind den alpinistisch einfachen, aber langen Bergpfad zum **Moldoveanul** hinauf am 2. 8. 1973 gewandert, von der stark bevölkerten Cabana Simbata aus, wo wir eine beengte Nacht zwischen „DDR"-Deutschen verbringen mußten.

• Einer der größten Naturräume in Europa ist das **Donaudelta** mit seinen endlosen Schilfwäldern, zwischen denen der Strom als Schiffahrtsweg offen gehalten werden muß. Wir „Mittel"-Europäer vergessen gern, daß „Mütterchen" Rußland hier unmittelbar die Hand (= Grenze) am Ausgang des zweitwichtigsten Stroms unseres Anhangskontinents hat. Eine Bootsfahrt im Delta liefert dem Naturkundigen wunderbare Eindrücke aus Pflanzen- und Tierwelt und den Anblick der urtümlichen Schilfschneidemaschinen dazu.

Schilfschneidemaschine im Donaudelta

(Ehemaliges) JUGOSLAWIEN

Dem Europäer, der 1920 zur Welt kam, lief die Vokabel Jugoslawien samt dem damit bezeichneten Sachverhalt beim Spracherwerb ins Ohr und aus dem Mund wie alle anderen erworbenen Begriffe auch. Erst als ich dann mit mehr als 30 Lebensjahren konkret nach Jugoslawien kam, tat sich mir die Diskrepanz zwischen dem fiktiven Staatsgebilde (damals unter Tito) und seinen real existierenden geo- und ethnographischen Untereinheiten auf. Ich lernte Jugoslawen kennen, die sich konkret Slowenen, Kroaten, Bosnier, Albaner, Serben nannten. Etwas später übrigens ist mir Ähnliches in der Tschechoslowakei widerfahren, wo es gar keine Tschechoslowaken, sondern real nur Tschechen oder Slowaken gab. Kurz, ich lernte also spät, aber rechtzeitig genug, daß staatspolitische Entitäten auch nur Kopfgeburten sein können. Je nach Härte der Köpfe bleiben sie „ganz" und vergessen nach und nach ihre ungleiche Herkunft, oder sie trennen sich wieder mehr minder schmerzhaft. „Großbritannien" ist ja so ein Beispiel erster Art (wie wir schon sahen); die „Tschechoslowakei" liefert das friedliche und „Jugoslawien" das extrem unfriedliche der zweiten Art.

• Wir kamen zuerst nach **Istrien**, weil es in Rovinj eine schöne meeresbiologische Station für „meine" Studenten (aus Mainz und Braunschweig) gab; später dann nach Sarajewo, wo jeder einmal hin „muß", der sich den wahren Beginn des 20. Jahrhunderts veranschaulichen möchte.

Campanile von Rovinj in Istrien.

Wer da den schönen Campanile und dort (in Sarajewo) das Minarett sieht, beginnt rasch zu begreifen, daß es keine Jugo-Slawen gibt. Man hätte es in Versailles wissen können

Blick von der Lovcen-Paßstraße auf die Bucht von Kotor (1963)

• In den Karstbergen um den Durmitor begegnen dem einsamen Wanderer nur Schafhirten mit ihren Hunden. Montenegro ist ja bis heute (2001) „Jugoslawiens", d.h. Restgroßserbiens letzte Brücke zur Adria und damit zu den Ozeanen hinaus. Somit wird es mit seiner wunderschönen **Bucht von Kotor** wohl für immer bei Belgrad bleiben (müssen).

•Die adriatischen Küstenlandschaften „Jugoslawiens" lassen Spaniens überlaufene Mittelmeerküsten vergessen. Aber die Erbschaften Ostroms und der Osmanen auf dem ethnischen Schutt der Völkerwanderung haben am **„Balkan"** derart ungute **Mixturen** von Völkern, Religionen und Machträumen hinterlassen, daß nur zeitweise die politischen Bedingungen für gewinn- und genußvolles, d.h. distanziertes, Reisen gegeben sind. Wir fanden diese Bedingungen in der Tito-Zeit, wohl wissend auf welchen Schädelstätten wir unterwegs waren, aber mit unbehinderten Augen und Ohren.

Moschee in Sarajewo

RUSSLAND

Russland ist so groß, daß wir Probleme mit seiner Zuordnung zu Europa haben. Wer nur Petersburg und Moskau besucht, war nicht in Rußland. In meinem jugendlichen Weltbild war der Begriff Rußland ein historisches Phantom, denn es schien sich nach 1917 ein für alle Mal das heilige Zarenreich in die Sowjetunion als realverfaßte Schnapsidee transformiert zu haben. Ich mußte 69 Jahre alt werden, um die völlig virtuelle Statik dieses Sektors meines „Weltbilds" schreckhaft-schnell aber freudig-tief erkennen zu können. Selten, meine ich, hat es im Gebälk der sogenannten Weltordnung so gekracht wie 1989, ohne daß es irgendwo zu einer Mobilmachung gekommen wäre, geschweige denn zu einem realen Krieg, wenn man einmal von den wenigen Wendeopfern in Moskau absieht. Mir freilich als gedächtnispotentem Zeitzeugen ist dabei schon der Vergleich mit Hitlers Machtantritt gekommen, der zuvor ja ähnlich undramatisch verlaufen war.

Weil es aber nach wie vor weder ratsam noch praktisch ist, in dem, was sich nun wieder Rußland nennt (obwohl es nur partiell von „Russen" bewohnt wird – siehe Kaukasus!), per Campingbus zu reisen, buchte ich zusammen mit meiner Cousine Gunda 1995 eine geführte Reise nach Petersburg und Moskau, um wenigstens die zwei europaseitigen Schwerpunkte des (immer noch) flächengrößten Staates der Erde zu sehen. Die gewonnenen Eindrücke und Einsichten waren überwältigend und endeten in der Frage: Warum haben „die" Deutschen und „die" Russen nicht dauerhaft zueinander gefunden? Auch das 21. Jahrhundert wäre nun bestimmt von Europas Aufklärungskultur dominiert und nicht von der selbstgerechten „Neuen Weltordnung" der US-Amerikaner.

Die Eremitage in Petersburg ist einfach eine europäische Kunstgalerie und hat typisch „Russisches" kaum an sich

•Im **Kreml** steht die dickste Kanone der Menschheit; aber geschossen hat sie nie – und das ist nicht untypisch für Rußlands Selbstdarstellung.

Kanonenattrappe im Kreml

•Dieses dem großen Glatzkopf entsteigende, himmelsstürmende **Kosmonautenmonument** darf nicht fehlen, wenn man Rußlands heutige Stimmung verstehen will. Seine Lage ist traurig, wenn man sie bloß menschlich betrachtet. Aber war sie so betrachtet je zuvor besser? Das große russische Volk wird auch weiterhin leidend seinen Träumen nachhängen und für's Große immer Opfer bringen. Das sollten die Globaldenker nicht vergessen!

Denkmal

Nachwort zu Europa

Am Ende des Kapitels Europa sei dem Noch-Zeitgenossen eine nachdenkliche Betrachtung dieses derzeit besonders geläufigen Begriffs gestattet: In seinem Geographie-Unterricht lernte er vor 70 Jahren, daß jenes Asien-Anhängsel vom Ural und Bosporus bis zur Meerenge von Gibraltar, von Island und vom Nordkap bis nach Kreta und Malta reicht.So hat er sich von Jugend auf gedankenlos stets als Europäer gefühlt und verstanden und er wird ja eindeutig auch als solcher diagnostiziert und angesprochen, wenn er beispielsweise in Tokio oder in Khartum ankommt.

Belustigt hat er nun in seiner zweiten Lebenshälfte nicht nur die „Geburt", sondern auch die „Vereinigung", ja sogar „Erweiterung" seines Kontinents mit-erleben müssen. Viele seiner europäischen Mitmenschen fingen dabei an, sich laut als Europäer zu fühlen, obwohl sie es doch – wie er – längst schon waren oder sind. Neuerdings trifft er sogar auf „bekennende" Europäer, denen er erst in den Pass schauen muß, um sie als solche erkennen zu können. Andererseits gibt's welche, die es zwar von altersher sind, es neuerdings aber (noch) nicht sein dürfen, und schließlich auch solche, die sich für „europareif" halten, obwohl sie nicht dazu gehören und nie dazu gehört haben.

In und um Europa herum ist so offensichtlich eine Bewußtseinsstörung entstanden, die man schlicht als Schizophrenie bezeichnen kann. Mit dieser Diagnose pflegen wir ja einen Menschen zu charakterisieren, der mit sich selber uneins ist, d.h. nicht weiß, was er ist bzw. sein will.

Daß wir als Menschen-Artgenossen alle „gleich" sind ist eine naturkundliche Trivialität. Ebenso ist es aber auch sach- wie sprachlogisch klar, daß man Bewohner eines Kontinents gemeinsam als solche bezeichnen kann, als Asiaten also oder Amerikaner oder Europäer. Schon dabei freilich beginnt das begriffliche Dilemma; denn als Lebewesen ist auch Homo sapiens weder sortengleich noch ortsfest. Aus ökologischen, populationsdynamischen und (natur- wie kultur-) historischen Gründen hat er sich zudem sehr ungleich über die Erdoberfläche ausgebreitet, und dieser Prozess geht – aus biologischen Gründen – weiter. Keine Population irgendeines Lebewesens entgeht ja dem unerbittlichen Naturgesetz des unablässigen individuellen und generischen Werdens und Vergehens; am wenigsten ein derart begabtes Wesen wie der Mensch.

Dafür liefern gerade wir Europäer die besten Beispiele. Nach knapp 2000 Jahren (rund 60 Generationen) haben wir einen weiteren Erdteil zur Gänze und einen dazu gut zur Hälfte „europäisiert", d.h. mit unseren Abkömmlingen besetzt. Unser „Gedankengut" dominiert zudem inzwischen die ganze „Menschheit", und unsere amerikanischen Abkömmlinge tun das mit ihrem Waffen- und Soldatenarsenal auch praktisch.

Und nun sind wir also auf dem Höhepunkt unserer Existenzgeschichte unversehens uns selber zum Problem geworden. Was ist Europa? Was und wer gehört dazu? Wer ist Europäer? Wie „wird" man ein solcher?

Der distanzierte Betrachter und nüchterne Denker muß sich wundern, daß es solche Fragen überhaupt gibt. Er schämt sich seiner Zeitgenossen, die vom „Vereinten Europa" schwärmen, ohne zu wissen, was es ist. Er hört von einer „Wertegemeinschaft", erlebt aber um sich herum nichts als die Gemeinschaft des Geldes. Weil niemand konkret definiert, was zu Europa gehört, und noch weniger sich jemand traut zu sagen, wer Europäer sein kann, wird das fiktive Ideal im Schwemmsand der weiteren Menschengeschichte versinken. Da spielt uns Amerika unsere Zukunft schon vor: Wer dort die vereinigten Staaten (=US) meint, weiß ja sehr wohl, daß das ein völlig überzogener Begriff ist. Die „USA" sind doch nur ein Bruchteil des Kontinents Amerika, und ihre noch dominant pigmentarme europide Basisbevölkerung färbt sich unaufhaltsam ein. Es gibt ja kein amerikanisches „Volk", es gibt nur „Amerikaner". In Europa haben wir zwar noch Völker; aber auch sie entcharakterisieren sich bereits (man betrachte nur die Fußballnationalmannschaften mancher). Und wenn dann schließlich am Bosporus oder an der Meerenge von Gibraltar die wahre Erweiterung beginnt, wird der Begriff „Europa" auch physiographisch in substantieller Verdünnung zerfließen. Auch Rom als Reich starb ja den Verdünnungstod. An seinem Ende gab es bekanntlich mehr römische „Bürger" (civites) als je zuvor.

ORIENT

Das was wir Religion nennen, die Bindung eines Menschenkollektivs an ein Glaubenskonzept und an dessen konkrete Organisation, ist in reinster Form realisiert im Monotheismus. Alle Menschenpopulationen haben ja spätestens in ihrer Steinzeit religiöses Gedankengut entwickelt, zumindest in der Form, daß sie sich und vieles (Unerklärliche) in der Welt für „beseelt" hielten oder von Geistern bevölkert, die je nach Phantasie auch als „Götter" gedacht und benannt werden konnten. Überall wo Menschen diese Weltbild-Stufe erreichten, fanden sich auch Artgenossen, die die formale und realpolitische Ausformung des Glaubens in die Hand nahmen und als Priester(kaste) ihren Gläubigen den jeweils „wahren" Glauben vermittelten und sicherten.

Wie schon gesagt ist der Monotheismus die vollkommenste Form des (Gottes-)Glaubens, und es ist gewiß kein Zufall, daß er im Schnittpunkt dreier Kontinente wurzelt, den wir aus eurozentrischer Sicht den Orient zu nennen pflegen: Die dort sich offenbarenden Gottesgestalten Jahwe, Christus (bzw. seine Dreifaltigkeit) und Allah sind noch heute die nachwirkungsmächtigsten monotheistischen Denkfiguren, die wir kennen, aus semitischer Sprachwurzel und in rein patriarchalischer Form. In ihrem Namen starben und sterben weiterhin unsere meisten Artgenossen. So meine ich, daß schon deswegen der „Orient" in diesem meinem Weltbildatlas wie ein eigener Erdteil zu werten und zu behandeln ist.

Einen Sonderfall stellt die Türkei dar. Ihr Staatsgebiet deckt sich mit dem geographischen Begriff „Kleinasien". Wir „wissen" aber, daß sie am Bosporus noch nach Europa herübergreift. Dieser Griff war bekanntlich lange ein tiefer und schmerzvoller für uns Europäer. Umso menschlich bewundernswerter ist die jüngste Metamorphose unseres europäischen Selbstbewußtseins: Die EU diskutiert ernsthaft die Frage, ob Kleinasien, d.h. die Türkei, nicht doch ein wahres Stück Europa sei.

TÜRKEI

Obwohl Europa seinen mythischen und begrifflichen Beginn am orientalen Rand nahm – die Namensgeberin ist ja einst auf ihrem Stier über das Mittelmeer von Phönikien herübergekommen – so hat es dann doch erst von Rom aus seine wahre Mitte gefunden. Bis heute ist der sogenannte Orient ein fragwürdiger Begriff geblieben. Beginnt er in Bosnien? Gehört Anatolien dazu? Das wieder einmal vereinigungswillige Europa weiß bis heute nicht, was es mit der Türkei machen soll.

Bis jetzt jedenfalls lernt der gebildete Europäer, daß am Bosporus Europa aufhört und Kleinasien beginnt. Und sollten wir doch die Türkei in Europa „aufnehmen", so werden wir sie wohl oder übel auch Türkien nennen müsen (analog der Tschechei). Unsere ersten Besuche in Kleinasien überlappten sich zeitlich mit den „Gastarbeiter"-Rekrutierungen der deutschen Industrie. Wir erlebten und genossen „die Türken" als Träger einer eigenständigen Geschichte und exotischen Lebensform. Auf die Idee, daß sie noch zu unseren Lebzeiten „Europäer" werden könnten oder gar wollten, wären wir nicht gekommen. Am Ararat freilich wurde uns 1970 auch bewußt, daß sich im anatolischen Teil der Türkei ein ungelöstes Problem verbirgt, die Kurdenfrage. Im amerikanisch dominierten Dunst der damaligen Meinungsmache fiel uns aber gar nicht auf, daß das „atlantische" Bündnis NATO längst schon Anatolien an Europa angeschlossen hatte.

Die **dorische Säulentrommel** in Assos, der **Scheibenradkarren** und das **Grab mit seinem kuriosen Lebensdatum bei Ankara** verdeutlichen das Dilemma einer wesensbestimmenden Grenzziehung zwischen Okzident und Orient in Zeit und Raum

Ein Beispiel für die „Zeitlosigkeit" bäuerlicher Kulturformen in der Türkei 1963: schlichter Gewinn von Bioenergie (ein Begriff, den es damals noch nicht gab)

•So ein Bild freut den Biologen, und er denkt schmunzelnd daran, daß er – seit etwa 20 Jahren – den Begriff **„Recycling"** als große Weisheit der Moderne zu hören und zu lesen kriegt. Seine anatolischen Zeitgenossen hier wissen zwar nichts von den großen und kleinen Kreisläufen der Natur, umso sparsamer sind sie aber im fortgesetzten schonenden Nutzen naturgegebener „Resourcen". So betrachtet nimmt neben ihnen die Zahl der dummen Mitmenschen deutlich zu: Alles, was da überall auf der Erde „verstädtert", büßt ja sein fundamentales Wissen von der Natur ein und schreckt nur auf, wenn Kühe, die als Kälber Tiermehl fressen mußten, ein schwammiges Hirn bekamen, das nun womöglich als Spätfolge fortschrittlich-humanen Rindfleisch-„Genusses" auch Menschenhirne löchrig werden lassen könnte. „Entwicklungshilfe" oder (im Fall beschleunigter Europäisierung) „Ausgleichszahlungen" könnten sogar diesen naturbelassenen Landmenschen den „Rinderwahnsinn" schneller nach Anatolien bringen, als sie sich's träumen. Und als „Fernseher" haben sie ja sicher schon solche Fortschrittsträume.

Unreflektierte Art der praktischen Weiterverwendung klassischer Altertümer (Amphore als Wasserbehälter)

•Es ist unwahrscheinlich, daß der türkische Junge hier bei Assos weiß, daß der Wasserbehälter, den sein Esel trägt, eine **Amphore** ist, wie sie schon die Jonier machten und benutzten, die vor 2500 Jahren an der Ostküste des Ägäischen Meeres saßen. Von den Griechen dürfte er in seiner Schule kaum viel Gutes gehört haben. Und auf der anderen Seite der Ägäis ist es umgekehrt nicht besser.

•Weit über die jetzige Türkei gestreut sind die **Hinterlassenschaften der Hethiter**, die seinerzeit sogar den Pharaonen schwere Sorgen gemacht haben. Die mächtigen Mauern ihrer Hauptstadt Hattusas mit den Löwentoren erheben sich ja noch heute über dem Dorf Bogasköy in Mittelanatolien. An verschiedenen prominenten Stellen haben sich Hethiterkönige an Felswänden verewigt wie hier bei Ivriz nahe der kilikischen Pforte der König Warpalawas, der auch als Gegner des Assyrerkönigs Tiglatpileser III. bekannt ist, und der da vor dem Vegetations- (Fruchtbarkeits-) Gott Tarhun steht, welcher Ähren und Trauben in Händen hält. Der Gott ist immerhin um einiges größer dargestellt als der König.

Relief des Hethiterkönigs Warpalawas nahe Ivriz (Mittelanatolien)

•Das berühmte **Löwentor** der versunkenen Hethiter-Hauptstadt Hattusas. Heute läßt die ländliche Idylle im Dorf Bogasköy daneben nichts mehr von der gefürchteten Macht jenes Volkes ahnen, gegen dessen Streitwagen anfangs alle Nachbarn hilflos waren, sogar die hochzivilisierten Ägypter.

Löwentor von Hattusas

•**Lykische Felsengräber** an der SW-Ecke Kleinasiens.

Lykische Felsengräber bei der Hafenstadt Fethiye = Telmessos, die schon zu Zeiten des Krösus wegen ihrer zuverlässigen Weissager bekannt war

rechts: bei Xanthos, der alten Hauptstadt Lykiens, wo hausartig bedachte Felsurnen in der üppigen Frühjahrsvegetation herumstehen

•Am Rand des geborstenen Riesenkraters des **Erdjias Dag (= Mons Argaeus)** in Ostanatolien, nach mühsamem Aufstieg über die steile Firnflanke und vor den letzten Klimmzügen zum exponierten Gipfelfelsen (im Rücken des Photografen) mit meinen trotz Sonne und Durchfall ausdauernden Seilgenossen Dietmar Zinkler und Henning Wolter.

Ostanatolien, Erdjias Dag, 1963

(vergl. Band 1, Seite 222-225)

Fladenbrot-Zubereitung

•Hier knetet eine **Kurdin** ihr Fladenbrot im Sommerlager am Ararat im Jahr 1970. Kurz danach wäre unser Besuch dort schon wieder nicht mehr möglich gewesen.

IRAN – IRAK

Wer viel reist, weiß, daß der Zeitgeist nicht nur vertikal (in der Zeit), sondern auch horizontal (geographisch) ständig Charakter und Richtung wechselt. Die sogenannten Zukunftsforscher (ein Begriff so dumm wie der der Postmoderne!) wüßten ein Lied davon zu singen, wenn sie jemals eine anständige Evaluation ihrer wissenschaftlichen Befunde (= Prognosen) nachlieferten. Zeitgeistprobleme haben es nämlich an sich, daß sie beliebig alt und aktuell sein können. Der Nationalismus z. B. erlebt weltweit seine lokalen Auf- und Abschwünge. Nirgends ist er wirklich am Ende. In vielen Winkeln der bewohnten Erde ist er erst im Kommen.

Wir waren in den frühen 70er Jahren oft am Balkan, in der Türkei und im Orient. Dort, wo sich Orient und Okzident seit 2000 Jahren überlagern, gibt es viele ungelöste Nationalismen; man kann auch sagen unerlöste „Nationen", wie etwa die muslimische Enklave auf dem Balkan, deren Friedhof bei Sarajewo 1973 noch unverwüstet war.
Besonders heikel ist die Situation der Kurden, die von den Türken einfach als „Bergtürken" vereinnahmt werden, aber auch im Irak und im Iran keine Chance auf Anerkennung ihrer Eigenständigkeit haben.

•Die große **Blechkrone** im Pavillon des Schahpalastes in Teheran symbolisiert das besonders „lustige" Kapitel einer Zeitgeisteskapade in Persien. Wir fanden die Verhältnisse damals für uns sehr zeitgeistgünstig, denn der tyrannische, aber westlich aufgeklärte Schah ließ Gesetze praktizieren, die uns freie Fahrt mit unserem Campingbus, ungehinderten Zugang zu allen Moscheen und große Sicherheit auch im Nachtlager unter freiem Himmel garantierten. Wir wußten, daheim in Wien und sonst in Europa kämpften seine und unsere Studenten erbittert um die Befreiung Persiens, und jetzt wo diese längst gelungen ist, wäre wohl mancher froh, wenn es wenigstens wieder so liberal wie damals im Iran zuginge. Unter den jetzigen

Im Pavillon des Schah-Palastes in Teheran, 1970

Zeitgeistverhältnissen würden wir jedenfalls sicher nicht unsere damalige Fahrt (einschließlich Übertritt nach Mesopotamien hinüber!) wiederholen.

Die gigantische Blechkrone ist typisch für das übliche Gedankengut von Aufsteigern. Der Urvater der Dynastie Resa Pahlawi hatte es aus einfachsten „Verhältnissen" zum Kosakenkommandeur gebracht und ließ sich schließlich krönen. Der offizielle Titel der persischen Herrscher lautet „Schah in Schah". Unwahrscheinlich ist es nicht, daß es – demnächst – wieder sowas in Teheran gibt.
Als wir 1970 mit unserem VW-Bus durch Teheran fuhren, gab es dort noch viele monarchische Symbole persischer Macht zu bewundern. Sie sind – nehme ich an – inzwischen den Gesichtern von Mullahs und Sprüchen zu Ehren Allahs gewichen. Wir gingen in den Moscheen und Museen ein und aus. Lediglich die Schuhe mußten wir – wegen der schönen Teppiche – ablegen.

Wir haben auf unseren Fahrten damals nach Mesopotamien (Irak) und Persien (Iran) noch nicht das Gefühl gehabt, in Asien zu sein.

• Das **Mausoleum des Hafis** in Schiraz. So einen gefühlvollen Lyriker hatte Europa damals (14. Jh.) nicht aufzuweisen. Die Perser waren ja, früher als ihre „klassischen" Gegenspieler, die Griechen, auch in den Mahlstrom Mohammeds geraten, erwiesen sich aber auf Dauer resistenter und fruchtbarer als diese. Freilich sind sie (die Perser) dabei noch mehr zu „Orientalen" geworden, während die sture Orthodoxie den Nachfahren des Sokrates ihr „Europäertum" östlicher Prägung über die lange Besatzungszeit hinweg bewahrt hat.

Mausoleum des Hafis in Schiraz

• Das **Kyrosgrab** in Passargade, die Felsengräber der Achaemenidenkönige in Naqsh-e-Rustan, die Palastruine der Achaemeniden in Ktesiphon, das Spiralminarett von Samarra, und vieles mehr hat uns gar nicht so fremd berührt wie das extreme Sommerklima und die nahegehende Neugier der Gastgeber.

Kyrosgrab in Passargade (26. 7. 1970)

Palastruine der Achaemeniden in Ktesiphon (26. 7. 1970)

Spiralminarett von Samarra

•Das ist vom biblischen **Ninive** geblieben: Ein endloses Wallgeviert aus Ziegelschutt in der Halbwüste am linken Ufer des Tigris. Nur die Torbauten zeigen noch, wie wehrhaft diese Assyrerhauptstadt gewesen war, ehe sie 612 von den Babyloniern und Medern erobert und zerstört worden ist. Immerhin fand sich in ihrem Schutt wenigstens die fast unversehrte Tontafelbibliothek des Königs Assurbanipal. Da geht dem schattensuchenden Weltbildersammler einiges durch den Kopf.

Ninive, 1970

Hinweise aus einem zeitgenössischen Reiseführer

Drei kurze Vorbemerkungen

1. **Israel** wird von den arabischen Staaten nicht anerkannt. Um eine Beschlagnahme dieses Reiseführers in den darin beschriebenen Ländern zu verhindern, haben wir es vermieden, im Text oder auf Karten und Plänen das Wort „Israel" erscheinen zu lassen.

2. **Syrien** hat die 1939 durch die Türkei erfolgte Angliederung des „Sandschaks von Alexandrette", mit den Städten Antiochia *(Antakya)* und Alexandrette *(Iskenderun)*, nie anerkannt. Die seitdem tatsächlich bestehende Grenze darf als solche in Syrien auf Karten und Plänen nicht gekennzeichnet werden; der Sandschak gilt als „türkisch besetztes Gebiet". Wir haben versucht, auch dieses Problem so zu lösen, daß die syrischen Behörden keinen Anstoß nehmen können.

3. **Jordanien** gestattet Ausländern den Übergang nach Israel durch das „Mandelbaumtor" in Jerusalem — jedoch nur in einer Richtung, d. h., man kann von der (jordanischen) ***Altstadt*** in die (israelische) ***Neustadt*** gehen, muß dann aber von ***Israel*** nach Europa zurückfahren, oder man darf durch das „Mandelbaumtor" die Grenze nach Jordanien überschreiten und muß von dort (bzw. den anderen arabischen Staaten, etwa von ***Beirut*** aus) nach Europa zurückkehren. Nur zu Weihnachten und Ostern werden Ausnahmen von dieser Regel gemacht.

In jedem Fall muß man sich das israelische Visum *vor* Antritt der Reise besorgen, und zwar auf einem zweiten Paß oder auf einem besonderen Blatt: Pässe mit israelischen Visen werden von keinem arabischen Staat anerkannt.

Bei einer Ausreise von Jordanien nach Israel muß man einige Tage vorher in Jerusalem (Altstadt) einen Antrag auf Erteilung der Ausreisegenehmigung bei dem „zuständigen Konsulat" einreichen. Das ist für deutsche und österreichische Staatsangehörige das *spanische*, für Schweizer das *belgische* Konsulat.

Und nun wünschen wir Ihnen: GUTE REISE!

Das Bild von der „einen" Welt für „alle" Menschen ist einfach zu schön, um wahr zu sein. Die eine gibt es nicht, und gäbe es sie, wollten alle die ihre jeweils anders. Das Einlegeblatt aus einem Reiseführer für den Vorderen Orient zeigt's im Ausschnitt beispielhaft. Der fromme Wunsch am Ende nützt dem Nachdenklichen freilich wenig.

Schon als heranreifendem Rationalisten hat es mir zu denken gegeben, daß keiner der großen Religionsstifter in Europa zu Hause war. Diese europäischen Herrenmenschen haben in der Tat keine „Weltreligion" zustande gebracht. Buddha, Christus, Mohammed entstammen jenem Bermudadreieck der menschlichen Geisteskultur, wo sich die Gewittertürme der Phantasie hoch über die Ratio erheben. Wer je den Versuch gemacht hat, orientalische Weltdeutungsliteraturen mit Verstand zu lesen, fühlt mir das nach.

Graphik aus: „Die Presse", Kriegszustand in den Palästinensergebieten, 2002

Wer diese Graphik aus der Tagespresse im Jahr 2002 sieht, weiß auch, daß es da nur eine wirklich dauerhafte Lösung gibt:

Die naturwidrige Einbuchtung im sonst glatten Grenzverlauf Israels muß weg! Die Frage ist nur wie? Deutschlands Ostgrenze nach 1945 liefert die nüchterne Antwort: Ob diese dann Um- oder Aussiedlung, ethnische Säuberung oder Vertreibung lauten wird, bleibt denen vorbehalten, die die Lösung herbeiführen werden. Oder soll es hier endlos weitergehen wie zwischen den Iren und Briten auf der Grünen Insel?

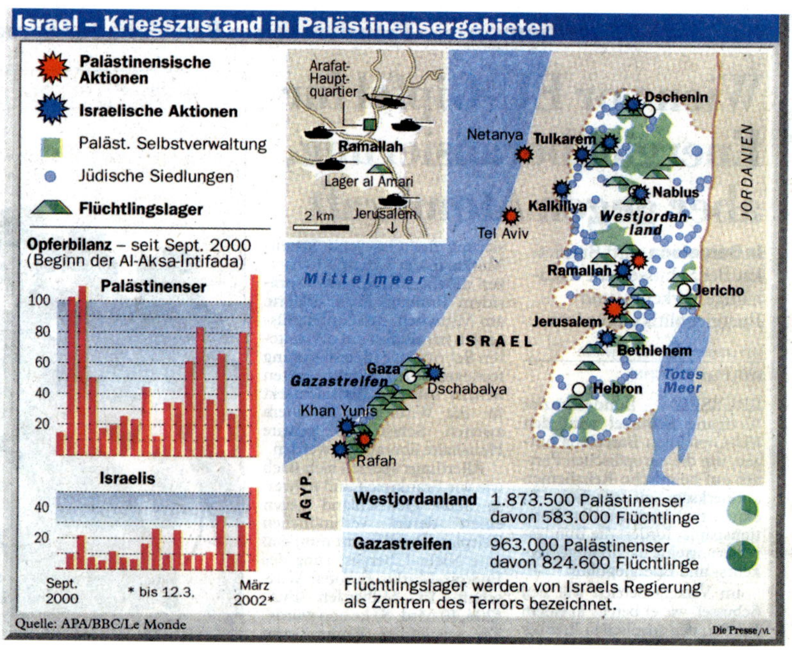

SYRIEN

Umso belustigender ist es, die irrationalen Aus- und Nachwirkungen jener gottgetriebenen Weltbeweger nüchtern zu betrachten. Hier in Syrien bieten die Kreuzritterburgen ein faszinierendes Beispiel. Die größte von ihnen haben die alten Kolonialherren aus Frankreich aufwendig restauriert.

•Ein Gang durch den gewaltigen Bau des **Krak des Chevalliers** (= Galaat el Hosn) führt vor Augen, welch ungeheure Kraft (an Überzeugung und Opfermut) eine Idee hat, die als Exportgut gewaltsam „heimkehrte", um sich ihren exterritorialen Geburtsort einzugemeinden. Die europäischen Kreuzfahrer haben auf höchst unheilige Weise hier um ein „Heiliges Land" gekämpft, dessen Erben sie weder natur- noch ideenrechtlich waren. Verglichen damit sind ja heute die Juden in Palästina nahezu „im Recht".

Krak des Chevallieres

•Der **Baalstempel** von Palmyra ist nur eines von vielen Beispielen dafür, wie kreativ seit je orientalische Weltbildmacher waren und sind. Mit ihrer dürftigen Staatsreligion allein hätten die Römer das Phantasiepotential dieser „angeschlossenen" Völkerschaften nie befrieden können. Gerne ließen sie also ihre orientalischen Socii, Commilitones und schließlich auch Civites neue Götter und Gottesdienste einführen, solange jene nur Steuern zahlten und Soldaten stellten. Erst als die fatal monotheistische Christenreligion dem Judentum entstieg, wurde das ideologische Flickwerk des römischen Polytheismus instabil und mit ihm das ganze Konzept eines „global" multikulturellen Weltreichs (des ersten gelungenen seiner Art). Nun steht in Palmyra und in Rom nur noch je eine Tempel- (= Kirchen)sorte; wenn mich mein Weltbild nicht täuscht, aber nur bis auf weiteres; denn alles sieht danach aus, daß in absehbarer Zeit ein neuer globaler Multikulti-Versuch gestartet werden wird. Es fehlt nur noch das potente Herrenvolk dazu (das amerikanische ist ja nur ein sogenanntes solches).

Palmyra

•**Palmyra** ist einer jener Orte auf der „Welt", wo diese zum „Bild" wird: Über weite Weizenfelder streicht der Wind durch den fernen Marmorzaun der Säulenstraße. Da pulsierte vor knapp 2000 Jahren das Leben,

Weizenfeld bei Palmyra, 1995

während die Vorfahren derer, die heute hier gaffen, noch in Wäldern hausten. „Weltbilder" sind wie Palimpseste in Menschenköpfen: Bild legt sich über Bild; aber das Pergament bleibt dasselbe. Das Menschenhirn wird sich ja, wenn überhaupt, nur in Jahrzehntausenden ändern („entwickeln").

Kuhmist auf Tempelresten

•Auf schön behauenen Tempelresten trocknen hier die stolzen Nachfahren der römischen Weltkultur ihren **Kuhmist**. Was wird einst auf unseren Betonruinen geschehen?

•Man redet immer vom Feuer als „der" fundamental menschlichen „Erfindung". Aber das ist keine solche. „Brennen" tut's seit je auf der „Welt", lange schon vor dem Menschen. Hingegen ist das **Rad** etwas wahrhaft Menschliches. Nirgends in der Natur gibt es ein echtes solches. Wann, wo und wie „der" Mensch darauf kam, wird sich kaum jemals aufklären, geschweige denn nachvollziehen lassen. Nichts „ginge" aber heute ohne es. Vom Wasserrad zur Rakete, irgendwo dreht sich irgendwas um eine Achse. Und das Bild vom Rad wirkt zurück in unser Weltbild: Sogar Himmel und Erde haben ihre zugedachten Achsen und Speichen (Radien). Und alle unsere Sprachen sind voller Radbilder: Da lassen wir es um sich drehen, wenn es uns um etwas geht. Und alles, was rollt und sich um sich dreht, ist auch hörbar (zumindest gedacht). Erinnert sei nur an die Sphärenharmonie der Pythagoräer, die sie sich freilich für uns unhörbar gedacht haben.

Die weltbekannten Riesenwasserräder von Hama am Nahr-al-Asi (Orontes)

In Hama in Syrien aber drehen sich die **Riesenholzräder** (= Norias) am Orontes gar nicht lautlos. Tag und Nacht machen sie in ihren ungeschmierten Holzlagern einen höllischen Lärm.

•Mit der Eisenbahn und mit dem Telegraphen ist Europa zu Ende des 19. Jahrhunderts in einem Wettlauf der damaligen Großmächte (England, Frankreich, Deutschland) in den Orient eingedrungen. Der Bau der Bagdad- und Hedschasbahn durch das Osmanische Reich hindurch war so ein provokanter deutscher Eingriff, noch dazu in die britische „Interessenssphäre"; eine der vielen politischen Reizungen, die am Ende im europäischen Massenselbstmord des 1. Weltkriegs enden mußten. Parallel dazu verlief die erste **Telegraphenleitung**. Hier in

Damaskus steht zur Erinnerung an jene frühe Pionierleistung unserer sich heute „global" vollendenden „Informationsgesellschaft" noch dieses kuriose Denkmal.

Telegraphendenkmal in Damaskus

•Ein Gang durch die Felsenschlucht von **Petra in Jordanien** gehört mit zu jenen Besuchspunkten auf unserem Planeten, die ich einem extraterrestrischen Besucher zur Pflicht machen würde, der mit einem Forschungsauftrag über das Wesen des Menschen zu mir käme.

Das sogenannte **Schatzhaus des Pharaos** ist wohl die Grabstätte eines nabatäischen Königs. Auch diese bewundernswerte Leistung menschlichen Gestaltungsfleißes zeugt vom Seinswunsch des Homo sapiens ins Virtuelle hinein: Wo er kann, leistet er sich mehr Aufwand für das gedachte Nachleben („Jenseits") als für sein irdisches Dasein.

Petra: „Schatzhaus des Pharaos"

Sandsteingewölbe einer Höhle in der Felsschlucht von Petra

•An den Sandsteinwänden und -decken der Felsengräber und Felsentempel von Petra finden sich teils mono-, teils polychrome **Sinterbilder**, denen man unbefangen die Qualität von Kunstäußerungen zuschreiben möchte. Bis hin zur raffinierten Körpersprache der ausdrucksstarken Parallelstrichführung glaubt man das Formgefühl eines „modernen" schöpferischen Menschen zu erkennen. Hier wird deutlich, wie nahe sich Natur und Kunst am Anfang und am Ende sind.

JEMEN

Arabien haben wir nur einmal am Rande besucht, 1988 im Rahmen einer geführten Tour durch den damals noch geteilten Jemen. Die alte Baukultur des Landes ist beeindruckend. Und für einen sogenannten Mitteleuropäer, der um den Zustand seiner Zivilisation von 600 v.Chr. Bescheid weiß, bringt die Fahrt zum sabäischen Staudamm von Marib einen Befund, der ihn sehr nachdenklich werden läßt.

•Die fünf glatten Monolithpfeiler des **Mondtempels** in der Nähe zeigen zudem, daß wir auch mit unserem „modernen" Formgefühl zu nichts wirklich Neuem gekommen sind; eine Feststellung, die den Naturforscher freilich nicht sehr bewegt, weil er um den Zeitfaktor in der Genealogie von Artmustern Bescheid weiß. Seit Salomon und der Königin von Saba, die ja eine Yemenitin war, sind die menschlichen Gehirne gewiß nicht besser geworden.

Pfeiler eines noch unerforschten Mondtempels neben dem Staudamm in der heutigen Halbwüste des Nordjemen

rechts: Der Staudamm von Marib

1988, als wir den Jemen besuchten, bestand er aus zwei Staaten, die sich kurz zuvor noch übel bekriegt hatten. Auch daran waren die britischen Kolonialherren schuld, die ihren wichtigsten Stützpunkt und Hafen am Roten Meer, Aden, erst 1967 nach 128jähriger Kolonialherrschaft frei gegeben hatten. Es war logisch, daß sich der „repatriierte" südliche Landesteil erst noch als eigener Staat fühlte. Peinlich war es aber, daß er Anlehnung an der Sowjetunion suchte; denn das führte zur menschenverachtenden Kombination von islamistischer und marxistischer Reinheitslehre. Kein Wunder, daß ein Bruderkrieg bösester Art resultierte.

Zum Glück für Menschenfreunde, die Wert auf ein möglichst komplettes „Weltbild" legen, kann man nun den ganzen Jemen wieder ungehindert besuchen und besichtigen. Riskant sind nur gelegentliche Geldnöte der rivalisierenden Clans, die den enormen Lösegeldwert europäischer Edelmenschen kennen. Die freilich denken bei ihrem Besuch kaum an so etwas, sondern sind überwältigt vom architektonischen Können der Leute hier, die sie daheim pauschal gern „Wüstensöhne" nennen. Zehnstöckige Hochbauten aus Lehmziegeln mit formenreicher Fassadengestaltung wie hier in Hadschara, wo hat es das vor 100 Jahren in Europa gegeben?

Alte Hochhäuser aus Lehmziegeln in Hadschara (1988)

• Da die Jemeniten weniger Öl unter ihren Füßen haben, sind auch ihre Städte noch „arabischer" geblieben. Sie verkörpern original das, was wir das „Orientalische" nennen, und nicht den falschen Glanz aus Beton, Glas und Klimaanlagen, aus Asphalt und buntem Blech mit dem üppigen Licht der Neonröhren darüber, wie wir ihn inzwischen für den Golf von Arabien für typisch halten. Die **Hauptstadt Sanaa** und Schibam im Wadi Hadramaut

Kunstvolle Architektur

Nächste Seite: In den Strassen von Sanaa

Sanaa;
Freiluft-Plumpsklo

sind faszinierende Beispiele einer Bau- und Stadtkultur, die an Geschlossenheit ihresgleichen sucht. Man sieht förmlich, wie hier die Großfamilien den Lebensstil vorgeben. In solchen architektonischen Rahmenbedingungen kann sich keine offene, beliebig libertäre, geschweige denn libidinöse Gesellschaft entwickeln. Die Stadt Sanaa wurde immer wieder besetzt und verwüstet, so vom berühmten Kalifen Harun al Raschid 803, von den Mameluken, von den Türken 1546 und von den Osmanen 1849.

• Sogar die **Eingänge** zu schlichten Magazinen sind mit kunstvollen Schließeinrichtungen verziert.

• Eines der geschlossensten Städtebilder, das ich je sah: **Schibam** im Wadi Hadramaut an der Wüstengrenze zu Saudi-Arabien, wo das absolut menschenleere Rub al-Chali (das „leere Viertel") wenigstens von Osten und Norden her mögliche Räuber abhält.

Kunstvolle Ornamentik

Schließvorrichtung

Schibam im Wadi Hadramaut, ein orientalisches New York aus Lehm

Linke Seite (Freiluftklo): Die Wasserarmut läßt zwar keine ästhetisch angemessene Entsorgung der Ausscheidungen zu, aber hygienische Probleme gibt es trotzdem kaum; denn Hitze und Trockenheit sorgen für rascheste Desikkation der Exkremente. Es ist nur ratsam, in der Straßenmitte zu gehen

•Der Jemen ist, von einem schmalen Küstenstreifen abgesehen, ein **Bergland**, das auf den mitteleuropäischen Besucher ästhetisch reizvoll, aber kaum gastlich einladend wirkt. Im Frühling erscheint das bewegte Panorama zwar wie ein bunter und duftender Steingarten, aber den Rest des Jahres verdorrt die Pracht. Trotzdem werden die höheren Berghänge landwirtschaftlich intensiv genutzt. Sie sind oft bis zu den Gipfeln hinauf terrassiert, um das ungleich übers Jahr verteilte Regenwasser festzuhalten. Daneben grasen überall die Ziegen.

Terrassenlandschaft

•Diese **Sommerresidenz des Imam Jachjah** (1904-1948) im Wadi Dar nordwestlich von Sanaa gehört zu jenen märchenhaften Gebilden, die wir mit dem Begriff

Sommerresidenz eines jemenitischen Imams

„orientalisch“ verbinden. Die arabische Gesellschaft hat es schon vor dem Öl-Boom verstanden, ihren luxuriösen Lebensstil nicht nur zu praktizieren, sondern auch zu demonstrieren, ohne daß „das Volk“ in Neid und Aufruhr geriet. Der Islam ermöglicht offenbar eine Praxis von „Menschenwürde“, die mit unserem profanen „westlichen“ Begriff dieser Idee nicht zur Deckung zu bringen ist. Warum auch sollten denn alle Menschen gleich glücklich sein? Mir zum Beispiel wäre so eine Sommerresidenz eher ein Klotz am Bein.

• **Ta'izz** auf 1400m Höhe, im Süden Nordjemens, ist zeitweise auch die jemenitische Hauptstadt gewesen. Das Land mit seinen leicht erregbaren Bewohnern hat ja seit je eine ausdauernde Streit-„Kultur“ gepflegt. Sogar die Statthalter des seinerzeit allmächtigen Osmanischen Reiches mußten hier residieren, wenn ihnen das Backsteinpflaster in Sanaa zu heiß geworden war. So nimmt es nicht wunder, daß Ta'izz auch ein großartiges architektonisches Kulturerbe beherbergt, wie die prachtvolle Aschrafiya-Moschee hier mit ihren zwei wohlproportionierten Minaretten.

Die Aschrafiya-Moschee von Ta'izz

•Das **Heiligtum des Achmed Ben Isser** bei Schibam (Südjemen) liegt als kleines architektonisches Juwel am fast nackten Talhang und bestätigt den „Wüstensöhnen", die hier wohnen, ein vorbildliches Formgefühl ohne jegliches akademisches Kunststilgetue.

Heiligtum bei Schibam (Südjemen)

ÄGYPTEN

Auf unserer im ersten Band Seite 150/151 beschriebenen bodenbiologischen Forschungsfahrt in den Sudan hatten wir kurz, aber intensiv, Zeit zu einem Besuch der wichtigsten ägyptischen Altertümer. Seither ist mir bewußt geworden, daß Ägypten, Yucatán, Machu Picchu, Angkor Wat unerläßliche materielle Zeugnisse für die Übernatur des Menschen liefern (Borobodur, auf Java, habe ich leider nicht gesehen). Und diese vor-technischen Gewaltleistungen machen auch deutlich, was für ein Artwesen er ist: Bevor er mit seinen Ideen die Natur be- und überwältigt, muß er Mitmenschen be- und überwältigen. Keiner konnte und kann ja allein eine Idee realisieren.

•Das ist eines jener verbotenen Bilder, die ich auf unseren Welterfahrungsreisen geknipst habe. Es entstand auf dem Rückflug aus Indien 1977, wo noch kein Friede zwischen Ägypten und Israel war, und zeigt die **Pyramiden von Gizeh**, die immer noch die bedeutendsten menschengemachten Warzen unseres Planeten bilden, Zeugnisse dafür, daß der Mensch als hominides Lebewesen tatsächlich seinen Naturzweck transzendiert, indem er hier nicht Wohlfahrt und Fortpflanzungserfolg seiner Art optimiert, sondern deren virtuelle Unsterblichkeit aufwendigst maximiert hat. Was soll man – außer Bewunderung – dazu äußern?

Die Pyramiden von Gizeh aus dem Flugzeug, 1977

Links: Im Ramesseum zu Theben

rechts: Säulengang im Tempel des Amenophis III (1961)

•In einer **Grabkammer** von Der el Bahri findet sich diese Reliefszene aus dem altägyptischen Alltag, die deutlich macht, daß alle Massenkulturen zu serialer Produktion kommen, egal ob sie Menschen oder Maschinen einsetzen. Um etwa eine Pyramide zu fertigen, benötigte man seinerzeit auch entsprechend viele Fleischportionen für die Schwerarbeiter. Das Relief zeigt schön, wie ordentlich und arbeitsteilig schon damals die Schlachtung und Zerlegung der Rinder vor sich ging. Erstaunlich ist nur die offensichtliche Schlankheit der Fleischergesellen. Heutzutage pflegen die doch korpulenter zu sein. Oder lag's einfach daran, daß Fleischliches nur den oberen 10.000 Alt-Ägyptern zustand und zukam?

Ägyptische Grabkammer mit ungewöhnlichen Szenen aus einer antiken Fleischhauerei

TUNESIEN

Solche spätrömische „öffentliche Anlagen" aus Tunesien offenbaren dem heutigen stolzen Mitteleuropäer mehreres zum Nachdenken:
1. daß die Römer und ihre mediterranen Staatsvölker in Hygiene und Technik uns 2000 Jahre voraus waren
2. daß sie einen hohen Grad von „Verstädterung" erreicht haben mußten
3. daß es dort vor 2000 Jahren kein Wasserproblem gab.

Gesellschafts-Klo aus spätrömischer Zeit in Tunesien

•Heute wäre da eine **Fließwasseranlage** mit Dauerspülung undenkbar. Und wer einen Globus vor sich hat und die Horizontaldimensionen Nordafrikas nüchtern anschaut, kann nicht glauben, daß der Mensch diesen „Klimawandel" verschuldet hat. Viel eher war's umgekehrt: Er wich, weil sich das Klima wandelte, wie das eh und je geschieht. Wir wissen doch nicht, warum. Oder hat einer schon verstanden, warum oder gar wozu es Eiszeiten gab und gibt?

•Einen sogenannten **Schott** kann man in der Trockenzeit flott befahren; wehe aber, wenn's regnet. Da verwandelt sich seine feste Salzlehmkruste binnen weniger Stunden in einen haltlosen, klebrigen Brei, in dem alles stecken bleibt, was Beine oder Räder hat. Uns ist das im Schott El Rahim zwischen Chebika und El Hamma du Djerid passiert, so daß wir da übernachten und auf die trocknende Mittagssonne des nächsten Tages warten mußten, um wieder loszukommen, wobei uns ein paar vorüberkommende Beduinen noch anschieben halfen. Es war nur ein kleiner Gewitterregen gewesen, der gelegentlich auch in der sogenannten Trockenzeit fallen kann. In der richtigen Regenzeit werden die Schotts ja zu Salzseen. Deswegen sind sie auf Karten auch blau angemalt, und ein naiver Kartenleser kann so das Festland von Tunesien leicht für ein Feuchtgebiet halten. Zum Kartenlesen gehört eben auch Wissen.

Zwangspause nach kurzem Regen im Schott El Rahim (1979)

•An den tunesischen **Ölbaumpflanzungen** sieht man schön, daß sich das Klima immer „wandelt". Heute stehen die Bäume doppelt bis dreimal so weit auseinander wie in der Römerzeit, weil es jetzt viel trockener ist als damals. Das weiß man von Luftbildaufnahmen, auf denen noch die (verfärbten) Standorte der „klassischen" Ölbäume zu sehen sind. Das ephemer kurzschlüssige Lebewesen Mensch meint natürlich in seiner artspezifischen Selbstüberschätzung, er sei's, der so Globales bewirke. Damit er es nicht noch schlimmer treibt, sollte man ihm sein schlechtes Gewissen lassen.

Ölbaum-Pflanzung in Tunesien

•Auch wenn Gustave Flaubert in seinem „Salambo" den Ablauf solcher Zeremonien im Anschluß an den Bericht des Diodor von Sizilien phantasievoll grauslich übertreibt, muß es als erwiesen gelten, daß die alten Punier in Karthago regelmäßig Menschen und vor allem Kinder geopfert haben. Heute noch kann man im Tophet von Salambo bei Karthago die **Stelen** betrachten, die den Geopferten gesetzt wurden. Und die Archäologen haben Hunderte von Tonkrügen mit Asche und Knochenresten ausgegraben. Das Weltbild jener durchaus „kultivierten" Karthager gipfelte in imaginierten „Gottheiten", die aus Gründen ihrer physischen und psychischen Konsolidierung solches brauchten. Besonders wichtig war es offenbar, sie bei (guter) Laune zu halten. Der Hauptgott hieß Baal. Das Opfer im Tophet hieß Mol'k. In weniger prekären Situationen und Angelegenheiten begnügte sich der punische Moloch (so hieß die bekannte kannibalische Gott-Analogie in Palästina) auch mit Tieropfern. „Opfer" aber mußten es auf jeden Fall sein. Dieser Begriff spielt offenbar im Weltbild aller hierarchischen, d. h. Wertordnungskulturen eine zentrale Rolle. So gesehen haben wir heute keine wirklichen Wertordnungen mehr. Wer brächte denn da noch – womöglich sogar freudig – sein Opfer oder gar sich selbst zum solchen?

Im Tophet von Salambo bei Karthago; eine Gedenkstätte für Opfer menschlichen Wahns

Islamisch geprägte Baukunst in Marokko: das Minarett von Benhaddou

MAROKKO

Es läßt sich nicht leugnen, daß der Mensch Diesseits-überschreitende Ideen benötigt, um Kultur als das zu machen, was sie aus existenzanalytischer Sicht ist: Aufwand für das eigentlich Seinsunnötige. Dieses Minarett von Benhaddou im Hohen Atlas z. B. mag noch „Sinn" als Wachturm haben; aber sein ästhetischer Aufwand „dient" weitaus Höherem. Wie formenarm wäre Europa ohne das Christentum, der Maghreb ohne den Islam geblieben!

•Der **Hohe Atlas** erreicht im Tubkal 4163m und ist ein ödes aber echtes Hochgebirge, das im Winter auch schön weiß wird. Über den Tichka-Pass kommt man in vielen Kurven nach Marrakesch hinunter. Am Weg liegen malerische Berberdörfer und mächtige Kasbahs.

Am Tichka-Paß im Hohen Atlas (1986)

•Die Berber am Südhang des Hohen Atlas in Marokko haben eine **Lehmarchitektur** besonderen Zuschnitts entwickelt, die in wehrhaften mehrstöckigen Wohn-, Speicher- und Festungsanlagen gipfelt und den zusammenfassenden Namen Kasbah trägt. Die mit vier Ecktürmen versehenen Fluchtburgen darin heißen Tighremt.

Typische „Speicherburg" in Südmarokko

„SCHWARZ"AFRIKA

Geographisch und anthropologisch ist Afrika nicht dieselbe Entität. Wo dieser Kontinent ans Mittelmeer grenzt, ist er vom Orient und von Europa überwältigt. Wenn wir „Afrikaner" sagen (weil heute das harmlose Wort „Neger" abwertungsverdächtig ist), meinen wir nur die Bewohner jenseits des Wüstengürtels, wobei wir die an der Südspitze eingedrungenen „Weißen" vernachlässigen (obwohl die sich bekanntlich selber „Afrikaans" nennen):

Bei genauerem Hinsehen zeigt sich dann, daß das eigentliche Afrika eine öko- und ethnologisch faszinierende Eigenwelt darstellt, die noch lange für unsere naive Globalisierungsidee resistent bleiben wird.

Ein symbolisches Bild für dieses „Schwarzafrika" gibt es wohl kaum. Aus „weißer" Sicht ist seine „Großtierwelt" noch immer die Attraktion Nummer Eins.

AB.97

Afrikas Touristenattraktionen

Sudan

SUDAN

Den Landgürtel Afrikas zwischen der Sahara und der Nubischen Wüste im Norden einerseits und dem Kongobecken und Bergland Abessiniens im Süden andererseits nennen wir geographisch den Sudan. Politisch aber ist der Sudan nur das östliche Drittel davon, im wesentlichen also das Becken des Mittleren Nil mit der Hauptstadt Khartum am Zusammenfluß von Weißem und Blauem Nil. Die Alten Ägypter nannten das Land südlich von Assuan bzw. Wadi Halfa Nubien, d.h. Goldland, weil sie von dort viel Gold bezogen. Der größte Teil Nubiens war ein eigenes Königreich namens Kusch. Seine Hauptstadt war erst Napata, dann (ab dem 6. Jahrhundert v. Chr.) Meroe. Um 725 v. Chr. herum eroberten die (schwarzen?) Herrscher von Kusch zeitweise sogar Ägypten und spielten kurzfristig auch Pharaonen. Um 300 n.Chr. eroberten dann äthiopische Herren Nubien, und im 6. Jahrhundert wurde Nubien christlich. Da wich auch die ägyptische Hieroglyphenschrift dem griechischen Alphabet. Das neue Reich nannte sich nun Dongola. Und so heißt auch heute noch die große Stadt am Nil, obwohl sie längst (seit 1317) von Muselmanen bewohnt und regiert wird.

Da hat sich uns Afrika 1961 an einer Stelle geöffnet, wo seitdem die Tore wieder zugegangen sind. Den Sudan von Ägypten her bis zur Wasserscheide des Kongo hinauf mit einem VW-Bus hin und her zu durchqueren, wird heute kaum mehr einem Zoologen einfallen. Wir haben dabei die eindrucksvollen Bilder machen können, die heute im Niemandsland zwischen den arabischen Herren des Nordens und den christianisierten Aschantis im Süden nicht mehr möglich sind.

Die Karte zeigt die wichtigsten Orte, die wir 1961 im Sudan besucht haben

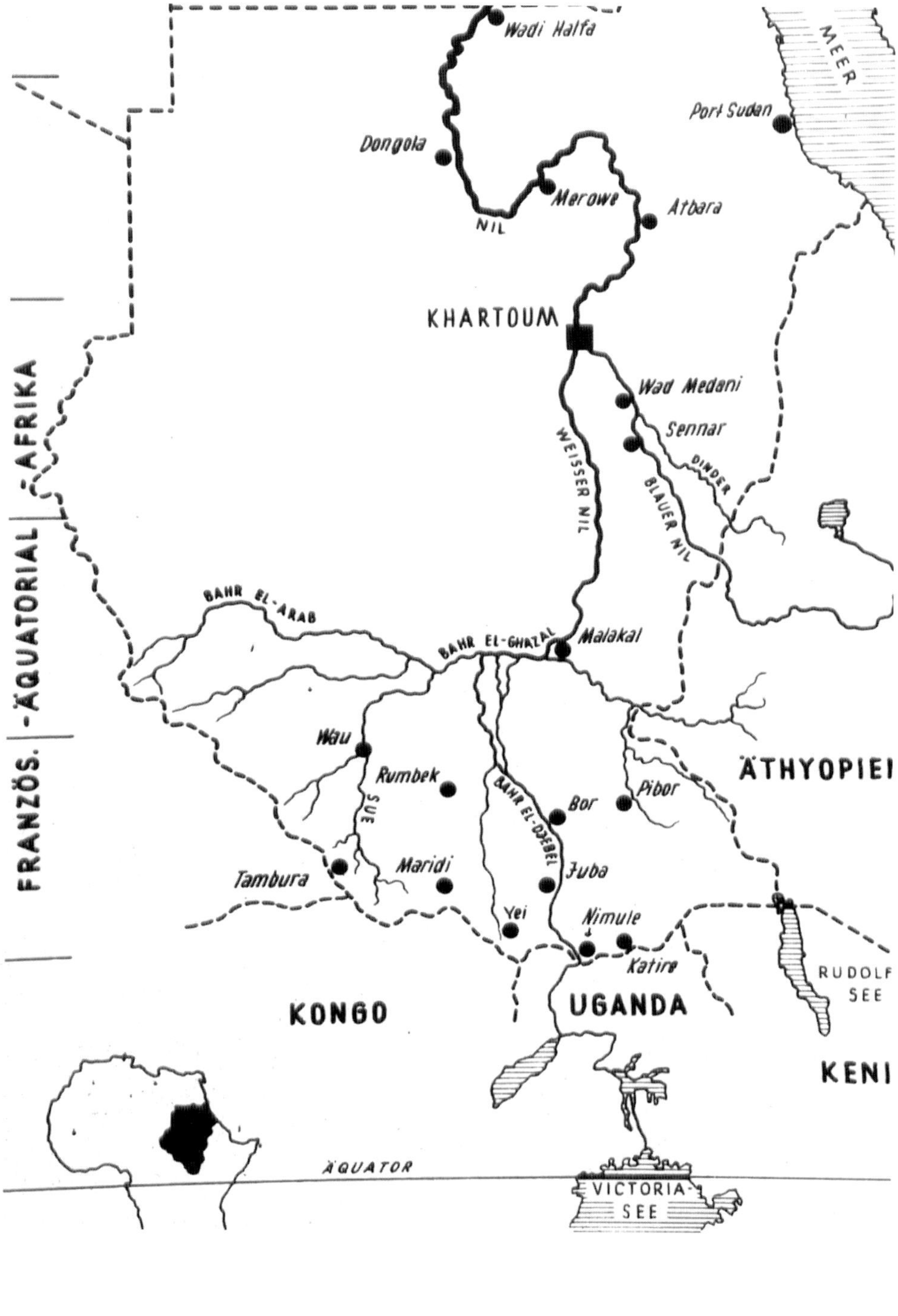

Tagebuchnotizen SUDAN-REISE 1961 (Auszug):

3.3. Frühstück in Delto, Fahrt am Nil entlang, vor Kerma zu Felsinschriften und Statue Ramses II in Tombos. Kurz vor Dongola Akazienwald, Senke mit grünen Feldern. Bei einer Shell-Station gegenüber Dongola Rasthaus. Abendessen beim Shell-Agenten in Dongola. Nil Überfahrt am Abend.

4.3. Abfahrt in Dongola um 1/2 8 Uhr, jetzt beginnt Wüstenfahrt auf einer „ausgezeichneten neuen Route". Auf 170 km 19 mal steckengeblieben. Nachmittags in Karima, Pyramidenfeld, Tempel von Bakkah ca. 600-200 v. Chr. Überfahrt nach Meroe. Übernachtung im Rasthaus mit Dusche.

5.3. 9 Stunden Fahrt von Meroe durch Wüste nach Atbara. Eine Wasserstelle nach ca. 200 km, Ziegen, Schafe, Esel. Auto muß am Nil zurückbleiben, Fähre erst morgen früh wieder, wir setzen über zum vornehmen Railway Hotel in Atbara.

6.3. Atbara – Khartoum, Pyramidenfeld von Meroe.

7.3.-11.3. Khartoum. Besuch bei Mergani, Jacksons, Essen bei Diab, Zoobesichtigung, Natural-History-Museum, Nilfahrt zum Sanctuarium, Fischerei-Station, Deutsche Botschaft, Ramadan-Frühstück bei M. M. Medani.

11.3. Über Wad Medani – Sennar (Ghezira) – Kosti. Nach Medani Rundhütten häufiger, erste Mischsiedlungen zw. Atbara und Khartoum. Übernachtung bei El Jebeleid auf freiem Feld.

12.3. Route jetzt besser zu finden, dafür mehr Wellblech, viele Baumwollfelder, dann lichter Akazienbestand, 100 km nach Renk erste Strausse. Dinka-Dörfer. Übernachtung im Rasthaus Malakal.

13.3. Zum Game- and Fish Dept., *Heterotis* seziert, Besuch bei Gouverneur, Fahrt (in Begleitung) nach Atar, schlafen in Polizeistation. Khartum zählt hier nicht!

14.3. Mrs. Gray-Wasserbock, größere Herden. Von Polizist begleitet zurück nach Malakal. Kein Bier!! In Malakal Mischung von Shilluks, Dinkas und Nuern, Häuserbau von den Männern, Rot-Färben der Haare der Shilluks. Übernachten im Freien.

15.3. Gebiet unbewohnter, Strauße. Ca. 200 km nach Malakal ändert sich die Vegetation, Candelaber-Euphorbien. Nach Kongo Vegatation immer üppiger, Wasser da, Giraffen. Übernachten in Juet, Rasthaus. (Oribis, Perlhühner, Gaukler, Kronenkraniche).

16.3. Erste sehr schwüle Nacht, bei den Dörfern Antilopen (Topi), Zebras. Früh in Bor, viele Dinkas. Sammelstation von Tieren. Giraffen, Mongalla-Gazellen, Zebras. 13 Uhr Abfahrt nach Pibor Post. Mongalla-Gazellen.

17.3. und 18.3. Schallers in Pibor Post, Faust ins Buma-Reserve.

19.3. Fahrt zurück nach Bor, Grassteppe (Mongalla-Gazellen, Kuh-Reiher, Weißohr-Kobantilopen, Zebras), Bor-Mongalla: Pelikane und Marabus am Abend auf dem Baum, Wasserböcke.

20.3. Einkauf in Mongalla, Regen, Nescafé Kauf! (Das braune Pulver im Zeitungspapier war Schnupftabak). Am Nachmittag auf Umweg nach Juba (Perlhühner). Viel kaltes Bier in Juba.

21.3. Juba, Wasch- und Einkaufstag, Gouverneur, Schallers sammeln Proben.

22.3. Fahrt ins Mongalla-Reserve (Elefanten, Wasserböcke, Kob-Antilopen, Agamen, Schreiseeadler, Kappengeier). Mittags Einladung beim Game-Inspektor. Sehr schwüle Nacht.

23.3. Juba – Torit – Katire. Trostlos abgebranntes Gebiet, nur einige Antilopen, viele Missionen; ein Stück Primärwald als Forest-Reserve. Katire 1100m hoch.

24.3. Schallers arbeiten! Primärwald, Termitenflug. Gegen 14 Uhr Abfahrt nach Nimule, viele Missionen, alles erinnert sehr an Uganda. (Nachtschwalm). Gegen 20 Uhr in Nimule, kein kühles Bier!! – (auf der Fahrt Paviane)

...

Diese Tagebucheintragungen verdanke ich unserer Reisegefährtin Frau Dr. Ingrid Faust, Bingen.

Mein Tagebuch ist mir (bei einem späteren Vortragsbesuch) in Wien vor der Universität aus dem VW-Bus gestohlen worden

Forschungsreise durch den Sudan 1961. Auszug aus meinem Bericht an die **Deutsche Forschungsgemeinschaft (DFG).**

Wiedergabe des Originaldokuments

– 2 –

Am 7.3. erreichten wir Khartoum, wo wir auf Dienststellen usw. bis zum 10.3. zu tun hatten. Ich konnte zwischendurch am Nilufer die ersten Berlese-Proben nehmen. Außerdem haben wir auf Einladung des Assistent-Directors des Game and Fisheries-Departments, Mr.H.M.Medani, einen unvergeßlichen ornithologischen Bootsausflug auf dem Weißen Nil gemacht.

3. Fahrt durch die Savannen- und Buschzone bis Juba:

Am 11.3. starteten wir über die Baumwollstadt Wad Medani nach dem regenreicheren Süden des Landes, erreichten am 13.3. Malakal am Weißen Nil, wo wir den ersten Heterotis niloticus sezierten und das Mrs.Gray-Antilopen-Schutzgebiet bei Atar besuchten. Am 16. kamen wir nach Bor, von wo wir einen Abstecher nach Osten bis Pibor Post machten. Während Dr.Faust das weiter östlich gelegene Boma-Reserve besuchte, konnte ich am Pibor-River die bemerkenswert einseitige Bodenfauna eingehender untersuchen. Auf dem Höhepunkt der Trockenzeit setzten eben die ersten Regenfälle ein. Beachtlich war das Großtierleben in diesem Gebiet und auch auf der Weiterfahrt von Bor nach Mongalla, wo uns starker Regen für einen Tag festhielt. Ein kleiner Umweg über die östlichen Berge brachte uns aber programmgemäß am 20.3. nach Juba am Bahr el Djebel. Dort ist die Vegetation bei 800 mm jährlichem Niederschlag recht gut entwickelt (d.h. sie wäre es, wenn sie nicht meist abgebrannt würde !), und ich konnte verschiedene reichhaltige Bodentierproben nehmen.

4. Besuch des Imatong-Gebirges an der Grenze von Uganda:

Nach einem kurzen Ausflug ins Mongalla-Reservat am Bahr el Djebel fuhren wir auf gebahnten, dafür um so wellblechreicheren Wegen in die Berge zur Forststation Katire, wo ich am 24.3. einen ertragreichen Ausflug in den schönen Primärwald von Talanga machen konnte. Als Erlebnis besonderer Art haben wir dabei riesige Schwärme von Termiten und ihren sogenannten Hochzeitsmarsch beobachten können. Hier und im Tierschutzgebiet von Nimule, das wir anschließend am 25. und 26.3. besuchten, sammelte ich die ersten größeren Diplopoden, die ich Kollegen Stammer für seine Nematodenstudien lebend schicken konnte. In Nimule sahen wir Elefanten und vor allem mehrere Weiße Nashörner mit Kindern aus nächster Nähe. Am 26.3. abends kamen wir nach Juba zurück. Während einer voraufgehenden Nachtfahrt hatten wir übrigens noch das Glück gehabt, den faszinierenden Balzflug der Männchen der Nachtschwalbe Macrodipteryx longipennis zu beobachten.

-3-

5. Besuch des südwestlichen Grenzgebietes:

Nach Bearbeitung und Versorgung der zuvor gesammelten Proben und Tiere brachen wir am 28.3. durch die oft waldartig bewachsene Berglandschaft nach Yei auf, wo wir in Kagelu Herrn Diplom-Forstwirt Gleisberg besuchten, um in seinem Revier einen der wenigen primären Galeriewälder des südlichsten Sudan kennenzulernen. Dann fuhren wir an der Wasserscheide Nil - Kongo entlang über Maridi-Yambio bis zur Dreiländerecke (Sudan - Kongogebiet - Franz. Äquatorialafrika) und von dort nordwärts an den Sue-River abwärts nach Wau. Diese Fahrt führte uns durch das Siedlungsgebiet der hackbau-treibenden Zandes, die leider ebenso wie die viehzüchtenden Stämme im Savannengürtel nördlich davon jedes Jahr Gras und Busch abbrennen, so daß die ohnehin harten und dichten Eisensteinböden biologisch noch mehr verarmen. An feuchten Stellen traf ich trotzdem ein stärkeres Bodentierleben, vor allem da gerade die Regenzeit begann. Unter manchen in der eben vergangenen Trockenzeit vom Feuer verschonten Büschen wimmelte es in der schütteren Streuschicht von jungen Collembolen. Die höheren Granitrücken sind meist völlig nackt. Der ziemlich dichte Busch dazwischen beherbergt viele Tsetsefliegen, so daß das Zentrum des Gebietes fast unbewohnt ist und zum Nationalpark erklärt wurde.

Von Wau fuhren wir am 5.4. zwischen dem Wald- und Steppengürtel über Rumbek südostwärts nach Juba zurück. Wir hatten schon zuvor gemerkt, daß die Schaltung unseres Wagens durch einen Steinschlag von unten beschädigt war. Die letzten Tage hatte ich ständig den Schalthebel festhalten müssen, bis schließlich 70 km vor Juba die Schaltung im 4.Gang blockierte, so daß wir nach Juba abgeschleppt werden mußten. Das war eine halsbrecherische Nachtfahrt auf scheußlicher Wellblechpiste im 70-80 km Tempo hinter einem betrunkenen Fahrer her, die uns Stoßstange, Lampengläser und viel Lack kostete.

6. Rückfahrt auf dem Nil und per Bahn nach Khartoum:

Vorsorglich hatten wir schon bei der Abfahrt von Juba einen Platz für das Auto auf dem wöchentlich nur einmal gehenden Nildampfer reservieren lassen; denn der beginnende Regen hätte die Rückfahrt per Auto sowieso unmöglich machen können. Nun konnten wir also ohne Zeitverlust am 8.4. das Schiff nehmen und kamen in sechstägiger Fahrt nach Kosti (300 km südlich von Khartoum), von wo wir am 16.4. per Bahn Khartoum erreichten,

-4-

Forschungsreise durch den Sudan 1961. Auszug aus meinem Bericht an die **Deutsche Forschungsgemeinschaft (DFG).**

Wiedergabe des Originaldokuments

– 4 –

wo der Schaden im VW-Service rasch behoben werden konnte.

Die Fahrt auf dem Nil und durch die endlosen Papyrus-Sümpfe des Bahr el Djebel war ein biologisches Erlebnis besonderer Art. Großartig die Vogelwelt und die unbefangene Ursprünglichkeit der viehzüchtenden Nilotiden-Bevölkerung. Unterwegs kauften und sezierten wir einen weiteren Heterotis niloticus, der dort anscheinend einer der häufigsten Fische ist. Ich wollte ja Fräulein Dr. E. Dorn (Mainz), die seinerzeit schon das von mir aus Peru gelieferte Arapaima-Gehirn anatomisch bearbeitet hatte, noch das Gehirn des afrikanischen Osteoglossiden zum Vergleich bringen und hoffe auch, daß wir das Material gut fixiert haben.

7. Mißglückter Besuch des Dinder-Gebietes:

Am 19.4. starteten wir mit dem general-inspizierten Wagen von Khartoum zur Fahrt durch die künstlich bewässerte Baumwollsteppe der Gezirah südostwärts zum Blauen Nil und Dinder, wo Dr. Faust vor allem Strauße beobachten wollte. Nach 200 km bekamen wir in der Steppe Schwierigkeiten mit der Zündung, die selbst in tagelangen, anstrengenden und niederdrückenden Versuchen nicht zu beheben waren; denn kein "Experte" konnte verstehen, wieso sich die Zündfolge nach kurzer Fahrt immer wieder von selbst verstellte. Kurz und gut, wir mußten uns in dieser Zeit nicht weniger als 7mal abschleppen lassen, bis wir schließlich in Sennar die Hilfe der deutschen Firmengruppe fanden, die am dortigen Kraftwerk arbeitet. Auf einem ihrer Lastwagen wurden wir am 26.4. nach Khartoum zurücktransportiert. Und nun begann auch hier in der VW-Werkstatt die entmutigende Suche nach dem Fehler am Motor. Nach2tägiger fast ununterbrochener Arbeit, während der der Motor zweimal auseinandergenommen wurde, war des Rätsels Lösung in letzter Minute gefunden: Es stellte sich heraus, daß bei der Fertigung ein kleiner Keil, der die Verteilerantriebsschnecke auf der Kurbelwelle festzuhalten hat, vergessen worden war, ein Fehler, der natürlich speziell bei der stärkeren Beanspruchung durch Hitze und Erschütterungen wirksam werden mußte, weil sich dabei ja die Schnecke lockern und um die Kurbelwelle bewegen mußte. So hat uns dieser Fabrikationsfehler noch zum Schluß wertvollste Zeit und viel Geld gekostet (bei einer Probefahrt streiften die Monteure noch zu allem Überfluß ein anderes Auto und beschädigten dabei eine Tür stark); ganz abgesehen von den Strapazen und Entbehrungen, die er uns (bei meist +44 bis 46°C im Schatten !) verursacht hat.

-5-

Sudan

•Die Forschungsreise in den Sudan (1961) begann mit einer lehr- und eindrucksreichen Fahrt durch **Ägypten**, wo wir nicht nur die überwältigenden Zeugnisse seiner langen Geschichte, sondern auch das Leben und Wirtschaften der heutigen Fellachen zu sehen bekamen.

Das mit Rindern, Büffeln oder Kamelen betriebene Göpelwerk der Sakije

Der Tambur, ein schräg liegendes Rohr mit archimedischer Innenschraube zum Heben von Wasser

Der VW-Bus als bestaunte Attraktion

•Als wir 1961 von Alexandrien her mit unserem VW-Bus durch **Dongola** und Malakal kamen, staunten die turbantragenden Herren und Knaben dort ordentlich über das Gefährt, an dem sie erst den Motor suchten.

Pyramiden von Meroe

•Danach kamen wir auf sandiger Piste nach Meroe, wo bedeutende Ruinen vom ehemaligen Glanz des Landes Kusch erzählten (siehe Band 1 Seite 81). Uns beeindruckten am meisten die nahezu unversehrt aus der Wüste ragenden steilen **vierseitigen Steinpyramiden**. Sie zeigten, wie stark das ägyptische Gedankengut gewesen sein muß, von dem nun bei unseren neuzeitlichen sudanesischen Begleitern nichts mehr zu spüren war.

Den neugierig stöbernden Zoologen beeindruckte zudem noch eine mächtig fauchende Puffotter, die er aus ihrem Mittagsschlaf am Fuß einer der Pyramiden aufgescheucht hatte.

•Hinter Khartum begannen dann am Weißen Nil die endlosen Papyruswiesen des Sudd (die den Wiener an die Schilfwälder des Neusiedler Sees erinnerten). Auf festerem **Weideland** grasten die Herden der Dinkas und Schilluks, bewacht von ihren langbeinigen Hirten.

Langbeinige Hirten vom Stamm der Dinkas

•Der Sudan zählt zu den heißesten Ländern der Erde. Auf unserer Fahrt hatten wir täglich 42 bis 48° C im Schatten. Im Auto war's kaum auszuhalten. In der Mittagshitze entstanden Windhosen, in denen die Asche der jährlich regelmäßig gelegten Grasbrände hoch in den flimmernden Himmel stieg.

Aschehose im Sudd, dem Papyrus-Sumpfgebiet des Weißen Nil, auf dem im Vordergrund die eingeschleppten Eichhornien (Wasserhyazinthen) flottieren, während im Hintergrund die dichotomen Dum-Palmen den Horizont beleben.

•Die gegabelten Stämme der **Dum-Palme** sind charakteristische Baumgestalten des mittleren Sudan, den man auch Sahel nennt. Das süße Fleisch ihrer Früchte ist als Zucker verwendbar.

•Wo sich im Gelände keine Elefantenspuren zeigten, schlugen wir unsere Feldbetten **unter freiem Himmel** auf. Die Savanne kühlte unter dem funkelnden Sternendach erfrischend ab, und ein gelegentlicher Rundblick ergänzte das Lichterspiel am schwarzen Himmel durch die da und dort aufleuchtenden Augenpaare neugieriger Hyänen und anderen Nachtgelichters. Am Morgen saßen dann immer ein paar stumme, meist jugendliche Artgenossen in respektvoller Entfernung um uns herum. Ihr nächtliches Aschenlager hatte aus den dürren Gestalten graue Gespenster gemacht.

Windhose im Sudd

Dum-Palme

Lager unter freiem Himmel

•Ländliche **Unschuld** mit frischgrünem Lendenschurz aus dem südlichen (christlichen) Sudan, wo bis heute der hamitisch-islamische Norden sein umbekehrerisches Unwesen treibt.

Einfaches Plumpsklo am mittleren Nil

Rechts: frisch geschürztes Mädchen, Sudan 1961

•Der **Dinder** kommt von Äthiopien herunter zum Blauen Nil und sein Sandbett trocknet im Winter völlig aus. Aber 1 bis 2 Meter unter der Oberfläche fließt er doch weiter, und sein klares, kühles Wasser erfrischt weiterhin Mensch und Vieh. Es muß nur mühsam ausgegraben, geschöpft und ins Dorf transportiert werden.

Ausgetrocknetes Flussbett des Dinder

•Schon 1961 waren im Süden des Sudan die Gefängnisse und Gefangenenlager voller **Sträflinge**, die kaum mehr verbrochen hatten, als schwarz und nicht-muslimisch zu sein. Bei den nicht-christianisierten viehzüchtenden Animisten des Savannengürtels (den Dinkas, Schilluks, Nueri, u.a.) kam noch das Manko mangelhafter Körperbedeckung hinzu. Und mit den zwar bekleideten, aber christlichen negroiden Waldbewohnern im Grenzland zu Kenia und Uganda mit ihrem fundamental falsch gepolten Monotheismus hatten die mohammedanischen Herren in Khartum überhaupt kein Nachsehen. Zwischendurch war ja noch der nachkoloniale Reflex des sowjetisch inspirierten und finanzierten und kubanisch instrumentalisierten internationalen Sozialismus hinzugekommen. Vom ersten Tag an mußte sich grausam zeigen, wie dumm die Europäer „ihre“ Grenzen durch Afrika gezogen hatten. Wir bekommen das ja zwischen Kap, Kongo und Kairo noch heute quotenfördernd in unseren Glotzen zu sehen.

Gefangenenlager im Südsudan (1961)

Naturschutzgebiet von Katire

•Wo der **Bahr el Dschebel** (= Bergfluß) Uganda verläßt und nun auf sudanesischem Staatsgebiet zum „Sudd“ (= Papyrussumpf) fließt, in dem er noch den Bahr el Ghazal (= Gazellenfluß) aufnimmt, ehe er schließlich als Weißer Nil erst bei Khartum mit dem Blauen Nil endgültig das wird, was wir „den“ Nil zu nennen pflegen (der ja heute mit 6671 km als längster aller irdischen Ströme gilt); wo also dieser einmalige Strom, den ich 1990 – als „Nachspiel“ zu meinem 70. Geburtstag am Ruwenzori – in Ruanda auch schon als Kagera besucht habe, in den Sudan kommt, da erheben sich formschöne Berge, mit Waldresten, in denen es von Vögeln und Insekten wimmelt. Dort im erholsamen Naturschutzgebiet von Katire haben wir 1961 leider nur 2 Tage verbracht.

•Der **Nildampfer**, der den Sudd durchquert, wurde 1961 noch von mächtigen Schaufelrädern angetrieben. Sie und die Spülwasser-Clos an Bord des plumpen, aber wohnlich eingerichteten Gefährts bezeugten die in aller Welt bewährte

Schaufelrad-betriebener Nildampfer, 1961

Kolonisationspotenz der Briten. Allerdings war deren zivilisatorisches Aufklärungswerk sichtlich zu früh abgebrochen worden, denn unsere mitfahrenden schwarzen Reisegenossen waren mit der funktionalen Logik der sitzlosen Spülklosetts nicht vertraut. Beim Öffnen der Tür mußte man darauf achten, daß nicht eine der besonders mächtigen Exkrementwürste dieser hauptsächlich vegetarisch lebenden Savannensöhne vorn vor der Bodenmuschel lag. Die Burschen waren offensichtlich zwar in Klausur gegangen, hatten aber nicht begriffen, daß man sich dort auch noch umdrehen muß. Den Zug an der Kette tätigten sie zum Schluß aber schon, wenn auch ohne seinen eigentlichen Sinn-Vollzug.

•**Sektion des afrikanischen Knochenzünglers *Heterotis niloticus*** auf dem Nildampfer zwischen Juba und Kosti. Weil sich Frau Dr. Dorn in Mainz zum Vergleich mit den südamerikanischen Gattungen Osteoglosum und Arapaima noch ein Gehirn von diesem Nilfisch gewünscht hatte, kauften wir einem Dinka das ca. 80 cm lange Schuppentier, das er gespeert hatte, ab, und Herr Dr. Faust amputiert auf unserem Campingtisch gerade den Kopf, während Frau Dr. Faust assistiert und Brunhilde gespannt zuschaut. Neben unserem Bus hatten wir gerade noch genug Platz dafür an Bord (siehe dazu auch Band 1, Seite 150/151).

Konzentriertes Arbeiten auf dem Nildampfer

RUANDA

Noch ein afrikanisches Land haben wir (zu zweit) im Auto durchquert, in dem das ein Jahr später undenkbar gewesen wäre: Ruanda, wo wir von den Nilpferdherden am Kagera bis zu den einsamen Berggorillas in den Virungabergen unterwegs waren und zum Abschluß vom Ostrand Zaires aus auf die verregnete Schulter des Ruwenzori hinaufstiegen, damit ich da meinen 70. Geburtstag zünftig feiern konnte.

Seit Bernhard Grzimek (was soviel wie Igel heißt) ist die Serengeti gleichbedeutend mit Afrikas Tierwelt und ihren Überlebensproblemen. Wer also heutzutage über Afrika mitreden will, muß wenigstens einmal dort (in der Serengeti) gewesen sein. Und wer dann am Rand des Ngoro-Ngoro-Kraters vor Michael Grzimeks Grab steht, wird noch viel mehr als Tierschutzgedanken wälzen. Ist doch dieser schlichte Gedenkstein auch ein Symbol für die Sondernatur eines Lebewesens, das nun beginnt, seine biologischen Seinsgesetze zu transzendieren, indem es die Erhaltung von Mitlebewesen betreibt, die naturgesetzlich zum Aussterben „verurteilt" erscheinen. Wir sahen das seinerzeit im südlichen Sudan, wo wandernde Elefanten im besiedelten Gebiet – offensichtlich spielerisch – Telegraphenstangen umgelegt hatten. Mensch und Elefant können eben nicht frei „zusammen"-leben. Gleiches gilt für Löwen und Viehhirten oder für Plantagenbetreiber und Menschenaffen. Nach Naturgesetz muß da der jeweils Untüchtigere weg- oder untergehen.

Nun aber durchbricht Homo sapiens die zeitlose Regel und schränkt arteigene Interessen ein, um das durch sein Erscheinen Verwirkte zu retten. Das ist eine neue Kategorie natürlichen Seins, die schlicht auf den status quo hinausläuft, also auf einen noch nie dagewesenen konservativ-contraselektiven Bestand der Lebewesen auf unserem Planeten.
Natürlich wußte und weiß auch ich, daß die Grzimeks viel Schlichteres im Sinn hatten. Es ging ihnen ja zunächst „nur" um die Erhaltung eines einmaligen Tierbestands in Afrikas Mitte. Im Anblick der Millionen Jahre alten Kraterlandschaft aber und der lang vor dem Menschen entstandenen Tierherden, deren Sein und Nichtsein nun von ihm allein reguliert und entschieden werden wird – bei diesem Blick von Grzimeks Stein über die Serengeti, da gerät der zeitbegrenzte Denker jäh in Dimensionen, denen sein Weltbild nicht mehr gewachsen erscheint. Da nimmt er doch lieber sein Fernglas und beschaut sich die Kaffernbüffel nebenan.

Serengeti, 1983

•In Larabanga (im Norden von Ghana) steht die **älteste Moschee Afrikas** südlich der Sahara, eines der originellsten Bauwerke, das ich je sah, sicher ohne architektonische Stilidee kreiert; leider nicht betretbar für einen „Christen" wie mich.

Die angeblich älteste Moschee Schwarzafrikas

•Dieser Mann (Cecil John Rhodes) repräsentiert in Reinkultur den britischen Typ des gottgefälligen, weil **erfolgsgesegneten europäischen Kolonialisten**.

Cecil John Rhodes-Denkmal

Erst scheffelt er Geld aus Diamantenfeldern in Südafrika (natürlich nicht eigenhändig). Er gründet 1889 die British South Africa Company und wird Ministerpräsident der Kapkolonie. Nach ihm ist das alte Kulturland um Simbabwe benannt. Die Inschrift seiner Statue bei Kapstadt weist auf das jeweilige „Hinterland" hin, das für uns irgendwo in Afrika nach wie vor liegt.

•Diese Zeitgeistbude fanden wir am 8. 9. 1990 bei **Kigali** in Ruanda. Der Boden war noch zertrampelt von den 10.000en Füßen der gewiß tief bewegten schwarzen Papstbesucher. Ein Jahr später war er getränkt von ihrem Blut; es war eben nicht in allen Adern das gleiche gewesen.

Plakative Erinnerungen an den Papst-Besuch in Ruanda

•Das **Ruwenzori-Gebirge** auf der Grenze zwischen Uganda und Zaire erhebt sich mit seinen Nebelwäldern fast am Äquator. Zu meinem 70. Geburtstag bin ich mit Brunhilde an seiner Westseite zur Mahangu-Hütte (3310m) hinaufgestiegen; eine feuchte, schweißtreibende Angelegenheit. Sie gipfelte in einem Besuch des märchenhaften Senecien- und Lobelienwaldes, wo man lautlos auf Moos und anderen Pflanzenpolstern wandelt. Selten wohl hat so ein ergrautes Ehepaar, wie wir es ja schon waren, eine solche extravagante Geburtstagswanderung gemacht. Unsere schwarzen Begleiter sangen nicht einmal das sonst kaum mehr vermeidbare dämliche „Happy Birthday..." für den Jubilar, sondern ehrten ihn mit einem eigens mitgebrachten Fläschchen Bier.

Rast beim Aufstieg im feuchten Baumfarnwald des Ruwenzori-Gebirges

Ungewöhnliche Baumformen am Ruwenzori

•Die Senecien machen den oberen Bergwald (zwischen 3500m und 4000m) zum Märchenwald. Mit ihnen wetteifern an vielen Stellen Lobelien mit ihren samtgrünen Blattschöpfen.

•An der **Küste von Ghana** stehen noch mehrere Burgen, die uns „Weißen" in Erinnerung rufen, daß wir seit je Probleme mit unserem Selbstverständnis hatten und haben und bei diesem speziell das Problem der adaptiven Anamnese. Wir „führen" ja heute das Wort bei der Formulierung und Durchsetzung der sogenannten Menschenrechte. Und in der Einleitung aller unserer einschlägigen Reden kommt dabei auch die Passage mit dem Schuldbekenntnis (für die Vorfahren) vor, aber „wirklich" wissen wollen wir nicht, was wir waren und sind. Empört weisen wir die Diagnose „Herrenmensch" von uns. Da ist ein Besuch von **Elmina** förderlich. Dort steht über der Brandung des Südatlantik eine wohlerhaltene und noch heute mit alten Kanonen wohlbestückte Festung, in der man die Kammern bewundern kann, die das wertvollste Frachtgut jener Zeit bargen, die zum Export bestimmten Sklaven. Sie waren zuvor – mit lukrativer Handelsspanne – von den meist arabischen Jägern und Sammlern ersteigert worden, die wiederum „im Busch" selber auf Fang gegangen waren oder diesen über schwarze Mittelsmänner (meist „Häuptlinge") hatten erledigen lassen.

Was da an „Familiendramen" sich abgespielt hat, stellt jedes einschlägige Opernlibretto in den Schatten. Schließlich kamen die Schiffe der damals großen „internationalen" Handelshäuser (aus Portugal, Spanien, den Niederlanden und England) auf Reede, und einzeln wurden die wertvollen Arbeitskräfte aus der Festung an Bord getrieben. In der seeseitigen Mauer des Forts ist heute noch der schmale Auslaß für das wertvolle automobile Stückgut zu besichtigen. Dort soll es oft zu dramatischen Fluchtversuchen gekommen sein, die zum Ärger der geschädigten Kaufherrn auch mit dem Totalverlust des einen oder anderen Stücks enden konnten.

Übrigens fand die Versorgung und Entsorgung der Gefangenen in der Festung – aus Gründen von Arbeitskräfteersparnis und Sicherheit – durch Öffnungen in den Zellendecken statt, und dort betrachtete der Kommandant bei Bedarf (besser Bedürfnis) auch den Inhalt weiblicher Appartements, um sich das schönste Stück für das abendliche Entspannungsspiel vormerken zu lassen. Schade, dass es damals Aids noch nicht gab ...

Innenhof der Sklavenfestung von Elmina

•Mit diesen schweren Einbäumen durchstoßen die **ghanaischen Fischer** die Brandung. Selten, daß sie sich dabei verschätzen und eine Welle ins Boot schwappt. Mit der farbigen Bemalung der Fahrzeuge halten sie auch ästhetisch ihre Tradition fest, obwohl diese lange Zeit keine ruhmreiche war, wie die Sklavenburgen der europäischen Menschenhändler an Ghanas Küste bis heute zeigen.

Bunt bemalte Fischerbote

•Vom 1. bis 4. November 1994 ist mir noch mit Bärbel und Wolfgang die **Besteigung des Kamerunbergs** (4070m) geglückt. Vorausgegangen war eine klassische afrikanische Reiseerfahrung am Flughafen von Lagos, wo wir von Accra her umsteigen mußten. Trotz ordnungsgemäßer Buchung und Bestätigung bekamen wir unsere Plätze im Flugzeug nach Douala erst nach entsprechender Lösegeldzahlung am folgenden Tag. Immerhin kam ich durch diese Wegelagerei noch zu einem Besuch im nigerianischen Nationalmuseum mit seiner einmaligen Sammlung von Terrakotten und Bronzen aus der Benin-Region. Auch bei diesem Stadtausflug wäre ich fast ins Gefängnis gekommen, weil ich ein öffentliches Gebäude photografierte (ohne zu wissen, daß es ein solches sei).

Abmarsch in Buea 3.11.1994

So kam ich auf diesem langen Weg zum Kamerunberg auch zur Komplettierung meines aktualpolitischen Weltbilds vom heutigen, d.h. nachkolonialen Afrika. Selten bin ich sonst in meinem langen Leben so un-„würdig“ behandelt worden wie dort, und ich hatte schon den Eindruck, daß daran vorwiegend meine bloße Hautfarbe schuld war.

Umso schöner war dann der lange Gang von Buea durch Pflanzungen, Nebelwald und Grasland hinauf zur Hütte unterm Kraterrand des einsamen Vulkanriesen, die folgende Besteigung des Gipfels durch die nebelnasse Bergvegetation, und der endlos lange Abstieg mit großartigen Fernblicken durch treibende Wolken.

Nachtlager in 3.800m Höhe unter originellem Sgraffito-Dekor

•Das **originellste Lager meiner Bergsteigerkarriere** (auf frischgeschnittenem Berggras) in 3800m Höhe unter dem Gipfel des Kamerunbergs, zweimal geteilt mit Bärbel, der Schwiegertochter, und Wolfgang, sowie zudringlichen Hüttenmäusen.

•Einer der feuchtesten Flecken auf unserer Erde ist der **Kamerunberg**. Die Gipfelregion ist nur mit Gras, Kraut und Flechten bedeckt. Am augenfälligsten sind die kniehohen filzig behaarten Rosetten der Helichrysen und die weißen Büschel der Rentierflechten auf den schwarzen Lavasteinen.

Botanische Besonderheiten des Kamerunberges

Kilimandscharo

Den langen Weg vom Marangu-Hotel über die Mandara- (2725m) und Horombo-Hütte (3780m) hinauf zur Kibo-Hütte am Sattel zwischen Kibo und Mawenzi (4740m) haben wir (Wolfgang und ich) ganz allein genossen. Den Hüttenwart in der obersten Hütte mußten wir schließlich mit 40 Dollar bestechen, daß er uns auch zum Gipfel weiter allein gehen ließ, was eigentlich ja verboten ist. So haben wir nur unsere Rucksäcke etwas erleichtert und sind früh um 1 Uhr bei beißender Kälte im Schein der Stirnlampen weitergestolpert, steil hinauf zum Gillman's Point am Kraterrand (5685m), wo man auch erstmals die wahre Spitze sieht, die heute **Uhuru Peak** heißt, was Freiheitsspitze bedeutet. Als wir dann um 9 Uhr dort standen und auf der anderen (westlichen) Seite den Mount Meru über dem Dunst der Savanne schweben sahen, da wußte ich, daß ich mit 63 Jahren noch einen wirklichen Höhepunkt in mein Leben gesetzt hatte, in wahrer Selbstbestimmung und aus eigener Kraft. Und daß ich nun, 20 Jahre danach, mit ungetrübter Schärfe des Blicks und Gehörs

Afrikas höchster Berg: der Kilimandscharo

diese Wallfahrt auf Afrikas Höchsten im Kopf nachvollziehen kann, macht mir die Sinnfrage zum Ende leicht. So viel und so lang vom Leben gehabt haben zu dürfen, ist dem Sterblichen unter vielen sinnarm Fortlebenden genug.

• Am Weg zum Sattel des Kilimandscharo blühen die **Fackellilien** (*Kniphofia*) vor den schneebestäubten Gipfelfelsen des Mawenzi. Da heroben treiben sich noch Trupps der großen rotbraunen Elenantilopen herum. Mag sein, daß sie auch den frischen Bergwind und das würzigere Berggras mögen. Alte Elefanten, die nach einer Sage der (Wa-)Chagga-Neger heraufkommen, um hier zu sterben, sahen wir keinen.

Fackellilien

• Vulkankrater dienen uns gern als Symbole des Infernalischen. Wenn sie sich aber ausgespien haben, erloschen und erkaltet sind, können sie zu friedlichen Seen und fruchtbaren Gärten werden, oder sie füllen sich wie Muschelschalen mit dem reinen Weiß ewigen Schnees. In solchen Höhen, wo das geschieht, wird die Wanderung am Schalenrand zum Gang zwischen Welten. Der Wanderer ist zwar ganz mit sich selber beschäftigt, schwer atmend von Rast zu Rast und unbändig zum Ziel hingezogen, das ihn schließlich doch nur zu sich bringt; aber hier spürt er angespannter als sonstwo den Widerspruch zwischen seinem ephemeren Sein und der Endlosigkeit des Ganzen. Der erkaltete Vulkan ist in seiner Stille noch „unmenschlicher" als der tätige.

Die letzten schweren Schritte zum höchsten Punkt eines kleinen Menschenlebens

• **Köcherbäume** sind die charaktervollsten Baumgestalten SW-Afrikas, das mit Namibia endlich auch einen Namen hat, der nicht nur dem Orientierungsbedürfnis fremder Landsucher und Vermesser dient.

Bizarre Baumformen

Zwischen der Table du Jugurthe im Norden und dem Tafelberg im Süden haben wir manchen Flug und manche Fahrt in Afrika gemacht; zu wenig zwar, um sagen zu können, Afrika zu kennen, genug aber an Unternehmungen in Eigenregie, um diesen Kontinent in seiner Lebensdichte und Formenfülle als unlösbare Aufgabe für einen irdischen Bilder-„sucher" zu begreifen.

•Die berühmten Weinlagen von **Stellenbosch** lassen einen vergessen, daß man am „anderen" Ende Afrikas ist, wo die Europäer einmal mehr zeigen, was für Herrenmenschen sie sind. Wie in Nordamerika, Australien oder Neuseeland ist alles längst Maßstab für Benimm und Geschmack, was sie gebracht haben. Ihren Nachfahren und Nachfolgern bleibt nur Übernahme und Weiterentwicklung. Sie haben ja keine anderen Vorbilder mehr. Die UNO zeigt's, wie's geht.

Südafrikas Weingebiet

•Noch unlösbarer erscheint dieser Kontinent als **politischer Komplex** aus Ethnien, die unmittelbar nach oder gar noch mitten in ihrer Völkerwanderungsphase von fremden Mächten zugleich zerschnitten und zusammengezwungen worden sind zu Staaten ohne selbstbestimmte Her- und Zukunft. Da hätte der distanziert neugierige Weltbildbetrachter doch Lust auf seine gelegentliche „Wiederauferstehung".

Tiefblick vom Tafelberg, wo Afrika im blauen Nichts zwischen dem atlantischen und indischen Ozean endet

MADAGASKAR

Von meiner finalen Liste der Unerläßlichkeiten konnte ich erst im Sommer 1998 den tiergeographischen Sonderfall Madagaskar streichen. Diesmal konnte trotz ihrer 5 schulpflichtigen Kinder Dietlinde mit. Sie ist ja auch Zoologin und hat noch manches andere mit ihrer Mutter gemeinsam. Es war eine kurze, aber eindrucksreiche Reise durch eine „Welt", in der sich Afrikanisches und Asiatisches mischen und wo manches Archaische überlebt hat. So etwa die Lemuren, die es ja nur in Madagaskar gibt. Einmalig ist dort aber auch die Artenfülle (über 60) der Chamäleons, die den Insektenreichtum des Wald- und Graslandes nützen.

• Wenn die **Gräber** kostspieliger und prächtiger sind als die Wohnungen einer Bevölkerung, dann sollten wir das naturgemäß damit verbundene „Entwicklungs"-Problem den Jenseitsgläubigen überlassen. Bei den Mahafaly in Madagaskar ist das immer noch so, obwohl sie in der französischen Kolonialzeit Christen

Farbenfrohe Grabbauten

Die Madagassen zieren die Außenwände ihrer Grabstätten gern mit Sgraffitis, die Ereignisse aus dem Leben der Verstorbenen darstellen geworden sind. Sie legen ihre Toten erst einige Jahre lang zwecks Mumifizierung ab, ehe sie sie in aufwendiger öffentlicher Zeremonie in solchen ummauerten Gehäusen beerdigen. Die Wände der Grabstätten werden dann mit bunten Bildern aus dem Leben des (der) Verstorbenen bemalt.

•In einem großen Einbaum sind wir 1998 den **Tsiribihina** hinuntergefahren und haben dabei die 4 Nächte auf Sandbänken im Zelt verbracht. Auch am Ende meiner 8. Lebensjahrdekade habe ich das Zigeunerdasein genossen. Lediglich das lange Sitzen im engen Gefährt war lästig, wie seinerzeit für den viel jüngeren auf den Wassern des Amazonas. Der Tsiribihina fließt durch abgewirtschaftetes „Kultur"-Land, gesäumt von kümmerlichem Galeriewald, in dem aber immerhin noch die Reste der ehemals reichen Fauna hausen. Er fließt zur Westküste, wo es selten regnet und die Baobabs seit Jahrtausenden Wasser in ihren dicken Stämmen speichern.

Rast im Zelt auf Sandbänken des Tsiribihina

Der Autor und sein exklusives Schlaflager

• In tiergeographischer Hinsicht nimmt Madagaskar den Rang eines eigenen Kontinents ein. **Lemuren** z.B. gibt es nur hier. Und die **Chamäleons** haben hier eine sonst nirgends erreichte Artenfülle; rund 60 Spezies, darunter die kleinste und die größte Art auf der Welt.

Ein Erlebnis ist es, Lemuren singen zu hören. Wir kamen im Wald von Perinet-Analamazaotra gerade zurecht, als die Indri-Männer ihre durchdringenden Diskantduette aufführten, um damit ihre Reviere abzustecken. Diese Indris sind übrigens die einzigen stummelschwänzigen Lemuren; möglicherweise deswegen, weil sie bei ihrer Stimmbegabung den Schwanz als Ausdrucksinstrument nicht benötigen. Übrigens heißen die Indris bei den Madagassen auch Babakoto, und das bedeutet Vorfahre. Man sieht – auch ohne unseren alten Darwin kommen gescheite Leute selbstkritisch zu phylogenetischen Schlüssen.

Die berühmten Lemuren Madagaskars

Chamäleon

•Madagaskar ist mit 7 endemischen Arten Weltzentrum der **Baobabs**, die von den Einheimischen Reni Ala genannt werden, was so viel wie „Mütter des Waldes" heißt. Zwei Arten kommen noch in Australien, eine in Ostafrika vor. Als Pflanzengestalten sind sie von hoher Originalität, sie wirken wie spätgeistige Kunstformen, sind aber doch urtümliche Zweckgebilde im Kompromiss von Lichtbedarf und Wasservorsorge.

Madagaskar-Idylle mit Boababs im Hintergrund

ASIEN

Asien ist noch mehr als sein „Anhängsel" Europa, ein Konglomerat von Ethnien, Religionen und wechselnden politischen Mächten. Auch seine Abgrenzung ist nicht so einfach, wie der bloße Blick auf den Globus vermuten läßt. Was tut da das orthodox-christliche bzw. marxistische Rußland in Sibirien und Turkmenien und auf Kamtschatka? Sind Indien und Japan „asiatische" Kulturen? Wenn es ein asiatisches Kernvolk gibt, dann ist es wohl das chinesische. Aber auch sein Staatsgebiet entpuppt sich dem Wissenden als ein großes Kolonialreich, ähnlich dem russischen, gewalttätig zusammengeraubt in dynastischen Zeiten.

So gesehen ist das Westende der 4000 km langen „Chinesischen Mauer" ein gutes Symbol für Asiens Selbstverständnis: Schutz vor den anonymen Gefahren aus der Tiefe des unheilschwangeren Raums, Drohgebärde des in sich ruhenden „Reichs der Mitte" gegen die flanierenden Barbarenhorden aus dem Westen und Norden.

Das Westende der Chinesischen Mauer. Blick nach Osten

Vorwort zu Asien

Den Riesenerdteil Asien haben wir erstmals 1977 an seinem indischen Rand bereist. Das war unsere erste von einem Reisebüro organisierte Fahrt mit vorbestellten Autos und Fahrern, Führern und festgebuchten Hotels. Wir waren zu dritt (Brunhilde, Frau Professor Dorn und ich) und haben dabei wesentliche Punkte indischer Landschaft, Lebensart und Kultur zwischen New Delhi, Madras und Bombay kennengelernt. Ein Flug nach Katmandu hinauf brachte uns auch in die Welt des Himalaya. Er hatte zur Folge, daß ich das Jahr darauf mit Wolfgang eine „Trekking Tour" in Eigenregie anschloß, die uns als einsame, schwerbepackte Zeltwanderer von Lukla zum Lhotse-Gletscher hinauf und an den Fuß von Annapurna und Machhapuchhara brachte. Ich flog daran (also an Nepal) anschließend noch nach Shri Lanka und bestieg dort Adams Peak und Pidurutalagala, tief beeindruckt von den Königsstädten der alten Singhalesen mit ihren Riesenstupas.

Ein internationaler Entomologenkongreß in Kyoto hat uns 1980 dann mit der Aeroflot nach Japan gebracht. Höhepunkt war der Fudschijama, und unvergeßlich bleibt die einmalige innere Spannung in diesem fast reinrassigen Land zwischen höchster Eigenkultur und Neophilie. Oft habe ich die „Amerikanisierung" dort mit der verglichen, der ich in meinem Europa ausgesetzt bin, obzwar ich jeden Morgen doch ungeduldig auf die späte Öffnung der unjapanischen Kaffeehäuser an den Fernstraßen wartete, weil mir das ortsübliche Frühstück zuvor mit hartem Ei in kalter Suppe und großem Stück Walspeck dazu nahezu alle Japanophilie austreiben konnte.

Späte Asienerfahrungen haben wir schließlich noch in Malaysia, Thailand und Kambodscha gesammelt, u. a. auf Thailands waldbedecktem höchsten Berg im Norden des Landes (Doi Inthanon, 1987) und vor allem in den einmaligen Tempelanlagen der kambodschanischen Khmer um Angkor (1995, mit Gunda). Verglichen mit diesen Steinmeeren im Urwald sind Peterskirche, Mekka oder Potala bescheidene Beispiele materiell verwirklichter Weltideen. Unglaublich vor allem die Perfektion, mit der damals 100.000e Willen in einen gezwungen werden konnten. Auch dieser kurze, aber als Einblick in das Wesen des Menschen kaum übertreffbare Besuch in Phnom Penh und in Angkor Wat gelang uns gerade noch in einer relativ ruhigen Phase jener „indochinesischen" Welt, die sich bekanntlich neuerdings mit dem Tod Pol Pots in schreckliche Erinnerung gebracht hat. Auch das innerste China mit seinen alles andere als „chinesischen" Völkerschaften durfte ich (mit Gunda, Schwester Eleonore und Schwager Fred) 1996 noch sehen. Die Uiguren, die am Fuß des Pamir ihre Pferde und Trampeltiere weiden, werden gewiß in den kommenden 100 Jahren den ethnischen und kulturellen Anschluß an die schon frei gewordenen Völker im Westen und Süden suchen.

Zu den Unerläßlichkeiten, die ich mir so nach dem 60er ins Merkbuch notiert habe, also zu den Dingen und Zeugnissen, die ich als Sterblicher noch gern gesehen hätte, zählten diese Ziele in Asien, von denen ich nie geglaubt hätte, daß ich sie doch tatsächlich zu sehen bekäme: Die Große Mauer, der Fudschijama, die Tempelruinen von Angkor, der Mount Everest und zum Schluß noch die neu aufgetauchten 6000 Soldaten des Kaisers Tjan shi Huang-di (221-206 v.Chr.), der der erste von China war und in seinem Grabhügel und in dieser Terrakotta-Armee ein für alle Mal den Maßstab für chinesische Größe vorgab.

INDIEN

Indien ist ein Subkontinent, gleich dem ebenfalls dreieckigen Südamerika, aber nicht wie dieses durch einen Isthmus vom Norden getrennt, sondern durch die eisbewehrten Mauern des Himalaya und des Hindukusch. Das indogermanische Menschengut, das sich über seine steinzeitlichen Urbevölkerungen ausbreitete, hat eine Kultur entwickelt, die eine exotische Transfiguration der faktischen Ungleichheit des Menschengeschlechts darstellt. Auch wenn Indiens „Kasten" längst staatsrechtlich abgeschafft sind, bleiben sie im Menschengewoge dem distanzierten Betrachter auf Schritt und Tritt allgegenwärtig und aktuell. Umso bewundernswerter findet er die Pracht und Größe der gemeinsamen Leistungen in Staatsordnung, Wirtschaft und Kultur. Die indischen Völker haben es fertiggebracht, daß man sie wie eines erlebt. So haben sie so manche „Überfremdung" (zuletzt die britische) unbeschadet (und eher als Gewinner) überstanden. Lediglich der Islam war in Indien stark genug, seine Assimilation gewalttätig zu verhindern.

Indien, neuerdings das zweite Land der Erde, das mit seiner frischen Populationsdynamik die Einmilliardengrenze überschritten hat, beherbergt trotz aller Progression und Emanzipation im Technologischen weithin noch eine ganz naturnahe Landwirtschaft, wo Bauernfamilien mit ihren Zebus alles zuwege bringen, was seit Jahrtausenden die Basis menschlicher Kultur ist. Unsere hochtrabenden „Kulturschaffenden" haben ja vergessen, daß ihr wesensbestimmendes Hauptwort primär den Landbau meint.

•So wird eine Fahrt über Land in Indien zum ästhetischen Vergnügen im Anblick der **archaischen Wirtschaftsformen**.

Händisches Schöpfen von Wasser auf kleine Reisfelder

Betrieb einer Ölmühle mit dem Göpel, 1977

Das Dreschen im Rundgang mit den Zebus

• Diese Gruppensexszenen an den Tempeln in **Khajuraho** waren schon zu Zeiten der britischen Kolonialherrschaft eine hinter vorgehaltener Hand weitergegebene Empfehlung für die europäischen Besatzer. 100 Jahre später muß man kein Schiff oder Flugzeug mehr besteigen, um sich das Mengenlustspiel in erstarrter Form betrachten zu können. Wir kriegen es bewegt ins Haus geliefert. Da sieht der nüchterne Anthropologe das Menschenweltbild des alten Konrad Lorenz bestätigt: Unsere Verhaustierung macht Fortschritte. Er meinte ja schon vor 50 Jahren, „Fressen“ und „Liebe“ seien jene beiden Instinktkomplexe, die schließlich den Gesamtspielraum des domestizierten humanen Verhaltensinventars supplieren würden.

Am Tempel von Khajuraho (Indien): Gruppenlustspiele

•Das **Tadsch Mahal in Agra** ist eines der schönsten Symbole für die Über-Lebenskraft des menschlichen Gedankens: In ihm hat der Mogul-König Shahjahan die einmalige Zuneigung zu seiner Arjumand Banu materialisiert, wohl wissend, daß Marmor noch am ehesten Dauer verspricht. Hier das heute verrottete Wort „Liebe“ zu verwenden, käme mir unpassend vor, auch wenn der zeitgenössische Rummel um das Bauwunder dort kaum mehr wirklich Gedanken aufkommen läßt. Wir waren zu dritt in Indien (1977) und haben so natürlich auch zum Rummel beigetragen.

Beweis königlicher Zuneigung: das Tadsch Mahal in Agra

CEYLON

Ceylon heißt heute Shri Lanka. Aber in unserem Weltbild ist Ceylon noch immer der Teebegriff, der mit dieser Insel verbunden ist. Leider kommt uns jetzt Shri Lanka häufiger mit Greuelmeldungen in die Ohren, weil die Singhalesen mit den Tamilen nicht mehr „fertig“ werden.

•Die Vergangenheit der Insel Ceylon ist groß. Davon künden noch die **Ruinenstädte** von Anuradhapura und Polonnaruva.

(Siehe auch Bd. 1; SCHALLER – Erfüllte Endlichkeit, Seite 226, Adams Peak – Sonnenaufgang)

Die schön im Palmenhain versteckte kleine Dagoba von Mihintale

KAMBODSCHA

Lange Zeit hätte ich nicht gedacht, daß mir noch ein Gang durch die größte Tempelanlage aller Zeiten vergönnt sein werde. Aber gerade solche Ungestalten der Menschengeschichte wie Pol Pot überleben sich schnell, und so konnten wir zum Jahreswechsel 1995/96 über Bangkok nach Phnom Penh fliegen und die wunderliche Widersprüchlichkeit menschlicher „Größe“ zwischen Zyklopenmauern und Massengräbern um den riesigen Flußsee des Tonle Sap herum besuchen. Angkor Wat im Wald bei Siem Reap gilt als das größte sakrale Bauwerk der Menschheit. Romantische Menschen, die es mit den Begriffen nicht so genau nehmen, zählen es zu den 7 Weltwundern.

•Der ästhetische Wert des steinernen Undings ist mäßig. Umso stärker ist seine Nachdenklichkeit auslösende Potenz. Wie hat der König Suryavarman II. im 12. Jahrhundert diese unmenschliche **Kraftleistung** seines Khmer-Volkes bewerkstelligt? Mit Gewalt, Glaubenszwang, Kaufkraft, völkischer Ideologie? Rational jedenfalls läßt sich eine derartige Organisations- und Produktionshochleistung von maximal 1 Million Menschen nicht verständlich machen; denn nahezu die gesamte „Investition“ diente ja nicht der „Wohlfahrt“ jener Menschen. Hier empfand ich als Weltbildsammler nochmals das gleiche Staunen über den Unsterblichkeitswahn meiner Art wie seinerzeit in Ägypten oder in Yukatan. Unverdrossen stieg ich die Steinstiegen auf und ab, durchschritt die endlosen

Blick von einer der oberen Terrassen des Angkor-Wat-Komplexes auf den Urwald, der das Ganze schon völlig überwuchert hatte

Eines von vier Riesengesichtern in Angkor Thom

Korridore und schaute von den Terrassen zu den gewaltigen Steintürmen hinauf. Noch größeren Respekt freilich hatte ich für den Wald, der das ganze bereits in Wiederbesitz genommen hatte, ehe es ihm die Franzosen entreißen ließen.

•Eines der je vier Riesengesichter, die an den Türmen des **Bayon von Angkor Thom** in die Haupthimmelsrichtungen schauen. Die Archaeologen haben sie als Bodhisattvas bestimmt, also als Wesen der höchsten Erleuchtungsstufe nach der Lehre des Mahayana-Buddhismus. Wenn's stimmt, stößt sich der Rationalist allerdings sehr am irdischen, d. h. menschenkraftverzehrenden Aufwand.

Der Bayon stammt von Herrscher Jayavarman VII.

•Diese Bilder aus dem ehemaligen **buddhistischen Kloster** Ta Prohm bei Angkor Wat zeigen die Kraft der Natur jenseits des menschlichen Wirkens, das doch immer wieder und immer nur ephemer bleibt. Wo gab oder gar gibt es eine Kultur, deren Wertvorgabe auch nur ein paar 1000 Jahre überdauert hätte.

Das ehemalige buddhistische Kloster Ta Prohm, Beispiel natürlicher Wiedergeburt

•Im Tuol-Sleng-Museum von Phnom Penh ist das zweite Gesicht des Khmer-Volkes zu sehen, das – wie bei allen „großen“ Völkern – ein scheußliches ist. Hier befand sich das **Konzentrationslager der Roten Khmer**, wo vom 17. 4. 1975 bis 7. 1. 1979 Menschen an Menschen alles verübten, was unter Tieren nirgends geschieht. Pol Pot ließ alle Einwohner wie Vieh aus der Stadt treiben und die Häuser plündern. Und während seiner fast 4-jährigen Schreckensherrschaft wurden im Lager und auf verschiedenen Killing Fields zehntausende Mitmenschen „viehisch“ gefoltert und umgebracht. Das Adverb viehisch ist eine klassisch humane Überstellungsleistung wie etwa auch das Wort „Sündenbock“. Dem wird bekanntlich alles menschlich-Miese auferlegt, damit er darob in der Wüste verrecke. Viehisches und Widernatürliches ist nur einem denkenden Wesen möglich. Um das zu erfahren, muß man freilich nicht erst nach Kambodscha kommen.

Das Erbe des Pol Pot im Museum von Phnom Penh

THAILAND

Die Klongs (Kanäle) machen Bangkok nicht zum Venedig des Ostens. Dazu ist es viel zu menschenreich und laut

•Chedi, der glockenförmige und spitz zulaufende, und Prang, der rund endende Tempelturm, sind die Charakterelemente im Stadtbild von **Bangkok**. Hier sind es die prominenten Turmbauten des Wat Arun (= Tempel der Morgenröte) am Westufer des Chaophaya.

Tempeltürme bestimmen das Erscheinungsbild Bangkoks

NEPAL

Nepal ist weltbekannt als üblicher Anfahrtsweg für den Allerhöchsten unseres Planeten, der, wenn man den Geophysikern glauben darf, noch immer von Indien in die Höhe geschoben wird. Auch die Sherpas sind bekannt als Leute, die für gutes Geld nicht nur Lasten schleppen, sondern auch auf Gipfel mitsteigen, wo man ein Fähnchen in den Schnee steckt, ein Photo macht und gleich wieder umkehrt. Weniger bekannt sind die in den Tälern siedelnden Newaris, die auf Terrassen Feldbau betreiben und an den Bergen ihre Jaks grasen lassen.

Das Fassadenbild aus Kathmandu zeigt, was für große Künstler Nepals Zimmerleute und Holzschnitzer sind

•Aber schon wegen ihrer wunderschönen **Lehmhäuschen** sollte man mehr von ihnen wissen. Jene sind geschmackvoll proportioniert und koloriert und zeigen fast noch mehr als dessen **weltberühmte Holzschnitzereien** die Formsicherheit dieses Bergvolks, das sich stolz zwischen chinesischer und indischer Kulturdominanz gehalten hat, ja sogar vielfach seinen autochthonen Künstlernachwuchs nach beiden Seiten exportieren konnte.

Dezent kolorierte Lehmhäuser der Newaris

• In Ländern wie Nepal „begegnen" sich, wie man so gerne sagt, die „Kulturen" noch oft wie ehedem **zu Fuß**. Und dabei sieht es auch oft nach der „Gleichheit" aus, die wir seit Jesus, Danton, Marx so wünschenswert finden: Alle tragen ihre Last. Der kleine Unterschied ist nur der, daß die einen es freiwillig und zum Spaß tun, während die anderen es müssen, um am Abend genügend Reis in der Schüssel zu haben. Merkwürdig ist, daß diese kaum mißmutiger sind als jene.

Links: Freiwilliger Lastenträger im Himalaya

rechts: unfreiwillige Lastenträgerinnen dortselbst

• Obwohl Buddha – Jesus nicht unähnlich – ein ziemlich asoziales Dasein geführt hat – bekanntlich hat er ja aus Erleuchtungsgründen mit 29 Jahren heimlich Weib und Kinder sitzen lassen –, ist sein krauses Gedankenwerk neben dem des noch krauseren des Hinduismus zur bestimmenden „Religion" Nepals geworden,

Der Stupa von Bodnath

und deren Symbole, die Stupas, beherrschen das Landschaftsbild um **Kathmandu**. Einer der bedeutendsten Stupas ist der von Bodnath. Er wird aber vornehmlich von Tibetern besucht und unter fleißiger Betätigung der unzähligen Gebetsmühlen murmelnd umschritten.

Leichen-Verbrennung am Fluß Bagmati

• Pashupatinath (= Deopatan) am Fluß Bagmati ist die Heilige Stadt der nepalesischen Hindus, wo sich solche bevorzugt ihre **Veraschung** wünschen. Der dazu erforderliche Holzaufwand dürfte nicht unwesentlich daran schuld sein, daß das Tal von Kathmandu so waldarm ist.

TIBET

Die Chinesen haben sich in der Neuzeit noch eine Kolonie dazugeholt, die sie, weil angrenzend, einfach als ihr legitimes Staatsgebiet betrachten und traktieren. Die Tibeter sind nun zwar im weiteren Sinne auch Mongolen, haben aber historisch und kulturell nichts mit China zu tun. Jetzt wandern also die Chinesen nach Tibet hinauf und bringen dem Bergvolk den Fortschritt, wie zum Beispiel hier im Feldbau, wobei sie freilich das wenige anbautaugliche Land – wie hier bei Lhasa – „kaufen" und selber nutzen.

Chinesisch entwickelter Feldbau bei Lhasa

•So kann ich auch nicht sagen, ob diese beiden grinsenden ländlichen Statisten auto- oder heterochthoner Herkunft sind. Hoffentlich sind sie als **Tibeter** nicht die Urahnen späterer Freiheitskämpfer, die von ihrem „staatstragenden" Volk dann als Terroristen bekämpft werden müßten.

•Als Junge, der begeistert Sven Hedins Berichte las, hätte ich es mir nie träumen lassen, daß ich jemals mit eigenen Augen den **Potala** zu sehen bekäme (nächste Doppelseite).

•Nicht weniger ergriffen habe ich dieses Photo von einem doch tatsächlich bestimmungsgemäß genutzten **Yakfellboot** auf dem Lhasa He bei Lhasa gemacht.

Noch tibetische oder bereits chinesische (?) Kinder

Yakfellboot auf dem Lhasa He

Potala

•Alle Unterdrückung und Aufklärung der chinesischen Besatzungsmacht hat nicht verhindern können, daß das tibetische **Mönchtum** weiterlebt. Seine Attraktivität für die männliche Jugend hat kaum nachgelassen, wozu wohl auch die repräsentative Tracht (bis hin zur geckenhaften Fußbekleidung) beiträgt.

Links: Fußbekleidung eines Mönches

rechts: Buddhistische Beter in Bauchlage

CHINA

China ist auch mit vielen Bildern nicht anschaulich und verständlich zu machen. Sein berühmtestes Bauwerk, die Mauer, konnte ich an seinem östlichen wie westlichen Ende sehen.

•Im Westen bei Yiayuguan, wo zeitweise eine Garnison von 30.000 Mann die ungewissen und unkalkulierbaren Weiten Mittelasiens bewachte.

Westende der Großen Mauer in der Provinz Gansu

Die Mongolen und Tataren waren ja jahrhundertelang wanderheuschrecken-gleiche analoge Bedrohungen für Europäer wie für Chinesen. Als „Gottesgeißeln" sind ihnen (aus der Sicht der Europäer) zeitweise nur die Wikinger gleichgekommen.

Auf dem Großen Platz in Peking vor Maos Mumie

•Auf dem geschichtsträchtigen **Tian'anmen-Platz** stellt sich das Volk der Mitte geduldig um einen Blick auf den Großen Mao an. So ein Reich ist ohne Kult nicht zu regieren.

Koffer-„Kuli"

•Sowohl auf dem Land wie in der Stadt ist die menschliche **Arbeitskraft** noch immer der entscheidende Energiefaktor der Wirtschaft. Das Wort Kuli klingt in unseren Ohren chinesisch; mein alter Duden weist es aber als „angloindischen" Begriff aus (?).

Dachfiguren als Abwehrzauber

•Trotz aller Aufklärung seit Mao Tse-tung spielt „Aberglaube" weiterhin eine große Rolle im Weltbild eines schlichten Chinesen. Die apotropäischen **Chimären** auf den Dächern haben alle Bilderstürme der Kulturrevolution überlebt.

•Mao Tse-tung (Mao Zedong) ist noch immer **Sinnstifter** und Richtfigur des kopfzahlstärksten Staats aller Zeiten. Er überlebt Marx und Lenin und läßt sich vielleicht auch noch „globalisieren". Mir haben meine Hörer von 1968 seine rote „Bibel" geschenkt. Ich hebe sie gut auf. Wer weiß, ob sie die Enkel oder Urenkel nicht doch noch brauchen? In China jedenfalls wird Mao Zedong als Betonfigur unentbehrlich bleiben, solange „die" Chinesen ihren Imperialismus als „Großmacht" pflegen. Wer sonst könnte ihre unterworfenen Fremdvölker zusammenhalten?

Mao

•Hier in Xian, wo nahebei die gewaltige Terrakotta-Armee des ersten Kaisers von China, Tjin Shi Huangli, wiedererstanden ist, kann man den Blick in einen Arbeits- und Schlafraum werfen, der nur an dem Telephonapparat auf dem Tisch verrät, daß ihm einmal weit überörtliche Bedeutung zugekommen ist. Hier saß 1936 Tschiangkaischek fest, dessen späterer Verlegenheitsstaat Taiwan als das sogenannte 2. China ja bis heute noch die **Weltpolitik** stört, weil ihn das 1. China nur duldet, solange es ihn diplomatisch nicht gibt.

Arbeits- und Schlafraum von Tschiangkaischek

Nachdenklich wird der Zeitgeistbetrachter in China. Dieses Reich ist (ähnlich wie Rußland) schwer belastet mit **imperialem Erbgut**, das nur ein rigoroser Kommunistenstaat zusammenhalten kann. Nüchtern besehen sind ja China und Rußland die letzten (und größten) Kolonialreiche der Menschheitsgeschichte. Wir besuchten 1996 den Westen Chinas, wo Völker leben, die weder ethnisch noch kulturell Chinesen sind. Was wird der kommende Zeitgeist dort noch veranstalten? Viel Menschenblut wird fließen wie jüngst in Tschetschenien (wo sicher noch nicht das letzte geflossen ist).

Denkmal des Uiguren-Idols Mohammed Kaschgarli

•Die **Uiguren** sind wohl das nächste Nationalismus-verdächtige Volk in Großchina. Hier das Denkmal ihres größten „Linguisten" **Mohammed Kaschgarli** bei Kaschgar (Kashi). Er ist nicht vergessen, weil die chinesischen Herren das wachsende ethnische und religiöse Selbstbewußtsein der zentralasiatischen Hirtenvölker, die ja Mohammedaner sind, gar nicht gern sehen.

Taxi bei den Uiguren am Fuß des Kunlun Schan

•„Unser" „westlicher" Zeitgeist weht hier im äußersten Westen Chinas noch schwächer als an seinem Ostrand. Die Kamele haben da zwar schon lange zwei Höcker, aber die **Taxis** fahren noch immer mit einer PS.

•In den klingenden Sandbergen liegt der blaue Spiegel der berühmten **Mondsichelquelle**, die ohne Übertreibung ein Naturwunder genannt werden darf (rechts).

Mondsichelquelle

•Ein **uigurisches Hirtengrab** in der Halbwüste. Auch es zeigt, daß der heutige maoistische Zeitgeist Chinas hier in der Provinz von Sinkiang nicht weht.

Uigurisches Hirtengrab

•In Konfuzius hat China einen Denker hervorgebracht, der Religion im eigentlichen, d. h. theistischen Sinn unnötig macht, weil er meint, der Mensch könne und müsse sich auch ohne göttliche Anleitung und Aufsicht zu einem anständigen Leben selbst erziehen. Aber in diesem Riesenreich haben sich auch mehrere sogenannte Weltreligionen ausgebreitet, wie Buddhismus, Taoismus, Islam und Christentum. Der Buddhismus hat seinen Drang zur figürlichen Darstellung des Erleuchteten an verschiedenen Orten realisiert, wie hier in einer Versammlung von frommen Sitzfiguren vor dem liegenden **Riesenbuddha bei Dazu** (rechts).

JAPAN

Der internationale Entomologenkongreß 1980 brachte uns mit der Aeroflot nach Japan, wo wir mit einem Mietauto das Land erkundeten und auf den Fudschijama pilgerten.

Rituelle Spülungen

•Was den Europäer des ausgehenden 2. Jahrtausends in Japan am tiefsten beeindruckt, das ist der große Zulauf zu den Tempeln und die dabei gezeigten frommen **Förmlichkeiten** der Einheimischen. Da vergißt doch keine(r) beim Eintritt die vorgeschriebenen Spülungen und Waschungen.

•Der Heian-Schrein in **Kyoto** ist einer der schönsten seiner Art in Japan. Das Auge findet nichts, was wider Ordnung und Proportion wäre. Unseres empfindet das ideal-harmonische Ensemble eher als Kitsch. Andererseits sind wir gerührt von der schlichten handwerklichen Ästhetik der Bambuswand.

Links: Heian-Schrein, Kyoto

rechts: schlichte Ästhetik einer Bambuswand

Bunte Votivgaben

•Votivtäfelchen und Bündel bunter Zierschnüre kann man vor japanischen Schreinen (des Shintoismus) und Tempeln (des Buddhismus) kaufen, um sie im Heiligen Bezirk an geeigneter Stelle (oft an eigens dafür vorgesehenen Bäumen) anzubringen. Das **Wunschdenken** füllt asiatische Köpfe noch mehr aus als unsere. Das sieht man auch abends in den zahllosen Lokalen für Glücks- und Geschicklichkeitsspiele. Umso fraglicher ist es, wohin so eine Wunschgesellschaft gerät, wenn sie eines Tages zur Wunscherfüllung kommt. Die derzeitige „Rezession" in Japan (2001) zeigt, wie locker ihr Gefüge ist, z. B. an der hohen Selbstmordrate.

•Der „Garten“ des Daitokuji-Klosters ist ein Meisterwerk der Abstraktion, die so typisch ist für den **Zen-Buddhismus** und seine Selbstbezogenheit.

Zen-Garten

•Wenn man weiß, daß die meisten japanischen **Kinder** daheim viel weniger „Platz“ für sich haben als unsere, hat man noch mehr nachdenklichen Respekt für ihre Eltern. Bei aller Neophilie werden sie auch im 21. Jahrhundert kaum der kulturellen Globalisierung verfallen. Nicht einmal als „Asiaten“ werden sie ihre Identität erweitern, so wie wir das nun als „Europäer“ vorhaben (obwohl wir doch wissen, daß wir sowieso solche sind).

Kinder beim Zikadenfang

Hier sind sie Kinder wie andere auch, Tauben fütternd oder Zikaden fangend. Letzteres ist freilich ein typisch japanischer Kinder-„Sport“ im Sommer.

•Die schöne **Brücke von Iwakuni** über den Nishiki aus dem Fußgängerzeitalter Japans wirkt auf uns wie Rothenburg ob der Tauber auf „die“ Japaner: Aber derart „japanisch“ sind diese ebenso wenig wie wir „deutsch“.

Geschwungene Brücke von Iwakuni

Freiluft-Trio am Fuß des Fuji-Yama

•Auf dem Gipfel des Fuji-Yama erlebten wir leider einen der für Japan üblichen sommerlichen Wolkenbrüche. Aber nach dem Abstieg saß dieses **Trio** am Wege und blies, obwohl es offensichtlich noch übte, ein wohlklingendes Terzett.

•An Japans Küsten können sogar die ausgeweideten Körper von Tintenfischen (Sepien) mit ihren Tentakeln zu hübschen Girlanden vor den schlichten Holzhäusern der **Fischer** werden.

Kunstvoll drapierte Tintenfische: Vor der Gaumen- die Augenweide

•Vor diesem Mahnmal, das jeder kennt, macht sich jeder auch seine Gedanken. Meine waren die folgenden:

Daß Deutsche Juden und andere Unschuldige vergasten, „weiß“ heute jeder. Daß Amerikaner Japaner unsortiert verstrahlten, „wissen“ wir nur fakultativ. „Vergessen“ ist ganz, daß es (bisher) nur eine Nation gibt, die **Atombomben** wirklich warf. Und die „Atommächte“ stellen wir uns nun als geschlossenen Klub vor. So blöd und blind war der Zeitgeist selten.

Mahnmal für einen menschenunwürdigen „Erstschlag“

BALI

Zwar gehört Bali zu Indonesien, aber im Kopf des Europäers ist es ein eigener Begriff für Exotik und Volkskunst. Für simplere Touristengemüter ist es zudem identisch mit hübschen ausdrucksvoll tanzenden Mädchen. Wer es auf eigene Faust naiv staunend durchstreift, wie wir das 1985 taten, ist fasziniert vom Vulkanismus, der alles geformt hat, und von der eigenständigen Kultur des malayischen Inselvölkchens, das ja als einziges seinen animistisch angereicherten Hinduismus erfolgreich gegen den allgemein dominierenden Islam behauptet hat. Unzählige Tempel schmücken mit ihren vielstufigen Pagodentürmchen Küste, Flachland und Berge. Pura ist die Gesamtbezeichnung für einen Tempel, der stets Höfe bildet und von Pagoden überragt wird, die Merus heißen. Ihre mehrstufigen (3-11) Dächer werden Tumpangs genannt. Und ganz wichtig ist es, zu wissen, daß jeder Pura zu einer Gruppe von Menschen gehört, d.h. von ihr errichtet, unterhalten und besucht wird. Universelle „Gotteshäuser“ wie unsere heidnischen Tempel, christlichen Kirchen oder islamischen Moscheen gibt es bei den Balinesen nicht.

•Im Bratan-See, genau nördlich der Hauptstadt Denpasar, liegt malerisch der **Pura Ulun Danu**, in dem Dewi Danu, die Göttin des Meeres und der Seen verehrt wird. Die tiefhängenden Wolken verdecken die drohenden Vulkane dahinter.

Typische Pagoden mit Stufendächern

•Die Darbietung eines ausdrucksstarken Tanzes gehört in Bali zu jedem Ausflugsprogramm. Hier ist der Höhepunkt des **tänzerischen Dramas** erreicht: Krieger, denen es nicht gelang, „das Böse“ zu töten, versuchen es mit sich selber. Komisch, daß überall in der Theater-Welt das Gewisseste am liebsten zelebriert wird.

Balinesische Tänzer in suizidaler Ekstase

•Tanahlot an der Südküste Balis ist ein malerisch über dem Meer gelegener Tempel, den man nur bei Niedrigwasser erreichen kann. Er ist einer der wenigen **Puras**, die von allen Balinesen besucht werden, vor allem am 17. November, dem Opfertermin für die Seegeister. In den Felsspalten liegen schwarz-weiß geringelte Seeschlangen, die nicht nur heilig, sondern auch gemein giftig sind.

Tempel an der Südküste Balis

•Dieser Opferaltar mit der **Swastika** machte meinem (jungen) Photografen in Wien Kopfzerbrechen, weil er sich Neonazis auf Bali nicht vorstellen konnte. Das kommt davon, wenn man ein Weltbild hat, in dem 12 tatsächlich wie 1000 Jahre gewertet werden. Das Hakenkreuz stammt ja nicht von Hitler, auch nicht von gleichartigen oder gar gleichrassigen Ideologen seiner Weltschau, sondern ist bei den Hindus ein uraltes Glückssymbol, vielleicht graphisch aus einem Sonnenrad entwickelt.

Hinduistischer Opferaltar mit der Swastika, die in Bali keinen an A.H. denken läßt

BORNEO

Durch die Sundasee im Osten Borneos zieht eine der wichtigsten Faunengrenzen unserer Erde, die Wallace-Linie. Sie zeigt genau den Verlauf der südostasiatischen Festlandsküste während der stärksten Meeresspiegelsenkung in der (letzten) Eiszeit. Dort, in und um Borneo, ist gewissermaßen das Eldorado der Tiergeographen.

Die Wallace-Linie u.a. biogeographische Grenzziehungen zwischen Asien und Australien

•Borneo mit seinen eingeborenen Dajaks gehört heute leider auch in den Machtbereich fremder Herren aus Indonesien und Malaysia. Seine Urwälder werden nach Japan exportiert und/oder abgebrannt. Immerhin besteht Hoffnung, daß wenigstens seine Orang Utan = Waldmensch-Bevölkerung überlebt, weil inzwischen die ganze „Welt" auf sie schaut. Sonst freilich wird die einmalige Tropeninsel der Globalisierung = gleichmachenden Menschennutzung nicht entgehen. Ich suchte – wie gewohnt – nach dem **höchsten Punkt** und erreichte ihn auch mit Wolfgang am 18. 2. 1982 (siehe Bd. 1 S 237). Hier ist der Kinabalu (4101m) bei selten klarem Himmel über den Bergwäldern zu sehen.

Blick auf den Kinabalu

Diese farbenprächtigen Kannenpflanzen halten den Höhenrekord ihrer Familie am Kinabalu

•Der Aufstieg auf den Kinabalu führt vom Regen- durch den Nebel- in den Bergwald hinauf. Noch auf 3000m Höhe hängen die roten bauchigen Kannen der ***Nepenthes villosa*** dicht über dem Boden im lockeren Unterholz. In ihnen fangen sich hauptsächlich Ameisen, Käfer und Wanzen.

•Borneo ist das Eldorado der **Nepenthes** (=Kannenpflanzen). Die Botaniker zählen ca. 70 Arten. Sie sind Epiphyten, die sich den mangelnden Stickstoff aus tierischem Eiweiß holen, indem sie in ihren aus Blättern geformten Kannen Insekten fangen und mit selbsterzeugten Enzymen verdauen. Es gibt boden- und strauchbewohnende Arten mit spezifisch gestalteten und gefärbten Bechern, Kannen und Kelchen, von hohem ästhetischen Reiz. Die kannenförmigen Blätter dienen also der Karnivorie. Diese „Fleischfresser" sind aber gewaltfrei und stumm. (Abb. großes Bild nächste Seite)

„Kannenpflanze“

Vogelnestfarn

•Die **Vogelnestfarne** sind ein besonders charakteristisches epiphytisches Vegetationselement im Regenwald von Borneo. In ihren humusreichen Wurzelballen siedelt eine eigene Pflanzen- und Bodentiergesellschaft. Sie sind echte hängende Gärten im feuchten Urwald.

Verwaistes Orang Utan-Kind

•**Orang Utan-Kindergarten:** Wolfgang knipst da ein Orang Utan-Waisenkind, das (mit Leidensgenossen) in einem eigenen Reservat aufgezogen wird, um später in die „freie Wildbahn" entlassen zu werden. Ob es freilich ohne Mutter „normal" wird, ist fraglich. Immerhin gibt es jetzt wenigstens Menschen, die sich um den Rest ihrer Vettern auf Borneo Sorgen machen und sogar gutes Geld für sie ausgeben.

•Die Tiefland-Dajaks, die an den großen Flüssen Borneos siedeln, wohnen in **Gemeinschaftshäusern**, die wegen ihrer Proportion Langhäuser heißen. Sie sind aus Holz und Bambusrohr und stehen auf Stelzen. Steigbäume führen auf eine straßenartige Plattform hinauf, der entlang die Hauswand zieht, hinter der die überdachten Wohn- und Schlafräume der Familien in einer Achse seitlich aneinander liegen. Die Vorräume jedes einzelnen Appartements sind von der „Straße" her noch öffentlich zugänglich, so wie bei uns die Dielen, die man noch, ohne anzuklopfen, betreten darf. Die Kammern dahinter aber sind „privat". Dutzende von Familien wohnen so aneinandergereiht unter einem Dach, das 200-300m lang sein kann. Der Platz auf der Balustrade davor, der wie gesagt eher einer Straße gleicht, dient den Kindern und Hunden als Spielplatz, den Frauen zum Wäschetrocknen, Reisstampfen, Fischsäubern und Plaudern, den Männern als Handwerksplatz.

Schema eines Langhauses

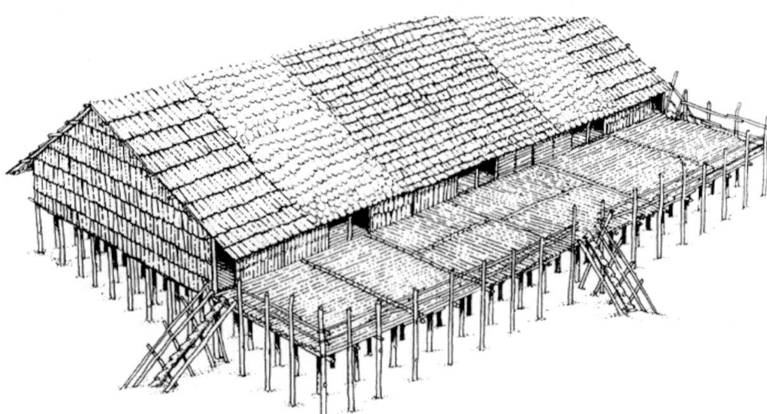

Bei Regen zieht sich alles unters Dach der Vorräume zurück. Die Schweine und Hühner hausen unter dem Ganzen und müssen bei Flut landeinwärts ausweichen. So ein **Langhaus** ist also eigentlich ein Dorf unter einem Dach und kann nur von Menschen bewohnt werden, die sich über das bloß Familiäre hinaus „mögen". Wer das weiß, wundert sich nicht, wenn er hört (Anfang Februar 2001), daß die Dajaks auf Borneo eingewanderte Malaien (Indonesier) verjagen und notfalls totschlagen.

Ein Hinterhof der Tiefland-Dajaks

•Ein Besuch der großen Höhlensysteme von **Niah und Gomantong** gehört in Borneo zum Pflichtprogramm des Naturforschers. Vor allem der Zoologe kommt da auf seine Rechnung wegen der reichen Fauna zu seinen Füßen, die sich von dem ernährt, was die darüber aus- und einfliegende und brutaufziehende Gesellschaft der Salanganen und Fledermäuse üppig fallen läßt.

Die großen Höhlensysteme beherbergen viele fliegende und kriechende Tierarten, mit deren Kot Boden und Wände verputzt sind

•Das ist eine der Salanganen (*Collocalia*), die wegen ihrer „Speichel-Nester" berühmt sind. Hier hat sie ein junger englischer Zoologe in der Hand, der im Rahmen eines Forschungsprojektes die Biologie dieser höhlenbewohnenden „Segler" in Borneo (Gomantong) studierte (1982). In den Höhlen von Niah und Gomantong hausen Millionen von Fledermäusen und von Schwalben, die keine sind. Die **Salanganen** sind nämlich Verwandte der Mauersegler, die ja auch bei uns als „Turmschwalben"

Die Salanganen sind Verwandte der Mauersegler

gern verkannt werden. Während aber unsere Mauersegler rein tagaktive Insektenjäger sind, kommen die Salanganen erst bei Sonnenuntergang zur Jagd aus den Höhlen. Sie produzieren in ihren breiten Mäulern einen klebrigen Schleim, in dem die Beutetiere hängen bleiben. Und dieser Schleim ist es, der eine jener Salanganenarten auch für eine besondere Sorte Mensch interessant macht. Damit sind aber nicht die Zoologen gemeint, die sich für die biologischen Spezifitäten der Nachtvögel interessieren (die z. B. in den Höhlen mit Echolot fliegen), sondern Leute, die gern Speichelnestsuppen von Salanganen löffeln und für eine solche Delikatesse beachtliche Preise zahlen. Wer je einen Viktualienmarkt in China besucht hat, wird sich – auch wenn er dort zwischen Fröschen, Schlangen, Hunden u.a.m. keine Salanganennester fand – nicht wundern, daß es vor allem unsere chinesischen Artgenossen sind, die diese kulinarische Präferenz zeigen.

Kurz, wegen des florierenden Schwalbennestmarktes in China steigen auf Borneo jährlich hunderte Dajakjünglinge auf schwankenden Hängeleitern und Bambusgerüsten zu den Speichelnestern an den 20 bis 30m hohen Höhlendecken hinauf und riskieren des guten Lohnes wegen Kopf und Kragen bei deren Ernte. Übrigens wenn das kurz nach dem Neunestbau geschieht, machen die bestohlenen „Schwalben" einfach nochmals welche, und alle in diesem Interessenskreis sind zufrieden.

•Eine Omnibusfahrt in Borneo ist zwar meist unbequemer als bei uns, aber auch oft amüsanter. Regelmäßig begegnet man dabei den kuriosesten **Reisegefährten**.

Reisegefährten

•Einer der vielen Briefe – diesmal aus Borneo – an die Enkel daheim (die folgenden Seiten).

Sandakan, 22.2.82

Liebe Harlskinder!

Jetzt zu Mittag, wo es ganz heiß ist, haben sich alle Geckos verkrochen. Nirgends ist einer zu sehen. Auch wir liegen auf den Betten und warten. Es wollte nämlich ein Mann mit einem Boot kommen und uns zu der Höhle mit den Schwalben fahren, von der ich Euch gestern erzählt habe. Aber er kommt und kommt nicht. Vielleicht liegt der faule Bursche auch in seinem Boot und schnarcht und hat uns ganz vergessen? - So kann ich jetzt also noch nichts aus der Höhle berichten. Dafür erzähle ich Euch noch etwas von dem hohen Berg, den wir vor ein paar Tagen bestiegen haben. Dort droben gab es nur noch kahle Steine, und es war bitter kalt. Geckos gibt's da keine mehr. Die würden mit ihren dünnen Bäuchlein einfach erfrieren. Und zu essen hätten sie ja auch nichts da droben; denn da gibt's keine Mücken, Ameisen und Schmetterlinge mehr, die sie fangen könnten. - Auch wir haben auf dem Steingipfel nicht viel zu essen gehabt; denn wir haben ja alles erst hinauftragen müssen. Aber der Wolfgang hat doch eine große Dose voll Ananasscheiben im Rucksack mitgebracht. Was glaubt Ihr, wie die uns geschmeckt haben! Vor allem den süßen Saft haben wir genüßlich gelöffelt. Wir haben ja auch großen Durst gehabt wegen der dünnen, trockenen Luft dort droben. - Der Berg steigt mitten aus dem Urwald auf und heißt Kinabalu; das bedeutet Ort, wo man die Geister der Toten ehrt. Die Leute, die in den Wäldern ringsum leben, glauben nämlich, daß die Geister ihrer Toten dort oben weiterleben. - Wir haben nichts von Geistern gemerkt, als wir unsere Ananas verzehrten. Nur der Wind heulte um die Felsen, und graue Nebelfetzen flogen uns um die Ohren. - Wir waren froh, ein wenig sitzen und rasten zu können, denn der Aufstieg ist sehr lang und steil gewesen. Über viele Wurzeln sind wir dabei gestolpert und oft an Ästen oder Dornen hängen geblieben. Trotzdem hat uns die Plage auch Spaß gemacht, denn immer gab es rechts und links oder über uns in den Bäumen etwas Lustiges zu sehen: Vögel, Schmetterlinge, Blüten und Kannenpflanzen (von denen ich Euch ja schon geschrieben habe –). Am glitschigen Boden hat der Wolfgang einmal auch einen Regenwurm mit blauem Rücken entdeckt, der war so lang wie ein Arm vom Philipp. Den haben wir natürlich fotografiert und den können wir Euch dann daheim im Bild zeigen (wenn unsere Fotos auch was geworden sind). – Der Kinabalu ist ein so hoher Berg, daß man an einem Tag gar nicht hinaufkommt. Deswegen haben wir auch einmal dazwischen schlafen müssen. Dazu haben wir alles angezogen, was wir noch in den Rucksäcken mit hatten. Dann haben wir uns ein Lager am Boden gemacht und sind in unsere Schlafsäcke gekrochen. Der Wolfgang hat sich sogar seine Zipfelmütze über die Ohren gezogen. Trotzdem sind wir in der Nacht ein paar Mal aufgewacht, weil es so kalt war. – Am Morgen ist die Sonne unter uns aufgegangen. Da sind wir schnell aufgestanden und haben uns mit einem kleinen Gaskocher einen ganz heißen Tee gemacht. Beim Weiterkraxeln hat dann bald die Sonne die letzte Kälte aus unseren steifen Beinen vertrieben. Und wenn man tüchtig geht, das wißt Ihr ja, da wird einem sowieso schön warm.. –

Das Schöne an diesem Berg Kinabalu ist, daß er unten ganz im grünen Urwald steckt und oben seinen Kopf frei von Bäumen und Sträuchern in den Himmel reckt. Unten in den Wäldern hausen Affen und Wildschweine, oben zwischen den grauen Felsen krabbeln bloß noch ein paar Käfer und Spinnen herum. Unten ist es heiß und feucht wie in einer Waschküche, oben kalt und windig. Drum bleiben auch die Waldtiere immer drunten und die Bergtiere immer droben. Nur die Menschen steigen hinauf und hinunter, aus bloßer Neugier und weil es ihnen Spaß macht, einmal da, einmal dort zu sein. -

Nun bin ich aber vom vielen Schreiben so müde, daß ich mich auch ein wenig aufs Ohr legen will. Das nächste Mal schreibe ich von der Höhle.

Bussi! Euer Opa

AUSTRALIEN

In Australien hat der bisher letzte Schritt unserer Evolution nicht stattgefunden. Alles deutet darauf hin, daß die wenigen plazentalen Säuger, die es dort bei seiner „Entdeckung“ gab, Zuwanderer waren, wie Fledermäuse, Fliegende Hunde, Ratten und der Mensch samt seinen entlaufenen Dingos. Doch unsere australischen Artgenossen waren dann großartige Überlebenskünstler, Träumer und Erzähler, Klein- und Kunsthandwerker.

Sie hatten einige Jahrzehntausende Zeit dazu, sich in ihrer Isolation originell zu „entwickeln“; und sie taten das – sei's aus Dummheit, sei's aus Klugheit – sehr mit Maßen. Pfeil und Bogen kannten sie nicht, auch kein Metall. Umso reicher war die Welt in ihren Wuschelköpfen mit kuriosen Geschichten von Blitz- und Regengöttern und von Traumgestalten wunderlichster Art. Und als Maler und Musiker waren sie kunstästhetisch schon vor Jahrhunderten so weit wie unsere postmodernen Künstler heutzutage. Das zeigt das Felsenbild von Nourlangie (Seite 240). Die australischen Künstler hatten nur das Pech, daß sie von christlich-kunstunkundigen Kriminellen, Goldrauschsüchtigen und gemeinen Landräubern „entdeckt“ worden sind, die gewiß auch einen Rembrandt oder van Gogh sorglos ins Lagerfeuer geworfen hätten.

Ayers Rock

Felsenbild von Nourlangie

AUSTRALIEN

Mit dem lange gesuchten Südkontinent sind die Kosmo- (besser Geo-)graphen erst gar nicht zufrieden gewesen. Aus spekulativen Gründen des Fliehkraftgleichgewichts der rotierenden Erdkugel durfte er nämlich eigentlich nicht so klein sein, wie er sich tatsächlich herausstellte. Erst seitdem wir wissen, daß die Kontinente isostatisch auf dem heißen Brei des Erdinneren „schwimmen", haben sich die Gemüter beruhigt. Ich denke da gern an unsere heutigen Kosmophysiker, die ängstlich jedem Teilchen sein Antiteilchen suchen – wegen des „Gleichgewichts" der Schöpfung. Die Gottlosen können sich offenbar einen wahrhaft „Allmächtigen" nicht vorstellen, der doch als solcher hätte schöpfen können, wie er wollte.

Auch in manch anderer Hinsicht erweist sich Australien als Besonderheit unter unseren Kontinenten (wenn man einmal davon absieht, daß auch die Antarktis einer sein soll). Es ist uralt und wenig bewegt durch die Billennien der Erdgeschichte gekommen. Viel mehr als 2000m Höhe erreicht es nicht. Keinen größten Strom, keinen tiefsten Punkt hat es aufzuweisen, dafür vielleicht ein paar heißeste und trockenste. Aber Flora und Fauna und die Menschen haben hier Stadien ihrer Entwicklung konserviert, die diesen Erdteil „ex-otischer" als jeden anderen erscheinen lassen.

Ein 1920 Geborener konnte sich nicht vorstellen, daß er auf eigenen Wunsch mehrfach seine Antipoden heimsuchen werde. Uns ist es gelungen, erstmals 1974 im Anschluß an eine Forschungsreise zum Amazonas, nach Australien zu kommen, das große Barrièreriff zu erleben, den Ayers Rock (Uluru) und Mt. Kosciuzco zu besteigen. Später kam der Süden und Norden dazu und Neuseeland. Und auch die pazifische Inselwelt von der Osterinsel bis Hawaii öffnete sich uns mit ihrem exotischen Charme. Wo soll man da anfangen in dem Reichtum an Bildern und Szenen?

•Ohne den **Ayers Rock** kann man kaum eine Australien-Betrachtung beginnen und beenden. Er ist auch wirklich etwas Einmaliges von seinem Erscheinungsbild her. Da hat sich der Schöpfer als Künstler etwas wahrhaft Abstraktes einfallen lassen. Ich bin schon dreimal hinaufgepilgert, dankbar dem Geschick, das mir Derartiges gegönnt hat. Gerechterweise muß der zur Einsicht gekommene Späteuropäer noch anfügen: Korrekt muß er Uluru heißen. Die echten Australier nennen ihn so, weil er „Schatten" spendet.

Ayers Rock (Uluru)

•Wenn es einmal regnet, dann füllen sich kleine Dellen am Ayers Rock = Uluru mit **Wasser** und in wenigen Tagen mit Tausenden von absonderlich gestalteten „Krebsen“ darin, deren Eier dann jahrelang auf den nächsten Regenguß „warten“ können.

•Erosion und Vegetation sorgen mit ihrer **Formkraft** dafür, daß der etwa 10km lange Rundweg um den Uluru ein mehrstündiges ästhetisches und intellektuelles Vergnügen wird.

Links: Durch Regenwasser entstandene Minitümpel

rechts: Werk des prämodernen Künstlertrios Wind, Wasser, Sonne am Uluru. Der postmoderne Betrachter schlägt vor, es eine traum-steinzeitliche Enzephalographie zu nennen

Bluff Knoll, 4. 10. 2000

Flinders Range, 19.10.1992

•Ein angemessenes Gegenstück zum Uluru im Zentrum Australiens ist im SW der **Bluff Knoll**, die felsige Spitze der Stirling Range (1095m). Einen Monat nach meinem 80. Geburtstag bin ich auf den noch mit Bärbel und Wolfgang hinaufgestiegen durch eine Blütenpracht, wie ich sie kaum sonst auf der Erde sah.

•In der Flinders Range **nördlich von Adelaide** gehen die Grasbäume auf den Felsbändern hoch hinauf. Die zerfressenen Felsplatten hängen schief bis zum einsamen Gipfel, dem St. Mary Peak.

•Für einen Europäer ist ein **Eukalyptuswald** im Schnee etwas Exotisches. Noch exotischer erlebt er Eukalyptusbüsche als Latschensurrogate am Weg hinauf zum Höchsten Australiens, dem **Mount Kosciusko**, der von seinen europäischen Erstbesteigern nach dem polnischen Freiheitshelden benannt worden ist. Vermutlich hat auch er einen „echten“ Eingeborenennamen, und man sollte ihm schnell diesen wiedergeben.

Eukalyptuswald im Schnee am Mount Buffalo, 15. 8. 1985

•Das ist so einer der **geographischen Schnittpunkte**, die einem realen Weltbild Struktur und Proportion geben. An solchen Stellen muß ich immer an den armen Christoph Columbus denken, der bis zum Schluß nicht wußte, wo auf seinem Globus er wirklich war.

Orientierungsschild für weltbildbeflissene Globetrotter

•Viele Flüsse im Norden Australiens haben sich mit ihrer stark wechselnden Wasserführung wie Sägen senkrecht in die horizontalen Sandsteinbänke eingeschnitten. Diese **Gorges** kann man in der Trockenzeit auch weitgehend trockenen Fußes durchwandern. Der **Tunnel Creek** hat sich streckenweise einfach unterirdisch durchgegraben, und in ihm steht das Wasser ganzjährig. Als wir ihn durchwanderten, reichte es bis zum Po.

Tiefe Flußtäler (Gorges) durchschneiden die Sandsteindecke Nordaustraliens

•Der folgende **Tiefblick** (nächste Seite) zeigt die Faszination der berühmten Gorges in Nordaustralien, die außerhalb der Regenzeit idyllische Wander- und Badeplätze sind. An ihren Wänden kommt die Erdgeschichte linear zum Vorschein, da es im Erdteil Australien Millionen Jahre lang kaum Bruch- und Faltenbewegungen gegeben hat.

Tiefes Flußtal

• **„Klassische" Aspekte** einer jetztzeitlichen Autofahrt durch Australien: Känguruhs und Termiten werden auch diese Benzinphase der Humanmotorik überleben.

„Klassische" Australien-Bezüge: Känguruhs und Termitenhügel

• Antipodische Technomanie: Sogenannte **Road Trains** (bis 50m lange Lastzüge) denen man – beim üblichen Tempo 100 kmh – rechtzeitig und respektvoll Platz macht.

Australiens „Road Trains"

• Im NO Australiens haben die **„Aborigines"** erstaunliche Zeugnisse ihrer originalen Weltsicht hinterlassen. Die Idee, Menschengestalten („Geister") mit Skelett zu skizzieren, ist ziemlich einmalig in der vor-schriftlichen Kunstgeschichte. Die autonome Entwicklung eines solchen Stils ohne Theorie ist für mich das Wunderbare daran. Die strichsicheren Höhlenbilder unserer Steinzeitvor-„fahren" in Europa belegen ja den gleichen Sachverhalt: Ein Lebewesen beginnt ohne sichtbaren existentiellen Grund, sich eine zweite Wirklichkeit zu (er)schaffen. Aus evolutiver Sicht stellt sich dazu die Frage: Wozu braucht Homo sapiens diese zweite „Welt" der Kultur? Sicher nicht für den „Kampf ums Dasein" in der Natur, sondern für den Umgang mit sich und seinesgleichen.

Felsmalerei der Aborigines in Anbangbang (Nordaustralien): Barrgini, die Frau des Blitzgeistes Namarrgon und Mutter von Aljurr (das ist der berühmte Leichhardtheuschreck, der die Gewitter anzeigt)

• **Buschfeuer** gehören zum Alltag in Australien. (nächste Seite)

Australisches Buschfeuer

NEUSEELAND

Waitangi, 6. Februar 1840, einer der „klassischen" Orte und Zeitpunkte des christlich-humanen Europäertums. In feierlicher Zeremonie unterzeichnen die Maori-Häuptlinge den Vertrag, der ihrem Volk endlich – nach 1000jährigem „rechtlosen" Aufenthalt auf Neuseeland – die gesetzlich gesicherte Anwesenheit in eigens für sie reservierten Arealen garantiert. Als humane Delikatesse darf dabei der umsichtige Umstand gewertet werden, daß den nur Ein-geborenen vorzüglich jene Böden zugeteilt wurden, die nicht von weidenden Schädlingen oder wuchernden Gräsern (sprich Schafen und Weizen) bedroht erschienen. So wurden die Wuschelköpfe doch noch dafür bestraft, daß sie einst die zutraulichen Moas totgeschlagen und aufgegessen hatten, und der besondere humangeschichtliche Gag war dabei, daß diese „Strafsanktion" von blonden Artgenossen erzwungen wurde, deren Großeltern und Eltern ihrerseits vielfach schon aus strafrechtlichen Gründen zum Bodenwechel gezwungen worden waren. In all diesen edlen eurohumanen Aktionen walteten die hehren Prinzipien des Christentums und des Profits.

Über den Malthus-Darwinschen Regelungsmechanismus der größeren Fruchtbarkeit werden nun allerdings im kommenden Jahrtausend die Maoris doch noch zum flächendeckenden Besitz und Genuß „ihres" Neuseelandterritoriums kommen.

Waitangi, wo „christliche" Europäer (Briten) Landraub mit Vertrag legalisierten. Nach ethnischer Säuberung geht das inzwischen ja auch ohne

Sitz des englischen Gouverneurs

Kriegsschiff der Maori

• Waitangi, der neoklassizistische Sitz des englischen **Gouverneurs** von Neuseeland, wo der Vertrag von 1840 unterzeichnet wurde. Wir besuchten ihn – nicht ohne Scham – am 27. 7. 1988.

• Dieses prachtvolle **Kriegsschiff** (in Form eines Einbaums) haben Maori-Zimmerleute nachgebaut, um in Waitangi, das heute Museum ist, zu demonstrieren, wie weit ihre Vorfahren technisch waren, als sie sich zum Eignungstest gegen einen hoch überlegenen Konkurrenten „aus Übersee" gezwungen sahen.

Hier haben also die vor 160 Jahren betrogenen Maori ihr Selbstbewußtsein wiederentdeckt und wenigstens in ihren **angestammten Kunstformen** zum Ausdruck gebracht, daß sie die primären menschlichen Landnehmer sind. Im Gegensatz zu den „Aborigines" in Australien läßt aber auch ihre ungebrochene Populationsdynamik erwarten, daß sie im kommenden Jahrhundert die „legale" „demokratische" Mehrheit in ihrem „Vaterland" wiedergewinnen werden.

•Die ausdrucksstarke **Schnitzkunst** der Maoris hat übrigens den Europäern zur „Moderne“ mit-verholfen.

Links: Maori-Kopf

rechts: Reste einer Maori-Festung

•Die am **Strand von Moeraki** an der Ostküste der Südinsel Neuseelands herausgewitterten Konkretionen haben mich als wunderliche „Kunstformen“ der Natur mehr beeindruckt als der ganze bizarre Vulkanismus auf der Nordinsel von Neuseeland.

Am Strand von Moeraki (Südinsel Neuseelands)

Als Räuber verfolgt und als Rarität gerettet: die Keas

•Die **Keas** hätten ihre unverfrorene Frischfleischgier fast mit ihrem Artentod bezahlt, wenn nicht die inzwischen saturierten Nachkommen der Schafzüchter ihr Herz (oder gar ihren Verstand?) für den modischen Artenschutz entdeckt hätten. Die gierigen Räuber haben nämlich gelernt, daß Schafe nachts nahezu blind sind, so daß man ihnen im Dunkeln Fleisch aus dem Rücken hacken kann, was ja schließlich wirklich keine feine Art im Umgang von Kreaturen untereinander ist.

Kauri-Fichte, als Rarität am Leben gelassen

•Einer der ganz wenigen **Baumriesen** (Kauri-Fichten), die an der Nordspitze der Nordinsel Neuseelands die Begegnung mit der Zivilisation überlebt haben. Beim jetzigen Stande dieser Zivilisation wird es in 2000 Jahren wieder weitere solche Riesen geben; denn inzwischen sind die Holz- und Harzräuber der „Moderne" wenigstens teilweise zu Baumpflanzern geworden, obwohl sie wissen, daß es 50 bis 80 Generationen ihrer Art dauern wird, bis ihre viel-urigen Enkel ans Ernten „postmoderner" Baumplantagen denken können.

SÜDSEE

Vor dem Flugzeitalter war für einen „normalen" Mitteleuropäer der Gedanke an die Südsee nur ein Traum. Meine Generation aber hat den Anfang damit gemacht, diesen Traum auch zu realisieren. Mir ist das dreimal gelungen.

Versammlungshaus auf Samoa

•Dieses Denkmal an der Botany Bay bei Sidney erinnert an **James Cook**, der dreimal in der Südsee kreuzte und endgültig die These von der notwendigen Existenz eines großen Südkontinentes widerlegte, was ihm zwar historische, d.h. menschengeschichtliche Unsterblichkeit, zugleich aber auch den mit 50 Jahren frühen leiblichen Tod brachte.

James Cook-Denkmal

•**Sir Joseph Banks** begleitete James Cook als Pflanzenkenner auf seiner ersten Südseefahrt 1768-1771. Er beschrieb viele neue Pflanzen, und nach ihm sind auch viele benannt. Denkmal an der Botany Bay.

Botaniker und Begleiter von J. Cook: Sir Joseph Banks

•Wie sich der „kleine Moritz" die Südsee vorstellt, so ist sie tatsächlich am **Strand** vieler Südseeinseln. Nur die Farbe der Strände wechselt: wo sie sandig sind, leuchten sie weiß oder gelblich; an vulkanischen Eilanden sind sie schwarz (nächste Seite).

Südsee-Strand

• Vom **Pflanzenleben** auf Südseeinseln: Geballte Kraft am Start, formstark am Ende – die Kokospalme.

Links: Hier gab es keinen Grund, das Rad zu erfinden

rechts: kraftvolle Jungpflanze

• **Auslegerboote** im kleinen und im großen sind die „klassischen" Verkehrsmittel aller Südseeinsulaner. Ihre Stabilität und Seetüchtigkeit zeugt von Verständnis und handwerklichem Können der Polynesier, die in wenigen Jahrhunderten auch die nautischen und navigatorischen Probleme ihres riesigen „Lebens"-Raums gelöst haben.

Honaunau auf Hawaii: Vom heidnischen Sünderasyl zum katholischen Gotteshaus

• An der **Westküste** von Hawaii liegt dieser eingefriedete Platz Pu'uhonua o Honaunau, auf dem einst auch Gesetzesbrecher Asyl fanden. Die malerischen Holzfiguren wirkten bei unserem Besuch 1985 aber recht „nachempfunden".

• Im „Punchbowl" von Honululu zeigt sich, daß auch junge Nationen um Heldenfriedhöfe nicht herumkommen. Hier unter dem großartigen Aussichtshügel Puowaina liegen zehntausende **amerikanischer Helden** aus dem letzten Krieg im Pazifik und aus dem Koreakrieg begraben. Der Blick schweift bis hinüber zur Pearl Harbor-Gedenkstätte, wo noch immer die von den Japanern versenkte Arizona samt Mannschaft auf Grund liegt.

Heldenfriedhof der derzeit letzten Weltmacht

OSTERINSEL

Über die Natur des Menschen gibt die Osterinsel mehr Auskunft als so manches dickleibige Buch. Man muß stundenlang übers menschenleere Meer geflogen sein, um voll zu begreifen, was sich da ein paar Tausend Artgenossen in völliger Isolierung von der „Großen Welt" geleistet haben.

•Egal wie diese **Maoais** zustande gekommen sind, ob mit langohriger Gewaltherrschaft oder freiwillig, jedenfalls zeigen sie, daß der Mensch in irgendeine „Unsterblichkeit" mehr Witz und Energie steckt als in seine bloße „Wohlfahrt".

Die rätselvollen Langohren (Maoais) lagen am Boden, als jene nachkamen, die ihr Osterfest für wichtiger hielten

GALAPAGOS

Eines der Traumziele eines jeden Biologen ist der Galápagos-Archipel. Seine bescheidene Fauna vermittelt einen unmittelbaren Einblick in das, was wir gern geschwollen „die Werkstatt" der Evolution nennen. Mich hat dort am stärksten die Frage bewegt: Hättest Du auch mit 26 Jahren die „Darwin-Finken" als Lehrstück der transspezifischen Evolution erkannt?

Trotz Mensch, Hund, Ratte, Katz und Schwein sind Galapagostiere noch immer paradiesisch zutraulich

•Die Begegnung mit den **„zahmen" Tieren** ist ein zweiter Punkt, der auf Galápagos nachdenklich macht. Ist „scheu" etwas individuelles? Oder „lernt" man diese Befindlichkeit von seinen Artgenossen? Jedenfalls gibt es nach rund 1000 Jahren Seefahrt deutlich mehr „scheue" Tiere auf den pazifischen Inseln als zuvor.

• Der **Alcedo** auf der Isla Isabella im Galápagos-Archipel ist weder der Höchste dieser Inselgruppe noch (mit seinen 1128m Meereshöhe) überhaupt ein bemerkenswert hoher Berg (für mich) gewesen. „Dafür" war er mit seiner Riesenschildkröten-Population mein zoologisch interessantester Gipfel.

Riesenschildkröten auf Galapagos, vor den selbstgescharrten Sandgruben, in denen sie sich vor der Nachtkälte schützen

ANTARKTIS

Es gibt eine Vereinbarung der UNO, daß der sogenannte 6. Kontinent unseres Planeten allen, d. h. keinem gehören soll. Trotzdem finden sich auf ihm Dutzende von „Forschungs"-Stationen. Den Südpol selber halten – wer sonst? – die US-Amerikaner besetzt. Und längst haben viele Länder wie Konzerne vorsorglich alle wichtigen Lagerstätten der Antarktis exploriert und kartographiert. Es wäre ja unmenschlich, solche „Schätze" auf Dauer ungehoben zu lassen. Und im Ernstfall wär's dumm, nicht dabei zu sein, wenn's andere tun.

Lagerstättenkarte der Antarktis nach V. Stoll

Die Antarktis hat in meinem gewiß reich bebilderten Welterinnerungsatlas tiefe Engramme hinterlassen, obgleich ich sie doch nur 14 Tage lang am Rande zu sehen bekam. Ihre Unwirtlichkeit und **Menschenleere** sind wohl die Gründe der Faszination, die sie auf mich ausgeübt hat. So ein „Lebensraum" bietet die Distanz, die mir das zeitlos Reizvollste am Irdischen zu sein scheint. So bleibt mir aus augen-ästhetischer Sicht der kurze Besuch in der Antarktis (Ende 1989) Höhepunkt aller meiner Welterfahrungen.

Siehe: „Erfüllte Endlichkeit. Autobiografie des Zoologen Friedrich SCHALLER", ab Seite 174

• Hier endet der Versuch, unsere „Welt", die ja nur ein luftummantelter Planet ist, in Bilder zu fassen. Wasser, Eis und Schnee, Wind, Wolken und Licht formen abstrakte Massen und Räume, die im Nichts zu treiben scheinen und doch das Auge fesseln. Hinzu kommt das Wissen vom unglaublich reichen Leben im eisigen Wasser und im Lückensystem des **Eismantels** sowie davon, daß auch dieser Kontinent wie die anderen über den Erdball weiterdriftet und in fernen Millionen Jahren wieder von Wäldern und Wiesen bedeckt sein wird wie ehedem. Ob dann freilich noch Menschen dabei sein werden, bleibt offen.

Zu den Gipfeln der Antarktis führte leider kein Weg für mich

Segnender Christus, Rio

SÜDAMERIKA

Kein anderer Festlandteil der Erde ist derart intensiv vom christlichen Glauben infiltriert worden wie der iberoamerikanische Subkontinent, der kulturell betrachtet auch Mittelamerika einschließt. Paraguay, das bekanntlich generationenlang ein Jesuitenstaat war, ist gewissermaßen das realhistorische Beispiel dafür. Und Mexico mit seiner blutigen Revolutionsgeschichte liefert das Anschauungsmaterial für die logische Spätreaktion auf so einen derart mental-monopolen Geistes- und Machtzustand.

In meinen Bildern finde ich so gesehen kein treffenderes Symbol für ein interpretatives Weltbild Südamerikas als den weltbekannten Christus über Rio de Janeiro, auch wenn er längst auf ein ausuferndes Sündenbabel inmitten grenzenlos schamloser Menschenvalorisierung herabschaut.

BRASILIEN

•Der Blick vom Corcovado auf den **Zuckerhut** gehört zu jenen Weltansichten, die für ein Weltbild unerläßlich sind, weniger wegen seiner topographischen Einmaligkeit als vielmehr wegen der Gedanken, die er auslöst. Die Portugiesen, die diese grandiose Bucht zunächst für eine Flußmündung hielten, verloren diese erst an die Franzosen, die damals von einem antarktischen Frankreich („La France Antarctique") träumten, ehe sie (die Portugiesen) in harten Kämpfen, bei denen ihnen die ansässigen Tamoyo-Indianer halfen, den Großmachtkonkurrenten vertreiben konnten. Wer weiß, was geworden wäre, wenn die Franzosen geblieben wären; die waren nämlich Hugenotten.

Rio de Janeiro

Nun, heute ist Rio de Janeiro zwar nicht die Hauptstadt Brasiliens, wohl aber die bekannteste, weil schönste und menschlich farbenreichste. Gedankenlosester Reichtum und verkommenste Armut steigern sich im Karneval zum weltperfektesten Verdrängungsfest für die Sinnleere des menschlichen Massendaseins.

Der berühmte Strand von Copacabana

•Am Strand von **Copacabana** zeigt sich die exotische Fruchtbarkeit einer entgrenzten Menschheit in vielen hinreißenden Einzelexemplaren. Kurz, Rio muß der gesehen haben, der von sich sagt, er wisse, was „der" Mensch sei.

•Jeder weiß, daß die **Victoria regia** die Charakterpflanze der Amazonasregion ist. Aber es ist halt doch ein Realitätsunterschied, ob man die kreisrunden, unbefleckten Schwimmblätter irgendwo in der Welt unter einem Glasdach sieht oder von Mosquitos umsurrt neben sich aus der Canoa, die durch den Paspalum- und Eichhornia-Teppich einer schwimmenden Wiese am Solimões oder Rio Negro gleitet. Wenn dann noch ein Blatthühnchen (Jassaná) mit seinen grazilen Zehen über den Teppich spaziert und gar im Hintergrund schwankende Paspalum-Halme verraten, daß dort ein Peixe Boi grast, dann ist hier wieder eines jener Bilder perfekt, deren Zusammenschau das angestrebte Gesamtweltbild erst wirklich „wirklich" werden läßt (Abb. rechts).

Ich ertappe mich immer wieder dabei, mir die Erde als Kugelebene endlos vieler synchroner Wirklichkeiten vorzustellen.

Victoria regia, die Charakterpflanze der Amazonasregion

AMAZONAS

Die Welt des Amazonas ist eine zwischen Wald und Wasser. Sie dehnt sich über 7 Millionen Quadratkilometer aus und ist Teil „Iberoamerikas". In dieser kuriosen Wortklitterung steckt Größe und Elend des Subkontinents, der wie sein nördliches Gegenstück in die Hände der Europäer fiel, obwohl er im Gegensatz zu diesem wenigstens seinen ethnischen Urbestand in die Neuzeit retten konnte; denn den Spaniern und Portugiesen ist die ethnische Säuberung nicht gelungen. Nun denken, reden und wirtschaften also 500 Millionen „Südamerikaner" wie Europäer, sind aber keine.

Am Amazonas ist die Originalität des Lebensraums noch am intaktesten, weil das Amazonasbecken aus ökologischen Gründen keine Populationsverdichtung zuläßt. Mit seinen derzeit wohl 4 Millionen Bewohnern ist es paradoxerweise einer der verstädtertsten Lebensräume, den wir kennen. In der zentralen Provinzstadt Manaus leben allein mehr als 1,5 Millionen Menschen. Die meisten von ihnen in unwürdigen „Slums". Als ich 1966 erstmals dorthin kam, waren es noch 50000. Auf meinen damaligen Exkursionen lernte ich noch die ganze Fülle der amazonensischen Lebensformen kennen. Ein paar Schnappschnüsse (zum Teil auch von späteren Fahrten, 1971, 1974, 1980) sollen das anschaulich machen.

Einbäume wurden schon mit Steinbeilen modelliert

Zuvor kannten Indianerkinder nur die wahre Muttermilch

•Noch konnten zwei Caboclos (das ist die einheimische, leicht abwertende Bezeichnung für einen Fischer oder (Maniok-) Bauer vom Land) in zwei Tagen aus einem Baumstamm eine perfekte **Canoa** hacken.

•Ihre Kinder wuchsen noch in Hängematten und **Stelzenhütten** am und über dem (trüb rotgelben) Weiß- oder (durchsichtig dunklen) Schwarz-Wasser auf.

Bei „besseren" Caboclos gab's allerdings schon damals Milchflaschen und Schnuller.

•„Künstliche" (d.h. Nylon-) **Wurf-, Stell- und Zugnetze** waren 1966 schon verbreitet.

Fischfang auf jede erdenkliche Weise ist erster männlicher Daseinszweck

1966 bin ich noch mit einer Propellermaschine stundenlang von Brasilia über geschlossenen Regenwald nach Manaus geflogen. Jetzt haben großkapitalistische Rinderzüchter und proletarische Kleinbauern riesige Areale gerodet und abgebrannt. Beide kamen und kommen als Eindringlinge und setzen so die „Erschließung" der Konquistadoren als „Entwicklungs"-Werk fort. Aus Sicht der Natur – sofern die eine „Sicht" hat – ist dieser Mensch schlicht eine Katastrophe.

Die Nebenarme = Paranás des Amazonas

•Gegen die Mündung zu verzweigt und vernetzt sich der **Amazonas (Solimões)** zu einem kunstvollen System von Wasseradern, die mit den Gezeiten des Atlantik steigen und fallen. Unter dem Urwalddach gehen viele von ihnen ineinander über. Mit ihren Einbäumen können die Indios von einem Paraná zum anderen paddeln. Nur in der Trockenzeit muß man größere Strecken gehen und die Boote tragen.

•Im **Igapó**: Zwei „Welten" gibt es, die ich die „meinen" nennen möchte: Die weite lautlose Welt der Gipfelfluren in den Hochgebirgen der Erde, am schönsten auf den Firngraten der Alpen oder in der Puna-Region der Anden, und die bei Tage oft nicht weniger stille Welt des Igapó im Tiefland des Rio Negro. Zwei verschiedenere Welten lassen sich kaum denken: In jener oberen herrschen die Farben weiß und blau, sie ist lichtvoll, strukturarm und linear; in dieser unteren hingegen ist es dunkel, hier dominieren die Farben schwarz und grün und das Auge kommt im engen Strukturengeflecht nicht weit. Igapó ist das Indianerwort für den **„Wald im Wasser"**, und zwar nur für jenen formenreichen, aber wenig ertragreichen Überschwemmungswald im Talsystem der Schwarzwasser, also jener Amazonaszuflüsse, die aus ausgelaugten Urgesteinsgebirgen und reinen Waldgebieten kommen, deren gierige Wurzelgeflechte den Bächen und Flüssen außer Humussäuren kaum löslich-Verwertbares lassen.

Idylle im Igapó

Welch ein Lebensgefühl, hier im **Boot oder Einbaum** durch die Wipfelflur unterwegs zu sein; lautlos wie droben im Firn, aber als Eindringling in fremder Welt noch umsichtiger und sehr mühsam. Die Welt des Igapó wird zudem von vielem krabbelnden, zwickendem und stechendem Kleinvolk verteidigt und erfordert oft den barbarischen Einsatz der Machete, wogegen droben Pickel und Steigeisen nur oberflächliche Waffen sind.

Formvollendetes Hausboot

•So ein **Hausboot** ist ein reines Kunstwerk, und ich stehe nicht an zu behaupten, daß diese sogenannten Waldindianer keinen Deut unschöpferischer waren und sind als ihre in die Anden gestiegenen Hochlandrassegenossen, die wegen ihrer großartigen Bau- und Skulpturleistungen so berühmt sind. Daß sie (die Waldindianer) in der Landwirtschaft relativ wenig einfallsreich geblieben sind, liegt in der Natur ihrer Umwelt, die ihnen auch ohne Kultur soviel bot.

Frisch geerntete Maniokwurzeln

•Aber mit der **Maniokpflanze** haben auch die Waldindianer eine tropische Kulturpflanze von heute weltweiter Bedeutung entwickelt, ohne die nicht wenige Menschenpopulationen in Afrika und Südasien nicht mehr denkbar wären. Die „Kassava", wie sie in Afrika heißt, ist dort vielerorts ebenso lebenswichtig wie bei uns die Kartoffel.

Maniokmehl wird auf der Pfanne geröstet

•Von der **Forschungsarbeit der Bodenbiologen** im Amazonaswald: Hier saugen Dr. Arlé (links) und Dr. Beck auf abgegrenzter Probefläche alle mit freiem Auge sichtbaren Springschwänze der Laubstreu ab. Wenn man das an den verschiedensten Stellen des Waldes tut, kann man nachher aus den verschiedenen Individuenzahlen und Populationsanteilen der jeweiligen Arten Rückschlüsse auf deren Vorkommen, Verteilung und produktionsbiologische Bedeutung ziehen. Springschwänze (Collembolen) sind auch hier wie in aller Welt wichtige tierische Mitarbeiter im Humusbildungsprozess.

Forschungsarbeit im Amazonaswald

Mittagspause auf dem Ufer der Laguna Rimachi

•Mittagsmahl während einer Einbaumfahrt auf der **Laguna Rimachi** (am Rio Pastaza).
Es gibt Reis, Trockenfleisch vom Pirarucú (= Arapaima gigas) und Bananen. Wasser trinkt man aus dem Fluß; das war 1956 nahezu überall selbstverständlich.

•Trotz der Stelzen, auf denen alle Caboclos am Amazonas ihre **Hütten** mannshoch über dem Uferboden errichten, strömt das gelbe oder schwarze Wasser in der Regenzeit regelmäßig durch die Guten Stuben unter dem Blätterdach.

Typische Caboclo-Hütte über dem von Krabben und Welsen durchlöcherten Lehmsteilufer

Das ist kein Unglück; denn Möbel gibt es kaum, und man schläft ja in der Hängematte. Allerdings kann das Aufstehen trotz optimaler Wassertemperatur zum Problem werden, wenn sich etwa, wie mir ein Caboclo erzählt hat, ein ausgewachsener Zitteraal im Zimmer herumtreibt. Der armdicke 2m-Bursche hat zwar ein kleines fast zahnloses Mäulchen, aber mit seinen parallel geschalteten Elektroplaques kann er bis zu 800 Volt starke elektrische Schläge austeilen, und so einen Schlag möchte keiner beim Aufstehen kriegen. Das Lehmufer vor der Hütte ist von unzähligen Süßwasserkrabben und diversen Welsen bewohnt, deren Wohnlöcher bei Niedrigwasser sichtbar werden.

Der Regenwald nach seiner „Erschließung"

•So „kultiviert" sieht in der Regel nach dem **„Erschließungs"-Prozeß** der Regenwald am Amazonas aus. 10 bis 20 Jahre später mag die hoffnungsvolle Siedlung schon wieder verlassen sein, weil die dort üblichen Lateritböden für dauerhaften Feld- und Gartenbau selten geeignet sind. Solange es daneben noch Urwald gibt, ist das aber kein Unglück, sondern bedeutet „nur" neue „Erschließungsarbeit".

•**Manaus** ist heute eine Millionenstadt. Vieles, was dort konsumiert wird, muß auf dem Wasser hergeführt werden, vor allem die Grundnahrungsmittel wie Mehl oder Kartoffeln, die ja am Amazonas nicht wachsen. Die **Fische** hingegen kommen aus dem Stromsystem selbst und werden wie eh und je von den benachbarten Anrainern der endlosen Gewässer nächtens und frühmorgens geliefert. Ein Morgenbesuch des Rio Negro-Ufers mit seinen unzähligen schwimmenden Fischläden lohnt sich immer. Unglaublich die Fülle und der Formenreichtum des Angebots. Ich habe in den 30 Jahren meiner mehrfachen Visitationen allerdings deutlich gesehen, wie stark gerade die „Massenware", z.B. der Salmler Jaraqui (den wir wegen seiner originellen Bioakustik näher studiert haben; siehe Bd. 1, Seite 155), abgenommen hat. Und das gute Fleisch des bekannten lungenatmenden Riesen-Knochenzünglers Pirarucú (Arapaima gigas) ist in dieser biologisch kurzen Zeit einer Menschengeneration vom Billiggericht zur Delikatesse avanciert.

Eine Millionenstadt war im Ökosystem des neotropischen Regenwaldes von Natur aus nicht vorgesehen, wie überhaupt nirgends auf unserer „Welt" Wald und Stadt zusammenpassen.

Bei niedrigem Wasserstand ist das Fisch-„Angebot" besonders reich. Die brasilianischen Jungökologen sprachen von der Fisch-Produktion ihrer Fischerei und verstanden nur schwer, warum ich das falsch fand

• Aufnahme von Professor Morawetz (Botaniker) in Panguana (Peru) während unserer ersten Wiener tropenbiologischen Exkursion zum Amazonasgebiet 1985: Nächtliche **Sektion und Demonstration** diverser lautbegabter Amazonasfische (Welse und Salmler). Neben mir Frau Dr. Margarete Roithmair, die noch heute meine Manuskripte betreut; daneben eine Studentin aus Deutschland.

Studien an Amazonas-salmlern und Welsen

• Das **Hängemattenlager** der ersten Amazonasexkursion des Zoologischen Instituts der Universität Wien in Panguana (Peru) 1985.

• Bericht über die Forschungsreise nach Brasilien.

1. Seite des Berichtes zur Bodenfauna am Amazonas, Juli 1966

Betr.: Scha 36/35
Kennwort: Bodenfauna in Inundationsgebieten

1. Bericht über meine Forschungsreise nach Brasilien

Nachdem ich meine Verpflichtungen für das Wintersemester bis zum 15.1.66 abgeschlossen hatte, konnte ich am 19.1. über Rio de Janeiro nach Manáus abreisen, wo ich am 21.1. abends eintraf. Schon am 23.1. machte ich zusammen mit Herrn Dr. Beck, der ja bereits seit Mitte November am Instituto Nacional de Pesquisas da Amazônia (= I.N.P.A.) tätig war, den ersten ganztägigen Ausflug in die sog. Reserva Ducke, einem für Forschungszwecke reservierten Primärwaldgebiet der Terra firme, das 25 km von Manáus entfernt liegt und ca. 1o x 1o km groß ist. Dieses Gebiet haben wir im Laufe unserer Arbeitszeit oft auch mehrtägig besucht und dort viele Tages- und Nachtexkursionen durch den Regenwald gemacht. Insgesamt habe ich 26 Tage in diesem idealen Beobachtungsgebiet verbracht.

Der zweite Lebensraum, mit dem wir uns bei unseren Außenarbeiten bevorzugt beschäftigt haben, war das Inundationsgebiet des Rio Negro und des Solimoes im Umkreis des Encontro das Aguas (des Zusammenflusses beider). Dort haben wir mehrere Stellen im Überschwemmungswald des Rio Negro (Igapó) sowie am Ufer und auf Inseln des Solimoes (Várzea) regelmäßig besucht und das Verhalten der Fauna bei zunehmender Überflutung studiert. Zugleich nahmen wir dort Berleseproben, um Unterschiede in der Bodenfauna zwischen den Schwarz- und Weißwassergebieten erfassen zu können.

Von einer vorösterlichen Reise in die Anden abgesehen, die dem Besuch eines von meiner früheren Südamerikareise her befreundeten peruanischen Biologen (Dr. Macedo) galt, und abgesehen von einer kurzen ichthyologischen Fahrt im Bereich des mittleren Rio Negro, von der ich noch näher schreiben werde, haben wir sonst am I.N.P.A. in Manáus stationär gearbeitet. Das hier von Kollegen Sioli inaugurierte limnologische Labor unter der Leitung von Dr. Ungemach war für uns und unsere Arbeit eine unschätzbare Hilfe.

ARGENTINIEN

Teatro Colón in Buenos Aires mit Ankündigungen von Brahms, Strauss und Bruckner

•Das **Teatro Colón in Buenos Aires** gehört in die erste Reihe der Bühnenhäuser der Welt und zeigt, daß auch Landgier und Menschenraub zu „Kultur" führen können, wobei freilich auch hier Darwins Regel dafür sorgt, daß die Zahl der Kulturen immer kleiner wird. Vor diesem Kolumbus-Theater lebten ja schon Leute hier, die auch eine solche hatten und übten, wenn auch eine ganz andere und einfältigere.

Das La Plata-Museum

•Das **La Plata-Museum** nahe Buenos Aires birgt eine der bedeutendsten zoologischen Sammlungen der Erde. Mir ging dort vor allem darüber ein Licht auf, wie deletär schon unsere Steinzeitvorfahren in der Tierwelt ihrer Zeit gewirkt haben müssen; denn was da an Gürtel- und Faultieren in Kürze vom Boden verschwand, darf wohl auch auf die Rechnung jener gesetzt werden.

Denkmal in Buenos Aires zur Erinnerung an den Falkland-Krieg

•Diese hochsymbolisch perforierte Soldatenfigur in Buenos Aires erinnert an den für Argentinien blamablen **Krieg um die Falkland-Inseln** von 1982, wo letztlich eine Frau (Margaret Thatcher) die Größe Großbritanniens vor dem Machismo der Argentinier wahrte. Lange nach Hitlers Angebot an Albion, um die Rückgabe der deutschen Kolonien auf den absehbaren zweiten Weltkrieg zu verzichten, zeigte jenes nochmals seine Großmachtzähne, und weil es nur um ein paar Grasinseln mit Schafen und Hirten ging, drückte die neue Weltmacht wohlwollend die Augen ihres sonst so wachen Welt-„Gewissens" zu.

Inzwischen denkt niemand mehr an diese Affaire, so scheint's. In Wahrheit blutet die Wunde am La Plata weiter. Und eines „schönen" Tages wird sie gewiß noch geheilt werden (hoffentlich unblutig).

Das Denkmal des Magellan in Punta Arenas

•Ich kenne kein zweites Denkmal, in dem sich der erst als Christianisierung (= Erlösung von der Erbsünde) getarnte und heute als Entwicklungshilfe weiter bemäntelte Eurokolonialismus so schamlos selbst dargestellt hat wie hier in der **Statue des Magellan** in Punta Arenas an der nach ihm benannten „Straße". Er kommt auf der Kanone daher. Schade, daß er nicht noch den Geldbeutel in der Hand hält.

• Neben Magellan wirkt die hockende, halbnackte **Figur des Feuerländers** am Beagle-Kanal in Ushuaia wie ein schützenswertes Relikt aus der Steinzeit. In Wirklichkeit ist diese einmalige Menschensorte ja längst ausgerottet bzw. genetisch verdrängt, und das berührende Monument ist das Produkt einer späten recht leichtherzigen Gewissensbildung. Und in Ushuaia basteln inzwischen daneben in langen Fabrikhallen Tausende von aus Buenos Aires eingeführten Billiglohnhandwerkern im Dienste der deutschen Firma Grundig vielerlei Ton- und Bildgeräte, mit denen sich die Menschheit das Nachdenken über ihre Greuel spaßgewinnend erspart.

Verewigter Feuerländer am Beagle-Kanal

• An der **Magellan-Straße** bei der ehemals spanischen Festung (Fuerte) Bulnes im April 1980: Ein melancholisches Lehrstück europäischer Hybris und brachialer Dominanz. Heute äußert sich diese Dominanz diplomatischer und als „Amerikanismus“ getarnt, aber eher noch wirkungsvoller, weil in der UNO ethisch („menschenrechtlich“) bemäntelt.

Blick auf die Magellan-Straße mit verewigtem Symbol ihrer „Entdecker“

• Auf der Fahrt in die Antarktis lagen mir die menschenleeren Einöden Patagoniens und Feuerlands einladend am Wege. Aber in Ushuaia mußte ich schnell erkennen, daß es heute kein irdisches Areal mehr gibt, wo Homo sapiens nicht gewinnträchtig tätig wäre. Dort prangt am Beagle-Kanal auf dem Dach einer **Billiglohnwerkstatt** der biedere Name eines geschäftstüchtigen Franken, der ohne Kreuz und Kanone das edle Werk seiner missionarisch wildernden europäischen Vorfahren als „Unternehmer“ fortsetzt. Da „man“ die eingeborenen Feuerländer dort längst ausgerottet hat bzw. verkommen ließ, mußten dazu Arbeitswillige aus Buenos Aires eingeführt werden. Mit deren Hilfe wird sich ja die asiatische Konkurrenz im globalen Wettbewerb ausspielen lassen. Immerhin fand ich in der Bucht des Seno Otway doch eine kleine Kolonie von Magellanpinguinen, die noch bescheidene Überlebenschancen hat, es sei denn unter ihren Bodennestern fände sich Erdöl. Dann nützten ihnen auch ihre scharfen Schnäbel nichts mehr, mit denen sie ihre Höhleneingänge tapfer zu verteidigen wissen.

Postkolonialer Unternehmer am Beagle-Kanal

Schafhirte (aus Serbien)

•Hier in Punta Arenas an der Magellanstraße ist der **Kulturtriumph** der Europäer im Schafhirten mit Herde und Hund symbolisiert. Die Patagonier als bloße Jäger und Sammler sind dem Naturgesetz entsprechend verschwunden.

FEUERLAND

•Feuerland, wo die **Spitze Südamerikas** fast die Antarktis erreicht, ist ein genußvolles Fahrtenziel für den menschenscheuen Naturfreund. Die Stürme machen aus dem Wald einen Saum windzerzauster und flachgeschorener Baumkrüppel von höchstem, bioästhetischem Reiz.

Windgeschorene Bäume in Feuerland

Maschine zur Förderung von Gold

•Das spezifisch humane Phänomen der **„Goldräusche"** hat es nicht nur in Kalifornien, Alaska und Australien, sondern auch in Feuerland gegeben. Hier in der Nähe von Porvenir steht bei Russfin diese verrostete Förderanlage für goldhaltiges Schlämmaterial. Wer in derart entlegener Gegend so Aufwendiges installiert, muß großes Hoffnungspotential entwickelt haben. Bei den „Runs" an unseren Börsen ist es ja ebenso.

PERU

Schon im ersten Band habe ich begründet, warum Peru mein erstes Fernreiseziel war: Tropisch vom Meer bis zum ewigen Schnee, Urwald und Wüste zugleich, autochthone Kultur. Auch wenn mich später der Amazonas mit seinem Regenwald länger festhielt, so sind doch jene bodenbiologischen Forschungsfahrten in Peru von 1956/57 lebenslang das mein „Weltbild" prägende Grunderlebnis geblieben. Die nebenstehende Kartenskizze zeigt, daß ich mit K.-H. Schömann alle wesentlichen Lebensräume dieses faszinierenden Landes durchstreift habe, in einer Lebensphase, die ich meine fruchtbarste nennen darf, in stärkster Aufnahmefähigkeit bei gefestigter Eigenposition.

•Die beiden nachfolgenden Graphiken (aus den Braunschweiger **Doktorarbeiten von L. Beck und C. Winter**) zeigen die Höhenstufen der peruanischen Anden und ihre charakteristischen Oribatiden (Hornmilben)-und Collembolen (Springschwanz)-Gattungen und Arten, wie sie sich in den mehr als 700 Bodenproben fanden, die wir (K.-H. Schömann und ich) dort auf mühsamen Fahrten gesammelt hatten.

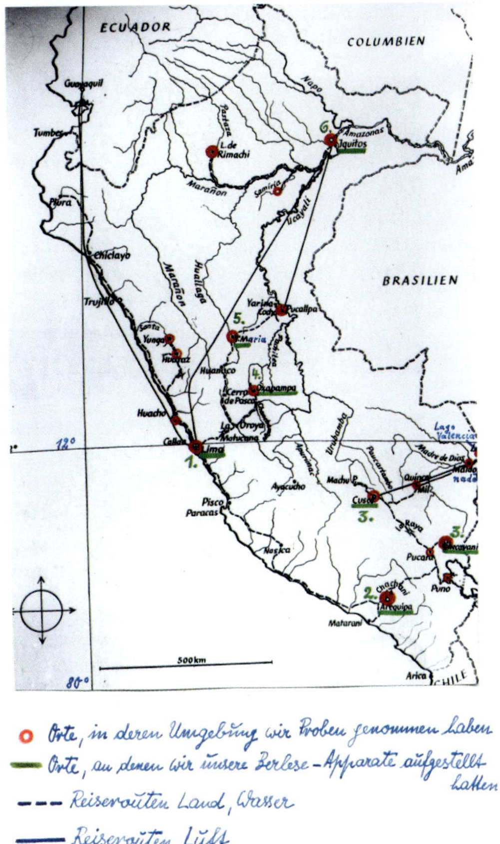

Kartenskizze von Peru mit Angabe der Orte, wo wir (K.-H. Schömann und ich) 1956/57 unsere Bodentierproben nahmen

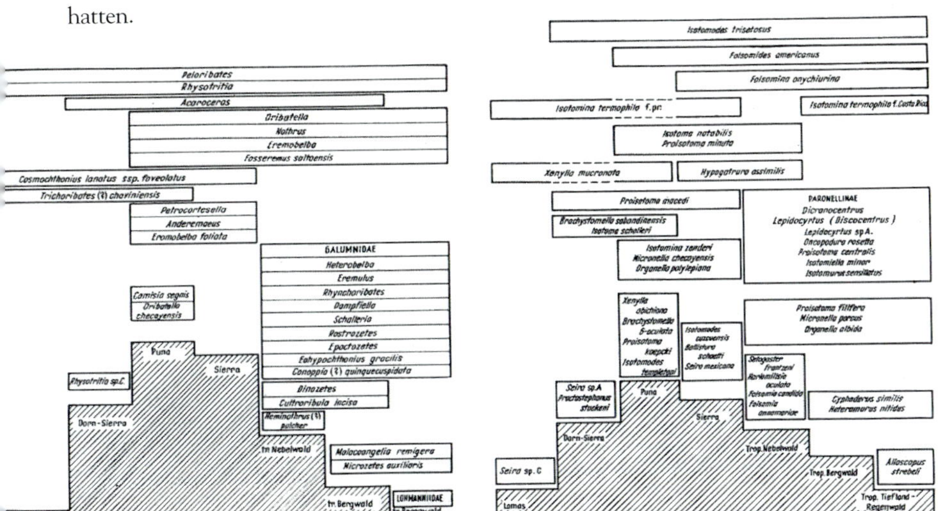

Diagramme:

Schema der Verteilung der wichtigsten Arten, Gattungen und Familien der Oribatiden (links) und der Collembolen (rechts) in den 7 Untersuchungsgebieten Perus

•In mehr als 4000m Höhe beginnen solche sorgfältig vermessene und oft glatt aus dem harten Granit geschnittene **Bewässerungskanäle** und ziehen kilometerlang an Talwänden und über Schluchten zu den Papa = Kartoffel- und Quinua = Chenopodium-Feldern hin; eine technische Meisterleistung der Inka-Ingenieure, denen so ein „Titel“ freilich fremd war, da sie doch alles im Dienste ihrer Götter und Herrscher taten. Daß ihre europäischen „Entdecker“ dann viele dieser Anlagen verkommen ließen, trübt bis heute den Blick auf unseren „Kultur“-Beitrag zu diesem originellen Sektor des Weltbilds, das wir uns so gern machen.

Eine technische Meisterleistung: landwirtschaftliche Bewässerungskanäle

Geheimnisumwitterter Inka-Stein in den Anden

•**Der rätselhafte Inka-Stein** von Saywite in den Anden Perus. Da die von ihrem „wahren“ Glauben geblendeten spanischen Eroberer keinen Sinn für solch heidnisches Zeug hatten, haben sie auch vergessen, danach zu fragen, was es sein oder bedeuten soll. Somit wissen wir heute noch weniger davon. Ein Jammer! Allerdings auch ein vergnüglicher solcher; denn im beschaulichen Studium des rätselhaften Reliefs inmitten der lautlos weiten Grashalden, kommen dem Betrachter allerlei wunderliche Gedanken an Kosmisches, Geographisches, real oder abstrakt seine Bedeutung Findendes. Das helle Lachen eines Puna-Spechts mag den Träumenden wecken.

•In der schmalen Küstenwüste am Pazifik, die nur von Flußoasen unterbrochen wird, wo Mais, Zuckerrohr und Baumwolle gedeihen, liegen nahe der heutigen Stadt Trujillo die ausgedehnten Lehmziegelruinen von **Chan-Chan** mit stilistisch hochentwickelten Wandreliefs, die Fische, Pelikane, Pflanzen und Menschen darstellen. Als Pizarro kam, war diese Küstenstadt schon ein gewaltiges Ruinenfeld. Die Inkas hatten sie zwar erst im Jahrhundert davor erobert, aber auch vergessen, nach Näherem zu fragen, so daß wir heute noch weniger über diese Hauptstadt des Chimú-Reiches wissen.

Die Lehmziegelruinen von Chan-Chan

Architektonische Besonderheit am Titicacasee: die Rundtürme von Sillustani

•Die **Rundtürme** („Chullpas") von Sillustani über dem Titicacasee sind architektonische Meisterwerke. Sie täuschen von außen perfekte Steinmetzarbeit vor, indem nur die Außenkanten der in die Rundung millimetergenau eingepaßten Bausteine wirklich exakt bearbeitet sind, während sie nach innen zu bloß grob aneinanderschließen. Die Scheingewölbe der Türme im Inneren beherbergten meist Mumien, die in Hockerstellung mit Stricken gefesselt im Kreis „saßen". Was immer sich die Gesellschaft gedacht haben mag, die diese Bestattungsform übte, die Fesselung der Leichen deutet darauf hin, daß eine „Wiederauferstehung" nicht erwünscht war. Es wimmelte ja auch in Inkaköpfen schon so genug von vielerlei „Geistern".

Balsaboot

•Der „Indio" in seinem **Balsa-(Binsen-)boot** am Ufer des Titicacasees gehört dem Sprachstamm der Aymará an, die die Begründer der großartigen Tiahuanaco-Kultur (in Bolivien) waren und vor den Inkas schon die Urbewohner der Titicaca-Region unterworfen hatten, die Urus, die nicht nur in Binsenbooten den höchsten schiffbaren See der Erde (3820m!) befuhren, sondern auch auf künstlich angelegten Binseninseln siedelten und Gartenbau betrieben, wobei sie ökonomisch wie ökologisch klug ihre alten voll Wasser gesogenen Balsaboote als Schwimmunterlagen für ihre flottierenden Gärten verwendeten.

Erfrischendes Bad bei +9°C

•**Bad in der Janakearea-Cocha** in 3800m Meereshöhe bei 9° C.
Einer unserer indianischen Begleiter meldete in Panik dem Padrón, die Señora sei von Geistern ins kalte Naß gezogen worden (sie hatte die eingeseiften Haare darin untergetaucht). Er konnte sich nicht vorstellen, daß ein Mensch freiwillig ins Wasser geht.

Frauen in typischer Tracht, 1957

•Obwohl es die **Hochlandindianerinnen** nicht leicht haben mit ihren Kindern und Lasten auf den Schultern, sind sie stets munter und kichrig. Mit ihren vielen (man sagte mir, bis zu 7) Unterröcken wirken sie gar nicht plump. Verschmitzt bleiben sie gelegentlich am Wegrand in leichter Hocke stehen, und wenn sie weitergehen, kann man sehen, was sie da unkompliziert gemacht haben.

Stolze Weltrekordmarkierung an der Bahntrasse Lima – Oroya

•Wenn den Chinesen der geplante Bahnbau nach Tibet hinauf gelingt, wird auch dieses Schild hinfällig werden. Noch hält Peru den Höhenrekord im **Schienenverkehr** von Lima nach Oroya hinauf.

•In den peruanischen Anden gibt es viele wertvolle **Bodenschätze**, die seit der Inkazeit abgebaut werden. Erst war es die menschliche Arbeitskraft, die dabei widernatürlich ausgebeutet worden ist. In der Neuzeit kam der motorisierte Raubbau an der Natur hinzu mit großflächigen Zerstörungen der Hochgebirgslandschaft und irreparabler Giftbelastung der Atmosphäre, der Böden, Gewässer und Lebensgemeinschaften. Hier das Bild von einem Hüttenwerk am Ticlio-Pass über Lima.

Hüttenwerk am Ticlio-Pass

BOLIVIEN

Nach Bolivien hinauf kamen wir erstmals von Manaus her 1966. Da mußte man im doppelten Grenzort Guajará-Mirim/Guayaramerin umsteigen, d.h. auf brasilianischer Seite aussteigen, im Boot den RioMamoré überqueren und auf bolivianischer Seite wieder einsteigen. Das war aber nicht so einfach, wie sich das hier schreibt und liest, und es dauerte auch drei Tage. Die zweimotorigen Maschinen der dortigen Fluggesellschaften (meist noch aus dem sogenannten 2. Weltkrieg) flogen nicht immer (was auch gut so gewesen ist, weil sie oft Defekte hatten). Nun, wir trieben uns im kinderwimmelnden Guayaramerin herum und verloren nach und nach unsere Attraktivität. Unterbringung und Verpflegung waren ländlich, Mücken und Hunde wie üblich lästig. Als Liebhaber süßer Sachen, litt ich schwer unter dem einseitigen Fleischangebot (zuvor hatte ich ja bereits 8 Wochen am Rio Negro zugebracht) und suchte in allen Spelunken nach einer lieben Wirtin, die mir einen Mingao (d.h. Griesbrei = Grieskoch) zubereiten könnte und wollte. Am 3. Tag wurde ich fündig, und zum blanken Ekel staunender Caballeros aß der Gringo eine Riesenschüssel dieser Kindernahrung öffentlich leer.

•Kurz danach brummte es verheißungsvoll am verhangenen Himmel, und tatsächlich die **DC3** erschien über dem nahebei gelegenen grünen Flugplatz. Sie mußte allerdings erst noch einige Runden drehen, ehe die dort weidenden Rinder und Schafe abgetrieben waren. Die „Abfertigung" war dörflich einfach. Mir wurde nur etwas mulmig, als ich sah, daß ein lässig wirkender Flugfunktionär mit einer Handpumpe aus großen Kerosintonnen nachtankte und dabei gelassen an seiner glimmenden Zigarette sog. Was alles muß man überleben, um zu einem real komponierten „Weltbild" zu kommen?

DC 3 vom Flug nach Bolivien

•**Oruro** auf dem Altiplano ist keine schöne, aber eine typische Stadt für das Lebewesen Mensch, das sich allen irdischen Bedingungen anpaßt, wenn es Existenz = Verdienstmöglichkeiten wittert. Wenn er dann – oft erst allerdings in der 2. oder 3. Generation – über das bloß Existentielle hinausgekommen ist, schafft er sich auch in den unwirtlichsten Gegenden seine Wunschwelt wieder, und die ist interessanterweise mehr natürlich als kultürlich. Da grünt es dann in seinen Gärten, da wandelt er im Schatten und badet mitten in der Wüste. Sollte er auf den Mars kommen, machte er gewiß auch den zum „Paradies".

Oruro

In Oruro liefern ihm übrigens rare Bodenschätze den Vorwand zu solch umwegigem Tun. Und vom Kalvarienberg läßt er es sich auch noch demonstrativ absegnen.

•Der **Cerro Rico** (= Reicher Berg) in Potosí kommt zwar schon im ersten Band als Zeitgeistsymbol vor, ist aber auch hier als Glanzlicht in einem Weltbildermosaik unentbehrlich. In ihm schufteten und starben Zehntausende Indios für die Silbergier ihrer euro-christlichen „Herren". Diese weihten den Berg der Mutter Gottes unter dessen dreifältigem Schutz. Der Berg ist übrigens 4829m hoch und fällt als solcher kaum ins Auge. Wer freilich ein inneres solches hat, d.h. wer auch wahrnimmt und weiß, was „die Welt" wirklich ist und bewegt, der „genießt" sie mitbewegt, aber distanziert, und schaut zu, daß sie ihn nicht auch in ihre Machenschaften involviert, deren wahren Charakter man ja als Zeitgenosse selten erkennen kann. Das Silber aus den Anden auf unseren Renaissance- und Barock-Altären verleiht unserem selbstgefälligen Kultur-Weltbild einen sehr kalten Glanz.

Cerro Rico, der „Reiche Berg", über Potosí

VENEZUELA

•November 1974 an den Wasserfällen des Rio Carrao in **Canaima**, Venezuela. Im Hintergrund die Sandsteinmauer eines der Tepuis (= Götterburgen), die zu den unzugänglichsten und kaum erforschten Gebirgsstöcken der Erde zählen.

Rio Carrao

KOLUMBIEN

Kolumbiens baumlose Hochland-Grasländer

•In Kolumbien sind die **„Páramos"**, feuchte baumlose Grasländer zwischen 3200 und 4500m Meereshöhe, besonders typisch ausgebildet. Sie sind baumlos, werden aber von den Espeletien (=Wollschopfpflanzen) bis 6m hoch überragt, ihre langen Blattrosetten sind silberweiß behaart, und ihre Korbblüten leuchtend gelb. Im Nebel erscheinen sie wie menschliche Figuren und sie werden deshalb von den einheimischen Hirten Frai lejones genannt, was soviel wie „Mönche von weitem" heißt. Eine Wanderung über so einen Páramo ist ein romantisches Erlebnis, wenn meist auch ein recht feuchtes. Um die Erforschung dieses andinen Lebensraumes hat sich (mein ehemaliger Schüler) H. Sturm besonders verdient gemacht.

Am Äquator in Ecuador

ECUADOR

•Wer würde sich in Ecuador nicht – gleich uns – über den Strich vor dem **Äquator-Monument** stellen, um so in beiden Erdhälften zugleich zu sein. Unser Weltbild ist inzwischen schon so gefestigt, daß wir uns sogar konkret die zwei Staubkörner auf dem Riesenball vorstellen können. In den Köpfen tragen wir ja ein Instrument mit uns, das für alles Meßbare auch einen Begriff hat, und so kommt es, daß uns zwei Rätsel quälen: Die „Welt" um uns und ihr „Bild" in uns.

MEXIKO

In Mexiko hat der Mensch soviele großartige materielle Zeugnisse seines kuriosen Ideendrangs hinterlassen, daß man als Tourist kaum die nicht weniger faszinierende Natur dieses „iberoamerikanischen" Landes wahrnimmt. In Acapulco freilich braucht man weder das eine, noch das andere, um „in" zu sein. Da braucht man nur Geld.

•Hier sei nur ein bestimmendes Element der mexikanischen Pflanzenwelt eingebracht: Die vielgestaltigen **Kakteen**.

Kugelkakteen – stumme, aber wehrhafte Symbole der selbstbewußten mexikanischen Hybridkultur

•**Vulkane** bestimmen das mexikanische Landschaftsbild. Weltbekannt ist ja der Popocatepetl, nicht zuletzt weil er von Zeit zu Zeit bedrohlich spuckt. Der Nevado de Toluca (4575m) auf der anderen (SW) Seite von Mexico City ist weniger spektakulär, dafür bietet er mehr Beschaulichkeit an seinen stillen Kraterseen, der Laguna del Sol und der Laguna de la Luna, und einen weiten Blick ins Land hinaus. Hier eine kleine Maultierkarawane am Saumweg zum Krater des Nevado de Toluca.

Maultierkarawane, im Hintergrund der Krater des Nevado de Toluca

•Als die Azteken nach Mexiko kamen, fanden sie diese gigantische Anlage bereits verfallen vor. Sie nannten sie Teotihuacán, was **„Ort der Götter"** heißt, denn sie konnten sich nur Götter als Planer und Erbauer dieser Sakralstätte mit ihrer 5 km langen Via Sacra, mit den riesigen Sonnen- und Mondpyramiden und anderen Bauten vorstellen. Auch der heutige Besucher macht sich wunderliche Gedanken über diese frühmenschliche Gewaltleistung, die nur einer überwältigenden Idee entsprungen sein kann; denn nur Zehntausende gleichgeschalteter Untertanen konnten ihre Lebenspläne einem solchen Überplan „geopfert" haben.

Teotihuacan zeigt mit seinen Pyramiden, daß auch die „Neue Welt" schon alt war, als sie von der „Alten" „entdeckt" wurde

•Wer sein „Weltbild" mit den dazu nötigen menschlichen Formen, Farben und Figuren füllen will, muß sich einen Besuch im **Museo Nacional de Antropologia** in Mexico City leisten; denn ohne die mexikanischen Varianten unserer humanen Daseins- und Darstellungsformen ist ein „wahres" Menschenbild nicht möglich. Großfiguren und Figurinen aus Stein, Ton, Gold sind da in allen denkbaren Posen und Expressionen zu sehen, von den Mayas, Olmeken, Tolteken, Azteken und anderen mehr. Und im Gegensatz zu den biblisch beschränkten Spaniern, die das als erste Europäer mit Verachtung, ja Abscheu, sahen, sehen wir heute, daß „das Menschliche“ mehr ist als das Europäische, Christliche, vorgeblich seine Würde in sich Tragende und seine Rechte an sich Habende. So einen politethisch standartisierten eurochristlich geprägten Menschen von globaler Gleichheit darf es auch als Wunschbild nicht geben. Das wäre der definitive Sieg des weißen Herrenmenschen und seiner Gedanken- und Wertewelt. Genau das bringt einem ein Besuch im Nationalmuseum von Mexico City zum Bewußtsein! Vor der Ausdrucks- und Symbolkraft dieser aztekischen Tonfiguren versagte zunächst das biedere Empfinden und Verstehen der europäischen „Entdecker“. Viel christlicher Zeitgeist mußte verwehen, ehe wir heute mehr als nur heidnisch-häßliches Zeug in solchen bewegenden Schöpfungen unserer fernen Verwandten sehen.

Aztekische Tonfigur

„Wahrsagerpyramide“ von Uxmal

•Die große **Maya-Pyramide von Uxmal** in Yucatan, die die Wahrsagerpyramide genannt wird und von der die Archäologen wissen, daß sie aus fünf übereinander gebauten Tempeln besteht. Umgeben ist sie von erstaunlich großzügigen und eindrucksvoll plastisch dekorierten Gebäudekomplexen, die als das Nonnenviereck, der Venustempel, das Schildkrötenhaus und der Gouverneurspalast bezeichnet werden. Letzterer ist 98m lang!

•Als die Spanier nach Malinalco kamen, war dieser halb aus der Felswand herausgehauene **Aztekentempel** von Malinalco mit seinem kreisrunden Kultraum noch gar nicht ganz fertig; denn die Azteken hatten ihn erst 1501 zu bauen begonnen, nachdem sie dieses Berggebiet kurz zuvor erobert hatten (1476).

Der Felstempel von Malinalco (1501 begonnen)

El Tajin, Nischenpyramide

•Nahe der Golfküste nordwestlich von Veracruz, wo die Spanier 1519 landeten, liegt das große Kultzentrum der Olmeken von **El Tajin** (100-900 n. Chr.) mit der berühmten Nischenpyramide, die auf quadratischem Grundriß 6 Stufen von insgesamt 18m Höhe hat. Wenn man „richtig" zählt, kommt man auf 365 Nischen an ihr, und das löst naturgemäß kalendarische Spekulationen aus. Daneben steht ein flacherer, ungestufter Pyramidenbau mit gedrungenem Säulenumgang auf schrägem Sockel.

Gute Kondition ist Voraussetzung beim Ersteigen des Fünfstufenbaus in Edzna (Photo: Strohm)

• Das Gebäude der fünf Stockwerke von **Edzna** demonstriert mit seiner besonders steilen Steintreppe bis heute die unheimliche Macht der Priesterkaste bei den Mayas. Wer da hinaufstieg, würdig gewandet und mit dem blanken Obsidianmesser in der Hand, hob sich ab vom „Irdischen" und vollzog „Höheres". Zeitgemäß gruselig adaptierte Machtinszenierungen solcher Art kennen auch wir, etwa vom Fernsehen aus den USA, wo George Bush einsam zum Pult schreitet, um seinen göttlichen Auftrag gegen das Böse (jetzt im Irak) zu verkünden.

•Die **Olmeken** (ca. 1500-100 v.Chr.) gelten als die Schöpfer der Mutterkultur der mesoamerikanischen Zivilisation. Ihre figuralen Hinterlassenschaften gipfeln in den Kolossalköpfen aus Basalt, die im Freilichtmuseum Parque la Venta bei Villahermosa (Hauptstadt des Bundesstaates Tabasco an der Südküste des Golfs von Mexiko) zu bewundern sind. Rätselhaft sind deren physiognomische Verschiedenheiten, die deutliche rassische Differenzen aufweisen.

Olmekenkopf

•Das **Ballspiel** ist eine autochthone amerikanische „Erfindung", die in Mesoamerika ihre höchste Entwicklung bei den Tolteken und Mayas fand. Jeder bedeutendere Ort hatte im präkolumbianischen Mexiko wenigstens einen Ballspielplatz. Der größte war und ist der von Chichén Itzá in Yucatán; 95m lang, 35m breit, die Längsseiten von je einer 8m hohen Steinmauer flankiert, an der jeweils in der Mitte oben ein Steinring angebracht war. Zwei Mannschaften zu je 7 Mann liefen aufs Feld und mußten versuchen, den Kautschuk-Vollball durch einen der Ringe zu werfen. Der Ball durfte dabei aber nur mit Schultern, Hüften und Knien gestoßen werden und nie den Boden

Rundes „Tor" in Chichén Itzá

Aufnahmen von Herrn Strohm aus Erlangen, weil mir damals (1993) das Photozeug in Mexiko gestohlen worden war, was ja auch zu den aktuellen Facetten eines realen Weltbildes gehört berühren, verglichen also mit unserem Fußballspiel eine extrem schwierige Aufgabe, die zudem der unterliegenden Mannschaft in der Regel die Enthauptung brachte. So gesehen geht's bei uns doch humaner zu, wenn der Trainer „fliegt".

Der Cenote von Chichén Itzá, eine wassergefüllte Doline

•Der heilige Cenote von Chichén Itzá ist eine **wassergefüllte Doline**, also ein natürlicher runder Quellteich (Brunnen) von 60m Durchmesser, in den die Tolteken und Mayas bei drohender Trockenheit Männer, Frauen oder Kinder warfen als Opfer für die Götter, die Regen schicken sollten. Es gibt also anscheinend keine „Kultur", die keine Menschenopfer kannte. Wenn man sich schon Götter imaginiert, dann muß man ihnen in der Not auch das Wertvollste bieten, was man hat.

Maya-Relief

•Der Tod, als Bedingung und Opfer für **„Höheres"**, war auch den mesoamerikanischen Indianern mehr als nur ein Ende im Irdischen. Überall stößt man auf seine Darstellung wie hier in der Maya-Stadt Uxmal.

•Solcher **Wanddekor**, den man sich noch bunt denken muß, ist eines der vielen Indizien dafür, daß „Kunst" lang vor ihrer literarischen „Vergeistigung" nichts anderes als phantasievolles Handwerk war (wie dies ja auch „unsere" Alten Griechen schon wußten) und daß sie ohne „Theorie" allen Menschen möglich ist wie hier den Zapoteken und Mixteken in ihrer Totenstadt von Mitla im Staat von Oaxaca am Isthmus von Tehuantepec.

Wanddekor aus der Totenstadt von Mitla

•Die Fresken in den Tempeln von Bonampak und Cacaxtla haben den Europäern gezeigt, daß auch ihre Vettern jenseits des Atlantik völlig unabhängig von ihnen und ihren asiatischen Vettern zu Künsten gekommen sind, auf die diese glaubten besonders stolz sein zu können. Ich erinnere mich noch gut an die Analyse des Mosaiks der Alexanderschlacht, die uns von unserem Latein- und Griechisch-Lehrer im Bamberger Gymnasium geliefert wurde: wie da der unbekannte Künstler genau den Wendepunkt der Schlacht dargestellt habe, und nun stand ich 55 Jahre später in Cacaxtla vor der Schlachtszene zwischen den Jaguar- und den Adlerkriegern, wo dem Anführer der letzteren gerade die Därme aus dem aufgeschlitzten Bauch quellen, und in seinem Gesicht zu lesen ist, daß nun alles verloren sei. Mensch ist halt Mensch, egal, wo und wann und von welcher Rasse auch immer.
Bemerkenswert ist noch die Entdeckungsgeschichte der Gemälde von Bonampak, was übrigens in der Mayasprache **„Stadt der bemalten Wände“** heißt und ein nachträgliches Kunstwort der Archäologen ist. Es fing mit dem amerikanischen Deserteur Carlos Frey an, der im zweiten Weltkrieg in die Wälder von Chiapas floh und sich dort einem Trupp von Lacandón-Indianern anschloß, die in versteckten Maya-Tempeln Feste feierten. In diesen Ruinen drehte dann, von Frey aufmerksam gemacht, Gilles Healey 1946 einen Kulturfilm über die Lacandonen und entdeckte dabei die Malereien an den Tempelwänden. Diese waren wunderbarerweise von einer feinen Kalkschicht übersintert und so fast unversehrt erhalten geblieben. Hier hatte ein Klimafaktor die Konservierung der Fresken ermöglicht, der sonst deren Untergang bewirkt, die extrem hohe Luftfeuchtigkeit. Das Fresko nebenan knipste ich nicht in Bonampak, wo das verboten ist, sondern im Museum in Mexico City.

„Moderne“ Fresken in Maya-Tempeln

•Die **„Voladeros“** sind eine mexikanische Attraktion, die präkolumbianische Tradition hat, deren mythische Symbolik heute aber im bloß Artistischen untergegangen ist. Auch der unproportionierte Kopfschmuck, mit dem die Artisten anrücken, verstärkt den Eindruck des Circensischen.

Ursprünglich von religiöser Bedeutung: die Darbietung der „Voladeros“

•Primitiv, aber reizvoll erscheinen die kleinen Maya-Häuschen, in denen die Nachkommen einer großen Kultur noch heute hausen.

Maya-Haus in Yucatán

Cortéz-Denkmal am Paso de Cortéz mit zeitgeistigem Kommentar aus der Sprühdose

•**„Wir Spanier leiden an einer Krankheit, die nur durch Gold geheilt werden kann“**, soll Hernando Cortéz gesagt haben, und er handelte danach, so wie Francisco Pizarro in Peru. Heute steht am Paso de Cortéz (3580m) ein **Gedenkstein** mit dieser Tafel, die Cortéz zu Pferde mit spanischen und indianischen Begleitern auf dem Marsch von Veracruz an der Golfküste hinüber nach Tenochtitlan zeigt. Wie bei Pizarro in Peru faszinierte mich auch in Mexiko die Verehrung, die die Nachfahren ihren Conquistadoren bis heute entgegenbringen, obwohl sie sich doch inzwischen sehr entschieden und blutig von deren Stammvölkern befreit haben.

•**Tenochtitlan** ist der aztekische Name von Mexico City. 1325 kam der kriegerische Stamm der Azteken auf der Suche nach Neuland in das Hochtal Anáhuac, wo sich in 2240m Meereshöhe der verschilfte Texcoco-See ausbreitete. Dort sah die ziehende Horde einen Adler mit einer Schlange im Schnabel auf einem Kaktus sitzen, und genau das war das Zeichen, das ihren Priestern als Verheißung für das zu suchende Land mitgegeben worden war. Die Azteken siedelten sich also auf Inseln im flachen See an und eröffneten damit eine endlose Geschichte, analog der der Juden in ihrem Gelobten Land.
200 Jahre später (1510), als in Tenochtitlan Kaiser Montezuma II regierte, erschien dort aus „heiterem“ Himmel der unbedarfte, aber in seinem christlichen Gottvertrauen zu allem entschlossene Spanier Hernán Cortéz und brachte mit seinen 300 Landsleuten und Zehntausenden von aztekenfeindlichen indianischen Bundesgenossen die blühende Stadt und das inzwischen riesige Staats-

wesen der Azteken zu Fall. Von 1521 an wuchs also auf den Leichen und Ruinen von Tenochtitlan das heutige Mexico City, inzwischen eine der unfaßbaren exotischen Menschenballungen unserer Zeit mit 25 Millionen Seelen.

Das „moderne" Mexiko ist ein brisantes und zuweilen explosives Gemisch aus hochfahrendem „ibero"-amerikanischen Nationalstolz, wachsendem „indianischen" Selbstbewußtsein, gierigem Spekulantentum und ungezügeltem Bevölkerungswachstum mit dem dazugehörigen Verelendungssyndrom. Die Kirche hat ihre ethische Autorität längst vertan, der Marxismus scheiterte kläglich an der Bestechlichkeit seiner Propheten, die Demokratie ist der schwache Sicherheitsdeckel auf dem Drucktopf dieser einmaligen Mixtur. Originelle Köpfe sind da gewachsen, speziell in der Literatur und Malerei, und an den Schulen wächst viel Gescheites nach. Dieses freilich drängt ins Weite, vor allem in die USA, so daß es der eigenen Nation verloren geht.

Ein mexikanischer Künstler hat hier den Gründungsmythos der Aztekenhauptstadt Tenochtitlan graphisch festgehalten

Nahezu alle Symbole der anglo- und francoamerikanischen Macht auf dem Subkontinent Nordamerika zehren vom Geistes- und Geschmacksgut des Klassizismus. Schon darin zeigt sich die Sekundärnatur dieser gern als „eigene" Kultur bezeichneten Zivilisation. Wir Alt-Europäer sehen freilich hinter den schönen Säulenfassaden einen bedenklichen Rückstand an historischem Wissen und an Weltkenntnis in den Köpfen der naiven transatlantischen Macht- und Geldmenschen. Neulich sahen wir das drastisch beim Einzug der (US-)Amerikaner in Bagdad, wo sie vor die heute einzig weltbedeutende Kultur-Institution dieser Stadt nicht einmal eine simple Wache stellten und ungerührt zuschauten, wie dort die einzigartigen Menschheitszeugnisse barbarisch ausgeräumt wurden. Die Plünderung des irakischen Nationalmuseums im Jahre 2003 unserer eurozentrischen Zeitrechnung läßt für das angelaufene 21. Jahrhundert unter „amerikanischer" Flagge regressiv-Schlimmstes befürchten. Hoffentlich finden sich für das „Weiße Haus" am Potomac im neuen Jahrhundert doch noch ein paar weisere Männer und Frauen. Wie „weiß" sie sein werden, ist nicht so wichtig.

Mount Rushmore

In meinem Weltbild gibt der Name Amerika ohne Zusatz keinen Sinn. Selbst der Mann, nach dem wir den Kontinent benennen, hatte keine Vorstellung davon, daß dieser von Feuerland bis Alaska reicht. Und wer heute Amerika sagt, meint in der Regel die USA – und die sind alles andere als etwas eigenkontinentales; sie sind spätes Europa. „Amerikaner" ist – wie Asiate – eine geographische Zuordnung; „Indio" eine traurige Fehlbenennung. Ethnisch ist der Kontinent verhunzt wie kein zweiter. Umso origineller ist seine Physiographie.

Von 1950 an war ich entschlossen, die Gunst meiner Lebensstunde zu nutzen. „Der Westen" war offen, und erstmals gab es die Chance, globale Distanzen in Tagen zu erledigen. Mein erstes Traumziel war Amerika, nicht das europäisierte, sondern ein Kernland seiner Vor-Geschichte, das zudem vom Pazifik über die Anden bis zum Amazonas hinunterreicht und einen hohen Prozentsatz originalamerikanischer Menschen erhalten hat: Peru. Mit diesem Land, seinen Lebensräumen und Menschen hat meine Weltsicht begonnen. Mit 36 Jahren ist so aus dem unbewußten der selbstbewußte Europäer geworden. Er hat seitdem gerade in Amerika jene Bilder und Einsichten gefunden, die den Distanzierten so reich machen.

Die **„Vereinigten Staaten von Amerika"** sind alles andere als das. Geographisch wie ethnisch haben sie kaum ein Fünftel des intendierten Staatsziels erreicht. Militärisch und politisch allerdings haben sie es inzwischen von kontinentaler zu globaler Bedeutung gebracht. Und damit wandelt sich auch ihr ursprünglich eurogenes Selbstwertgefühl in ein geschichtslos autistisches, so daß anläßlich des „Golfkriegs" (1991) ein amerikanischer Präsident (G.H.W. Bush) via CNN weltweit verkünden konnte: „Die USA haben das Licht der Kultur in die Welt gebracht. Wir sorgen dafür, daß sich dieses Licht auch diesmal gegen die Finsternis des Unrechts und der Barbarei durchsetzt." Von Geschichte, geschweige denn Kulturgeschichte konnte der gute Mann in seinen Schulen kaum viel gehört haben. Er hatte aber immerhin seinen präsidialen Amtseid wie alle seine Vorgänger vor der Freimaurerbibel George Washingtons abgelegt.

•Dieser Eid gründet auf Thomas Jeffersons hochhumaner **Verfassungsidee** von 1787 „Das Recht aller Amerikaner auf Freiheit, Gleichheit und Menschenwürde". Der Begriff „Amerikaner" ist dabei freilich ein sehr fraglicher: Wer ist ein solcher? Von Feuerland bis Alaska lebten bereits welche, als die jetzigen kamen, und jene schon Dagewesenen erlebten Schreckliches. Auf dem heutigen Hoheitsgebiet der USA überlebte nur ein Bruchteil der „Indigenes". Der Rest von ihnen heißt heute noch „Indianer", weil sich der erste europäische Menschenfreund, der sie sah, im Erdumfang geirrt hatte und sie für Inder hielt. Und weil diese „Indios" zu kaum einer nützlichen, sprich profitablen, Arbeit brauchbar waren, führten die weißen „Entdecker" adaptiblere schwarze

Thomas Jefferson

Artgenossen ein, deren kostengünstige Arbeitsleistung dann eine Kultivierung sondergleichen ermöglichte. So nüchtern selektionstheoretisch betrachtet ist der Stolz im Ausspruch des Herrn Bush von 1991 also voll verständlich.

Und so reihen sich heute „die Amerikaner“, womit wir ja umgangssprachlich regelmäßig nur die US-Amerikaner meinen, nahtlos in die hehre Reihe aller bisherigen humanen Akkulturateure ein. Was unterscheidet denn die Han-Chinesen etwa von den christlichen Europäern oder die Alten Römer von den Osmanen? Im Grunde genommen, nichts; denn sie alle wollten doch nur Ordnung, Frieden und Wohlergehen für „ihre“ Bürger. Hätten die Alten Römer schon entsprechende Maschinen gehabt, hätten sie im Sinne ihrer Weltbürgeridee auch keine Sklaven mehr gebraucht, und die christliche Ideologie wäre kaum so erfolgreich gewesen. Ähnliches gilt für Marxens Gedanken- und Wunschgebäude bezüglich seines Nährbodens im damals rechtlosen Arbeiterstand. Die USA sind ein wunderschönes Land. Als wirklich Wissender freilich möchte ich dort nicht leben.

•Die USA (samt Kanada und Alaska) faszinieren den Naturfreund mehr als den Menschenfreund. Großartig sind die Landschaftsbilder, die sie bieten, bedrückend die Einblicke in die Denkwelt der „Bes(e)itzer“. Welcher Staat hat sich derart megaloman selbstdargestellt wie die USA am **Mount Rushmore**? Die Riesenskulpturen und Riesenbilder, die es sonst in der Welt gibt, haben alle „göttlichen“ oder ideologischen Ursprung. Hier aber sind schlichte Staatspräsidenten ins Giganteske geraten. Das paßt gut zur verbalen Selbstbewertung, die der US-amerikanische Senator Beveridge von sich gab, als er am 9. 1. 1900 im US-Congress auf dem Capitol Hill das 20. Jahrhundert zum amerikanischen Centurium erklärte mit den frechen Sätzen: „Gott hat uns zur Organisation der Welt bestimmt mit dem Auftrag, da Ordnung zu schaffen, wo das Chaos herrscht ...– er hat uns zu bester Regierungskunst befähigt, damit wir diese an den wilden und senilen Völkern anwenden können. Gäbe es diese unsere Kraft nicht, müßte die Welt in die Nacht der Barbarei zurückfallen. Gott hat uns Amerikaner zu seinem auserwählten Volk gemacht, das bei der Erneuerung der Welt die führende Rolle spielen soll ... !“

Mount Rushmore, Oktober 1989

Freiheitsstatue

•**„Miss Liberty“** ist das Symbol der USA. Am 4. August 1971 sah ich die eineinhalb Kilometer lange Menschenschlange geduldig und ergriffen davor stehen und kehrte wieder um. Mich ergriff sie (die „Freiheitsstatue“) ebensowenig wie die wilhelminischen Parallelgrotesken im Rheingau (die Germania über Rüdesheim) oder im Teutoburger Wald (der Cherusker Hermann) oder gar die plumpe wittelsbachische Bronzematrone in München (die Bavaria). Die Miss von New York ist ja dem Wissenden „das“ klassische Zeitgeistwandelsymbol: Stammt sie doch aus dem Frankreich des 3. Napoleons, der sie (mit dem Schwert in der hochgereckten Faust) für seinen Sieg über Preußen-Deutschland in Auftrag gegeben hatte. Statt dessen genoß freilich dann Bismarck in Versailles die Wiedererweckung der rechtsrheinischen Kaiseridee, die sich allerdings nur knapp zwei Generationen lang als fruchtbar erwies, ehe sie wieder in Versailles und schließlich 1945 in Potsdam ihr definitives Ende fand. Oder hat nun auch mich mein Zeitgeist so geblendet, daß ich mir keinerlei „Reich“ mehr vorstellen kann (wo doch zu Füßen jener Miss Liberty derzeit das physisch stärkste aller bisherigen Zeiten west)?

Denkmal in Denver

•Noch ein klassisches Zeitgeistdenkmal aus den USA (Denver): Die zum „Weltpolizisten“ aufgerückte „Nation“ der Vereinigten Staaten von Amerika bietet dieses widersprüchliche **Bild der liebevollen Mutter**, die mutig die Flinte im anderen Arm hält. Der einzige Staat übrigens, der Atombomben nicht nur baute und hat, sondern auch warf.

•Wenn es ein Zeitgeist-Symbol von besonderer Aktualität für die USA gibt, dann ist es dieses.

Kein Zeichen („Logo“) symbolisiert den US-amerikanischen Weltordnungstraum besser als dieses

„Buffalo Bill": Bürgerlich hieß er William F. Cody und lebte von 1846 bis 1917

•Dieser Mann bekam ein Denkmal gesetzt, weil er 4280 **Bisons** killte. Aus steinzeitlicher Sicht ein außerirdischer Heros. In geschäftlicher Sicht Fleischlieferant für die chinesischen Kulis, die an der transkontinentalen Eisenbahn werkten. Fortschrittsgeschichtlich gesehen ein Wohltäter der Go-West-Pioniere seiner Zeit: Ohne Bisons waren nämlich auch die lästigen Indianer zum Verschwinden verurteilt.

Grabstein eines rezenten Reservatbewohners indianischen Stammes

•Immerhin finden hier inzwischen auch die letzten hartnäckigen Gegner jenes westwärts gerichteten Fortschritts eine **posthume Würdigung**, allerdings in der Form und Diktion der Fortschrittsbringer, die ja auch in nachträglich globaler Sicht doch rechtschaffen gehandelt haben; hätten sie denn eine solche Gottesgabe wie den guten Weizenboden der Prärie weiterhin den Bisons jener fortschrittsunfähigen Jäger überlassen dürfen?

Das Pueblo Cliff Palace unter seinem natürlichen Felsendach in der Mesa Verde (Colorado)

•Die **„Pueblos"** mit ihrer rätselhaften kurzen Siedlungsgeschichte (um 1200 n. Chr. herum von der Mesa, d.h. vom Landschaftsplateau in die Felswände der Canyons verlagert und gegen Ende des 13. Jahrhunderts ganz aufgegeben) sind im Anschluß an Peru und Mittelamerika klare Zeugnisse dafür, daß unsere Vettern in Amerika hochkulturfähige Artgenossen waren, deren autonome Entwicklung nur durch „uns" abgewürgt wurde. Als Beispiel hier der sogenannte Cliff Palace von der Mesa Verde in Colorado, eine mehrstöckige Wohn-, Wehr- und Kult-Anlage unter natürlichem Felsendach. Die vielen runden „Kivas" verraten den hohen Grad „geistigen" Lebens in jenen Wohngemeinschaften.

Der Newspaper Rock (Tse Hane) der Navajos zeigt, daß die Petroglyphen der Indianer Langzeitinformationen enthalten (siehe Reiter und Rad!)

•Die **Petroglyphen**, die uns die nomadisierenden Prärieindianer hinterlassen haben, zeigen eine Kontinuität in der Wiedergabe des jeweils für sie Aktuellen, die erkennen läßt, daß sich in ihren Köpfen auch nach dem Besteigen von Pferden und Autos nicht viel geändert hat. So wie wir ja auch gern den Denkfehler machen, zu meinen, die Millionen zivilisierter Erdenbürger, die heutzutage ein Auto fahren oder im Flugzeug sitzen, hätten das eine oder das andere wirklich „erfunden" oder gar verstanden.

•Las Vegas, Utah, Arizona, New Mexico sind Begriffe, die wir mit einem Lebensstil und **Rechtsgefühl** assoziieren, das uns typisch „amerikanisch" anmutet: waffentragende Bürger, strenge Sheriffs, wohlgefüllte Gefängnisse. Wie alle Vorurteile, ist auch das nur im Prinzip richtig, analog den einstigen „Weisheiten" von Radio Eriwan.

Die Ghost Town Bodie, eines der melancholischen Symbole jener grausam schnellen Goldräusche, die uns das Entwurzelungssyndrom der eingewanderten Euroamerikaner bis heute anschaulich machen

Eine Fahrt durch diese Bundesstaaten, die ja gewissermaßen das „Hinterland" Kaliforniens sind, obwohl das von der „Erschließungs"-geschichte her paradox erscheint, korrigiert dieses Vorurteil nicht. Die jetzigen „Ansässigen" stellen sich gern selber so dar, als sei ihnen die Lebensart ihrer Vorläufer, die man besser Vor-Reiter nennen sollte, durchaus nicht unlieb.

Gedenkurkunde für Billy the Kid

•**Billy the Kid**, der tatsächlich rosig infantile Outlaw Man, der 1881 in Mesilia am Rio Grande sein wohlverdientes Ende an einem Strick fand.

•Im Jahr 2000 fand ich in diesem Museum an der Mall in Washington viel Stolzes aus der **Geschichte der USA**, nahezu nichts über „ihre" Indianer und nur wenig von den inzwischen freien schwarzen Sklaven. Zu den Indianern war mehr im Naturhistorischen Museum zu finden. Wer grinst da? Immerhin, es gab dieses Bühnenbild vom täglichen Dasein der Afrikaner mit dem Spruch darüber von dem, was sie sich dazu dachten (nächste Seite).

National Museum of American History – Gedenkraum zur Sklaverei

„All I ever wanted, was to be free“

Kurz vor meinem 80. Geburtstag „mußte" ich nach **Washington**, um diese Stadt noch gesehen zu haben, ehe sie ins Buch der Weltgeschichte kommt. Eine Weltstadt ist sie ja nicht, weder als menschenbrodelnder Ideenkochtopf noch als dekadenter Lasterpfuhl. Aber sie hat am Rande ihres nahezu keuschen klassizistischen Kerns ein pentagonales Etablissement stehen, in dem sich schon die großen Menschheitssündenfälle unseres 21. Jahrhunderts auszudenken beginnen.

•Ich opferte meinen letzten Halbtag in dieser Stadt der „Neuen Weltordnung" für eine Metrofahrt vor den kunstlosen Mauerwall dieses **„Brain Centers"**, nur um einmal dagewesen zu sein, wo – wie notorisch zu befürchten ist – ein Jahrhundert später mancher nicht mehr gewesen sein möchte.

Das Pentagon

•Der **Korea-Krieg** war ein noch relativ hoch-motivierter. Es ging darum, nach der Erledigung des einen Gottseibeiuns (A. H.) auch dem anderen (J. S.) wenigstens die Zähne zu zeigen. Aber kaum eines der alten europäischen Kulturvölker würde heute noch nach getaner Arbeit so schöne militaristische Monumentalanlagen für seine Helden schaffen, wie das die Amerikaner hier taten.

Denkmal für Amerikas Helden im Korea-Krieg

•Der **Vietnam-Krieg** war nicht die erste und ist nicht die letzte Sünde der „Nation" USA. Wer eine „Idee" nicht nur hat, sondern sie auch zu realisieren versucht, wird automatisch „Täter" bis hin zur Entlaubung unschuldiger Bäume. Mich hat die lange Reihe junger Menschen an der langen schwarzen Marmorwand in Washington beeindruckt einerseits und andererseits mein Menschenbild bestätigt: Da ändert sich sichtlich auch in Jahrtausenden nahezu nichts.

Die Liste der Vietnam-Opfer wird nun im 3. Jahrtausend mancherlei Fortsetzungen finden

Mammutbaum

•1982 haben wir unsere erste große Autoreise durch den bizarr formenreichen **SW** der **USA** gemacht. Der Photograf findet dort kein Ende in der Fülle der Motive zwischen San Francisco, Las Vegas und Santa Fé. Die Mammutbäume zeigen uns darüber hinaus, wie beschränkt unser Alltagszeitbegriff ist. Dieser Teil der USA erinnert in seinem geophysischen und botanischen Habitus eher an Mexico, und es ist ja auch nicht vergessen, daß die „Amis" einen großen Teil davon erst 1848 okkupiert haben. Unter Staaten bedeutet halt Kriegsgewinn stets auch Landgewinn. Wir Mitteleuropäer deutscher Zunge wissen das besonders gut, aus der Sicht der Verlierer.

•Bei Alamogordo in New Mexico kommt man mitten im Binnenland zu schneeweißen Dünen, die aber nicht aus Sand, sondern aus kristallisierten Gipskörnern bestehen. Auf ihnen wächst nur noch diese eine Art von **Yucca** mit ihren nadelspitzen Blattbüscheln. Und wenn die Sonne weg ist, kommen erstaunlich viele schwarze Tenebrioniden (Schwarzkäfer, zu denen auch unser Mehlkäfer zählt) aus dem „Sand" an die Oberfläche.

Formenschönes Pflanzenleben auf Gips

•Der **Devils Tower** in Wyoming ist das Naturdenkmal der USA, das 1906 von Theodore Roosevelt zum ersten Nationaldenkmal Amerikas erklärt worden ist. Er ist ca. 60 Millionen Jahre alt und stellt die freigewitterte Füllung eines Magmaschlotes dar, die in meist 6-eckige Säulen auskristallisiert ist. Ein Gebilde von höchstem ästhetischen Reiz, das sich durchaus neben den Naturbrücken von Utah sehen lassen kann.

Devils Tower (Wyoming)

•Der **Yellowstone National Park** ist und bleibt eine der großartigsten Attraktionen der USA. Inzwischen könnte ihm auch der Fund eines großen Goldklumpens nichts mehr anhaben, so fest ist er im Nationalstolz der Amerikaner verankert. Die Dampf- und Schlammküchen des Sulphur Calderon und des Mud Vulcano bringen nur eine der vielen Fahrtunterbrechungen, die den Besuch zeitlos machen (nächste Seite).

Yellowstone National-Park

•Der **Mount Washburn** im Yellowstone National Park ist zwar nicht der höchste Punkt in diesem größten Naturschutzgebiet der USA, aber er ist schon wegen seines Namenspatrons bemerkens- und ersteigenswert. Der Surveyor-General H.D. Washburn hat hier in umweltvorgeschichtlicher Zeit so aufklärend und bewegend für ein Stück Natur als nationales Kulturgut gewirkt und geworben, daß der amerikanische Kongreß schon 1872 ein Gesetz zu dessen Schutz vor jeglicher „Nutzung" beschloß. Die vorausblickende Weisheit dieses Beschlusses wird heute jedem offenbar, der die Menschenmenge erlebt, die den Park bloß des Schauens wegen durchströmt. Aus Touristen läßt sich dauerhafterer Gewinn machen als etwa aus Öl. Auf den Mount Washburn kommen aber nicht viele. Man muß immerhin vom letzten Parkplatz noch eineinhalb Stunden steigen. Umso schöner ist's droben, wie wir das an einem sonnigen Septembertag im Jahr 1989 erleben durften.

Zwei bald 70-jährige Alteuropäer freuen sich auf dem Gipfelplateau des Mt. Washburn über den General, der hier nicht schießen ließ, sondern „Nutzung" verhinderte und dazu noch seinen Namen spendete

•Das **Death Valley**, der mit –85m tiefste Punkt der festen Erdoberfläche in der westlichen Hemisphäre, vom Dante View aus gesehen, sieht für den Durstigen verlockend aus, ist aber bitter salzig, und eine Sommernacht da drunten wird bei +45°C ohne jegliche Luftbewegung zum Albtraum.

Death Valley vom Dante View

•Die **Naturbrücken** (hier die Owachomo-Bridge) und der Delicate Arch in Utah sind Formelemente der „toten" Natur, die sich zwanglos mit Lebens- und Kunstformen vergleichen lassen, und die frischgefräste **Flußschleife** des San Juan in Süd-Utah, die von den Geographen prosaisch Gooseneck genannt wird, sucht desgleichen vergeblich Vergleichbares.

Owachomo Bridge, plan- und zweckfreie Hochbauleistung der Natur ohne Zeitdruck

„Gooseneck"

•Von allen „toten" Naturgebilden, die ich je sah, ist dieser **Sandsteinbogen in Utah (Delicate Arch)** das Kunstvollste. Da sieht und hört man förmlich den (die) Schöpfer sägen, hämmern, schleifen, blasen ... (Abb. rechts)

Utah

ALASKA

Daß Alaska einst „russisches" Territorium war (obwohl es natürlich ebensowenig von autochthonen Russen besiedelt war wie Sibirien) und daß es erst 1867 zum Schleuderpreis von 7,2 Millionen Dollars vom Zaren an die USA verhökert worden ist, um nun seit 1959 den 49. „Staat" der vereinigten solchen zu bilden, wird inzwischen gern wieder vergessen. Immerhin findet man dort noch typisch orthodoxe Kirchenformen und schön verkrautete Friedhöfe mit Russenkreuzen auf den Gräbern.

Russischer Friedhof in Alaska

•Dieses gelbe Ungetüm und der sterbende Wald dahinter sind Zeitgeistzeugen aus meiner jungmännlichen Lebensphase (also aus dem sogenannten 2. Weltkrieg). Da hatten die Amerikaner die Sorge, daß es den Japanern einfallen könnte, über das ungeschützte Alaska den Weg nach Amerika zu suchen. In einer einmaligen Kraftanstrengung gaben sie dem wilden Land wenigstens die strategisch notwendige Infrastruktur mit entsprechenden Hafenanlagen und einer **Bahn**, die nun heute mehr touristische als militärische Bedeutung hat. Bekanntlich haben die USA dann noch in Friedenszeiten eine zweite strategische Kraftlinie durch Alaska nachgezogen: die berühmt-berüchtigte Öl-Pipeline, die den heutigen Zeitgeistern aus der Geisteswelt „Green-Peace" sicher zum Opfer fiele – wie ich meine, zu Recht!

Alaska-Railway, Beispiel einer großen aber unedlen (weil militärisch motivierten) Entwicklungsleistung

•Wegen des Dauerfrostes mußte die **Alaska-Pipeline** open air geführt werden, auf Stützen, die Temperaturschwankungen von 50°C und mehr „verkraften" und an Tragseilen, die jeder denkbaren Belastung standhalten. Wenn dann allerdings der Kapitän des Tankers, der das „schwarze Gold" weiterbefördert, zuviel Whisky trinkt, kommt es doch zur „Umweltkatastrophe", von der alle reden, als das „kriegswichtige" Leitungsrohr geplant und gebaut wurde, und erst wieder reden werden, wenn das nächste Mal was passiert.

Pipeline, quer durch Alaska

KANADA

Heute wäre Kanada längst der logische Nordstaat der USA, hätte es da nicht die starke frühe französische Kolonisationskomponente gegeben. Jetzt ist die kanadische Geographie eine amüsante Mixtur aus indianischen, französischen und englischen Benennungen.

Mündung des Rideau in den Ottawa. Dahinter die gleichnamige Hauptstadt Kanadas

•**Totempfähle**, die auch noch gegenwärtig für verehrte Abgeschiedene geschnitzt und bemalt werden, sind das Letzte, was da und dort in Kanada von einer reichen Indianerkultur in originaler Zweckbestimmung übrig blieb.

•Anscheinend ist die Provinz von Alberta bis heute stolz darauf, daß hier der 7. und damit letzte **„Vertrag" der kanadischen Regierung** mit den Eingeborenen geschlossen worden ist, als Abschluß einer jahrzehntelangen „Landnahme", wie sie unter verschieden tüchtigen Lebewesen einer Art naturrechtlich stattfinden muß. Das Interessante daran ist die kunstvolle humanrechtliche Verbrämung eines schlicht natürlichen Prozesses.

„Vertrag" mit den Eingeborenen

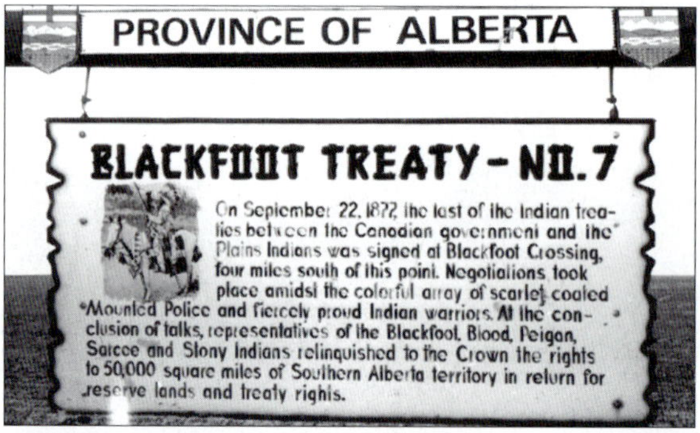

Kanadische Schulbusflotte

•Zum **Straßenbild** im ländlichen Kanada gehören viele Schulbusse altväterlicher Bauart.

•Wer solche **Silos** sieht, muß sich auch die dazugehörigen endlosen Weide- und Weizensteppen vorstellen, wo noch vor 200 Jahren Bisonherden und Rothäute unterwegs waren. Zu den Riesen-Getreidesilos gehört Kanadas transkontinentale Bahn, die dafür sorgt, daß auch die zahlungskräftigen Völker jenseits des Atlantiks und Pazifiks zu ihrem täglichen Brot kommen.

Riesige Getreidesilos, die transkontinentale Eisenbahn und Schulbusse allerorten geben Kanada sein wahres Gesicht. Seine berühmten großen Städte sind Abziehbilder des südlichen Nachbarn

•Daß sich „unser" 7-jähriger Krieg auch in Kanada abgespielt hat, wo Franzosen und Engländer um Land kämpften, das ihnen beiden eigentlich nicht gehörte, überlagert vom wachsenden **Freiheitsdrang der Kolonisten** gegenüber ihren Mutterländern (sprich monarchischen Herrschern), wird oft vergessen.

Transport des Getreides über die Schiene

So fanden zwischen 1750 und 1755 in Neubraunschweig und Neuschottland ethnische Säuberungen statt, die mangels Masse zwar nicht so eindrucksvoll waren wie unsere zeitgenössischen, aber in der Form der Durchführung sich durchaus als perfekte Inhumanismen sehen lassen konnten, wie dieses Gemälde aus dem Museum des Grand Pré National Historic Site im Annapolis-Tal an der Nordküste Neuschottlands zeigt. Die frankophonen Familien der Akader sind da mit Kind und Kegel von den Engländern zusammengetrieben und warten auf die Boote und Schiffe, in denen sie dann in alle Welt verfrachtet wurden. Viele kamen gar nicht mehr zurück, manche erst nach Jahrzehnten, 300 Familien machten den Rückweg von Boston zu Fuß! Und wie immer bei solchen „Säuberungen" wurden viele Bindungen roh zerrissen, und die Literatur fand Nahrung für Tragisches. Am bekanntesten ist Longfellows Gedicht von der unsterblichen Liebe der Evangeline zu ihrem Gabriel.

Historisches Gemälde: Das unsägliche Leid von Heimatraub und Familiensplitting, der Vertreibung und Verfrachtung ganzer Populationen ist also keine Spezifität des 20. Jahrhunderts. Die Akader erlebten das alles schon in der Mitte des 18.

•Auf den Wällen der **Festung von Halifax** demonstrieren die blankschwarzen Kanonen noch immer den gewalttätigen Geist der hier anglophonen Kolonialherren und Staatsgründer.

Kanonen erinnern auch in Kanada an Gewalt und Kolonialherrschaft. An keiner fand ich einen Text, der Nachdenklichkeit oder gar Reue zeigte

Hopewell Cape

•Das ist ein typisches Bild von der Südküste Neubraunschweigs, wo es einen regelmäßigen **Gezeitenstau** von bis zu 14 m Tidendifferenz gibt, wodurch phantastische Erosionseffekte zustande kommen, wie hier am Hopewell Cape.

Appalachen

•Mit dieser spitzen Nase enden die **Appalachen** i. w. S. auf der Halbinsel Gaspesie am Atlantik, wo der St. Lorenz zum Golf wird; 2600 km ist der waldige Bergzug lang. Sein höchster Punkt (Mount Mitchell) steht noch auf meiner geheimen Wunschliste (inzwischen abgehakt, 2002).

•Trotz aller Liberation und Liberality trägt der ordentliche Bürger in Nordamerika noch immer seine Christlichkeit zur Schau, und der Sonntagsbesuch in der Kirche ist Norm. Die „Gemeinde" stellt sich in ihrem Gotteshaus dar. Da ist alles liebevoll streng ordentlich und sauber, wie hier der Innenraum einer beliebigen (katholischen wie protestantischen) **Dorfkirche** in Ostkanada.

Dorfkirche in Ostkanada

•Die Betonschale des **Biodomes in Montreal** ist ein klassisches Beispiel dafür, wie der Mensch Selbstbetrug übt. Das pseudoorganische Gebilde diente bei den olympischen Spielen 1976 als Radrennbahn. Da es als solche keine angemessene Rendite mehr erwarten ließ, wurde es zeitgeist- und gewinnorientiert in ein „Biodome" umgewidmet und umgewandelt und unter die sterile Beton-Glas-Muschel vier „Ökosysteme" installiert, in denen man nun vom tropischen Regenwald bis zum arktischen Eismeer alle denkbaren Faunenelemente bewundern kann. Wenn man die riesige Betonwüste der Olympiaanlagen um den Biodome herum von der Plattform des darüber schräg aufragenden „Turms"

beschaut, kann man einerseits schon stolz sein auf seine Art, die sich sichtlich Beliebiges leisten kann, andererseits packt einen auch der Ekel vor dem gigantesken Kunst- und Umweltgetue, vor allem wenn man noch dazu nicht vergessen hat, was für ein jämmerliches Geschrei nachträglich die damit verursachten Schulden ausgelöst haben. Dieses Pleitegeschrei machte zu deutlich, daß es weder bei der hehren Humanidee der gesamtmenschlichen Olympischen Spiele noch bei der edlen Umweltwidmung des Radrenndoms um das Ideale gegangen war, sondern schlicht ums Rentable.

Biodome, von der Radrennbahn zum „Biotop". Klassisches Beispiel eines Etikettenschwindels

Nachwort zu Nordamerika

Die USA, Alaska und Kanada haben den Landschaftssüchtigen seit 1982 in wiederholten Fahrten fasziniert. Bei allem Ärger über die christlich verbrämte Entwürdigung und Vernichtung der dortigen „Indianer"-Völker und Kulturen bleibt der Genuß an vielen einmaligen Natur- und Kunstformen. Gigantische Buddhas gibt's mehr in Asien; aber keinen Staat, der sich derart megaloman selbstdarstellt, wie es die USA am Mount Rushmore tun.

Nun habe ich (2002) auch das konföderierte Gegenstück dazu am Stone Mountain bei Atlanta in Georgia zu sehen bekommen und dabei einen noch tieferen Blick in die US-amerikanische „Seele" tun können. Unsere nordamerikanischen Europa-Exilanten werden noch viel Lehrgeld zahlen, bis sich ihr ins Globale gesteigerter Rechtschaffenheitsimperialismus in transnationaler Resignation löst. Wir erleben ja eben, daß sich die Europäer (die es bekanntlich mehr als 2000 Jahre schon gibt) zu Europa „vereinigen". Vielleicht folgen uns auf diesem einsichtigen Weg dann in 100, 200, 300 Jahren die „Amerikaner" nach. Derzeit freilich spielen sie noch Weltgewissen und haben kaum Zeit zur Erforschung des eigenen. Das 28m hohe und 58m breite Steinrelief in der Nordwand des Stone Mountain bei Atlanta ist das Gegenstück zu den Präsidentenköpfen am Mt. Rushmore. Von 1923 bis 1972 wurde daran gearbeitet. Das nötige Geld floß nur stockend; denn es ging ja schließlich „nur" um das repräsentative „Südstaaten"-Triumvirat Jefferson Davis, Robert E. Lee und Stonewell Jackson, die – wie üblich bei historisch ungebildeten Leuten – als die Verlierer des amerikanischen Bürgerkriegs insgeheim auch als dessen „Schuldige" gelten. Als ich das Monument photographierte, wimmelte es im Park von Besuchern, aber das Relief schauten sich mit mir nur ein paar grinsende Japaner an.

Steinrelief mit dem „Südstaaten"-Präsidenten (vorn)

Das Auto

Ein Sonderaspekt

AUTO-MOBIL

Noch weit vor dem Flugzeug hat das Auto meiner Generation die Freiheit gebracht, von der frühere Menschen nur träumten. Wir (Brunhilde und ich) erkannten schnell die einmalige Chance, so ein rollendes Gehäuse als Vehikel und Domizil zu nutzen, völlig unabhängig von anderen Menschen, in freier Wahl von Weg und Ziel. Hunderte unserer schönsten Nächte haben wir auf Fahrten kreuz und quer durch Europa, im Orient und in Nordafrika in unseren wendigen VW-Bussen verbracht und später auch in gemieteten Campingbussen in Amerika, Alaska, Australien, Neuseeland.

Einige Bilder sollen hier noch zeigen, welche eigene Note in unser Leben die Autos gebracht haben, mit denen wir 40 Jahre lang unterwegs waren. Erst sind es VW-Käfer gewesen, die wir uns in Mainz und dann in Braunschweig ausgeliehen haben, um damit Deutschland, Frankreich, Österreich und Jugoslawien unsicher zu machen. Brunhilde machte die Fahrprüfung in Mainz, ich entwickelte mich zum versierten Beifahrer, und in dieser Kombination und Arbeitsteilung erreichten wir zunehmende Effizienz bei der natur- und kulturerschließenden Raumbeherrschung. Meist waren wir auf Nebenstraßen unterwegs und sammelten alles ein, was sehenswert am Wege lag.

Als wir dann – von 1961 an – unseren endgültigen stilgerechten Autotyp gefunden hatten, wurden unsere Autofahrten perfekte Bildungstrips. In fünf zunehmend besser eingerichteten VW-Campingbussen durchstreiften wir Europa, Orient und Nordafrika vom Nordkap bis zum Persischen Golf, von Irland bis zur Sahara, von der Wolfsschanze bis Gibraltar. Dem VW-Bus blieben wir treu. Er war wendig und notfalls aus jedem Schrottplatz zu ergänzen. Wir wechselten nur die Farbe: von blau nach grau, von grün nach gelb und weiß. Viele hundert romantische Nächte haben wir darin verschlafen, wenige auf sogenannten Campingplätzen, die meisten an Waldrändern, zwischen Hecken, auf Feldwegen, an lärmenden Wasserfällen und Stränden, zwischen Felswänden und Sanddünen und auf einsamen Heiden und Bergrücken; oft in den Schlaf gesungen und geweckt von Vogelgesang, Bachgemurmel, Windgeflüster, Regengetrommel. Manche kuriose Begegnung ist uns da beschert worden. Ich denke an die Vollmondnacht auf Rügen, wo wir auf einer Wiese standen, umhoppelt von Dutzenden silberner Kaninchen; oder an den tiefschwarzen Sternenhimmel über der anatolischen Steppe am Fuß des Erdschas Dag, wo mit einem Mal schnaubend die riesigen Silhouetten zweier Kamele vor dem Heckfenster aus dem Nichts auftauchten. Zur Flucht sind wir selten gezwungen gewesen: Einmal auf den Faröern, wo wir offensichtlich auf dem gewohnten nächtlichen Standplatz einer langhaarigen Rinderherde ins Bett gegangen waren, die nun nach Mitternacht mit ordentlichen Kopfstößen den vermeintlichen großen Eindringling (unser Bus war damals gelb) vertrieb. Zum Glück blieben dabei unsere Scheiben ganz. Natürlich hatten wir gelegentlich auch nächtliche Begegnungen mit menschlichen Artgenossen, so in der DDR bei Magdeburg, wo uns die Vopo mitten aus dem Schlaf in einsamer Flur riss, weil wir – ohne es zu ahnen – nahe bei einer russischen Raketenstellung zur Ruhe gegangen waren.

In fünf zunehmend besser eingerichteten VW-Campingbussen durchstreiften wir Europa, Orient und Nordafrika vom Nordkap bis zum Persischen Golf, von Irland bis zur Sahara, von der Wolfsschanze bis Gibraltar

Wir hatten gelegentlich auch nächtliche Begegnungen mit menschlichen Artgenossen, so in der DDR bei Magdeburg, wo uns die Vopo mitten aus dem Schlaf in einsamer Flur riss, weil wir – ohne es zu ahnen – nahe bei einer russischen Raketenstellung zur Ruhe gegangen waren

Übrigens hat Brunhilde dann durch aller Herren Länder in vielerlei Autosorten links wie rechts am Steuer gesessen, während ich die rechten bzw. richtigen Wege zu finden hatte. Über Land war's am ärgsten 1980 in Japan, wo wir die ersten beiden Nächte auf unseren Liegesitzen verbrachten, weil es mir nicht gleich gelang, die dörflichen Hotels zu finden bzw. zu erkennen. Sie stehen nämlich dort gern 100 m hinten im Grünen. Erst nachdem ich mir einen Karton mit allen wesentlichen Symbolen ins Cockpit montiert hatte, wurde es mit dem Orientierungsproblem besser, und ich konnte abends regelmäßig das heiße Gemeinschaftsbad der Männer mitgenießen und mich morgens vor dem großen kalten Walspeckstück grausen. Umso genußreicher waren unsere komfortablen Campingbusfahrten in den USA, in Kanada und Alaska, in Australien und auf Neuseeland. Meine Cousine Gunda habe ich schließlich nicht mehr in einen Campingbus gebracht. Aber am Steuer der verschiedensten Autotypen war sie zwischen Vancouver und Quebec, auf Hawai, in Tahiti und Neuseeland ebenso flott unterwegs wie Brunhilde. Und schließlich erübrigt sich der Hinweis, daß ein Auto das beste Vehikel für den terrestrischen Weltbild(er)sucher ist.

Forschungsreise in den Sudan, 1961

•Ein Jahr bevor wir uns den ersten eigenen VW-Bus leisteten, bekam ich vom VW-Werk in Wolfsburg einen solchen kostenlos zur Verfügung gestellt für die von der DFG finanzierte bodenbiologische Forschungsreise durch den **Sudan** (Frühjahr 1961), an der auch das Ehepaar Dr. Faust (zu Untersuchungen über die dortigen afrikanischen Strauße) teilnahm (siehe SCHALLER, Erfüllte Endlichkeit, S.150).

Hier wird das gute Stück, das uns noch einigen Kummer bereiten sollte, in Venedig zur Überfahrt nach Alexandria aufs Schiff verladen.

Der erste VW Bus war eine Spende aus Wolfsburg. Hier kommt er auf die Fähre nach Alexandria

•Auch den (damals noch „kleinen“) Nilstausee von Assuan bis Wadi Halfa befuhren wir vom 27.2. bis 1.3. 1961 per Schiff. Das Ein- und Aus-„laden“ unseres Autos geschah auf eigenes Risiko. Wie das Bild zeigt, hätte da auch kaum eine anständige Versicherung eine Garantie übernommen; aber Herr Dr. Faust machte das auch im Rückwärtsgang perfekt.

Im Rückwärtsgang auf das Festland

•Von Dongola aus, wo am 3. Nilkatarakt eine Minipyramide für Gefallene des Mahdi-Aufstands steht, begann die Fahrt quer durch die **Nubische Wüste**. Auf dieser Fahrt (die nur im Konvoi erlaubt ist) von Dongola über Kareima – Merowe – Atbara nach Khartoum blieb unser Bus oft im Sand stecken. Das Fahren auf der brüchigen Kruste wollte gelernt sein. Und das Anschieben bei bis zu 48° Celsius im Schatten war in der Mittagszeit kaum mehr zu schaffen.

•Umso kühler und schöner waren dann jenseits der Wüste die Nächte auf den **Feldbetten** unter dem funkelnden Sternenhimmel. Mit der Taschenlampe brachte man leicht die Augen der umherschleichenden Schakale zum Leuchten. Am Morgen gab's dann nach frugalem Frühstück viel zu packen und zu verladen.

Links: Schubhilfe bei +48° Celsius im Schatten

rechts: Luxusquartier im staatlichen Rasthaus (aus englischer Kolonialzeit)

•Wie schon erwähnt, war „unser" erster VW-Bus ein vom VW-Werk in Wolfsburg (von Gen.-Dir. Nordhoff) für die Sudan-Forschungsreise gestifteter.

Er hatte aber tückischerweise einen **Fabrikationsfehler** (der Bolzen, der den Verteiler an der Kurbelwelle fixiert, war vergessen worden). Deswegen mußte er tief im Sudd (Sumpfland am Weißen Nil) abgeschleppt werden. Ein ander Mal fanden wir im Busch eine Baufirma, die uns huckepack zum Nildampfer brachte.

Abschleppdienst im Sudd

Von 1962 an begannen wir mit dem Zigeunerleben in eigenen VW-Bussen. Die folgenden Bilder sind nur eine kleine Auswahl aus dem bunten Erlebnis- und Begegnungsschatz jener Fahrten

Brotzeit in Finnland

Schweizer Frühstück: mit Schömann und Völlenkle nach dem Matterhorn

Idylle am Marmarameer (mit Wolter und Zinkler)

Ein paar unserer schönsten Schlafplätze

Im runden Innenraum des mächtigen Stadttors von Messene auf der Peloponnes 1969

Hoch über dem Dettifoss in Island 1976

•Viele dieser romantischen Lager hätten wir nicht mit 5-Stern-Betten getauscht: vor dem Harz, 1991; im einsamen Hochtal des Hohen Atlas; am Fuß des Ziegelschutthaufens, der vom ominösen Babylonischen Turm übrig blieb; in der einsamen Getreidesteppe der ehemaligen DDR.

Im Vorland des Harzes

Im Hohen Atlas

Im Ziegelschutt des Babylonischen Turmes

In den Kolchosefeldern der ehemaligen DDR

•Noch ein Schlafplatz an einem **geschichtsträchtigen Fluß** (21. 8. 1963): Den Mäander im Vorderen Anatolien haben die Alten Griechen benannt und so beschrieben, daß wir ihn bis heute als Flußtypus verstehen und gebrauchen. Auch die Türken nennen ihn noch so (Menderes), obwohl sie sonst wenig Griechisches in Kleinasien übrig ließen.

Wir schliefen neben einem alten Wachturm, nachts von einer vorbeiziehenden Schafherde und am Morgen von quakenden Fröschen geweckt, im Traum von allerlei wandernden Völkern besucht.

Morgenstimmung am geschichtsträchtigen Mäander (Menderes) in West-Anatolien

•Die letzte Fahrt, die wir noch im Vorfrühling des Todesjahres Brunhildens mit unserem weißen VW-Bus nach Griechenland und in die Ägäis unternahmen, war ein großartiger Natur- und Kulturgenuß. Heute weiß ich, warum Brunhilde einige Bergwanderungen nicht mitmachen wollte.

Hier haben wir neben einem wundervoll einsamen Wachturm auf **Naxos** den idealen Schlafplatz gefunden (19.3.1992).

Die Nächte auf Naxos waren besonders still. Im Wind nur klang es wie leises Weinen. Ob es noch immer Ariadne war?

Bilder von sonderbaren Begegnungen

60 vor 2 PS in Norwegen

Die Schweinehorde, die auf der Hortobagy-Pußta den VW-Bus als praktischen Reibebaum entdeckte

Das war aber nicht einer der unsrigen. Der fand sich im Jahr 2000 im australischen Busch, und spontan hielten wir die rostigrote Ruine für ein veritables Kunstwerk

•Rentiere und Elche begegneten uns in **Lappland** oft. Zum Test forderten sie uns nie; wir hätten dazu wohl mit einem Mercedes kommen müssen. Die Stangen fanden wir am Wege.

Am Polarkreis hält jeder an und kramt in seinem „Weltbild" nach den virtuellen Linien, mit denen er seit der Schulzeit seinen imaginierten Erdglobus der Länge und Breite nach überzieht. Man kann sich nicht mehr vorstellen, daß die sogenannte Menschheit jahrtausendelang auf einer Scheibe lebte. (Dazu siehe Einleitungskapitel)

•Für **Furten** war der hochbeinige VW-Bus prädestiniert. Er blieb nur manchmal drin stehen, wenn der Verteiler vom Dampf im Motorraum zu feucht wurde. Dann mußte man einige Minuten warten, bis das Kondenswasser wieder verdunstet war, und der Gute lief wieder an und weiter. An kritischen Stellen, wie hier bei der Sanda in Island, ging ich erst zu Fuß voraus, um mögliche Untiefen zu orten.

Lappland

Stopp am Polarkreis

Querung auf eigenes Risiko

•Für Island war und ist der VW-Bus das ideale Vehikel. Man kommt überall mit ihm hin und kann halten und bleiben, wo es einem gefällt. Wenn seine Regale gut gefüllt sind, Kühlschrank, Heizung und Herd funktionieren, dann ist er das optimale Gefährt für zwei in menschenleerer Landschaft, wie hier am kalbenden Gletscher unterhalb des **Austur-Skaftafell,** das im Öraefajökull gipfelt. Wenn man hier allerdings ohne Umschau aussteigt, kann es passieren, daß auf dem Sand brütende Raubmöven sich gestört fühlen und einem – von hinten anfliegend – die harten Flügelkanten schmerzhaft um die Ohren hauen. (Abbildung nächste Seite)

Isländische Kombination – Asche und Eis

Brunhilde war eine vorbildliche Fahrerin. Ganz selten kommentierte sie das Verhalten anderer Verkehrsteilnehmer und geduldig hielt sie an, wenn ich photographieren „mußte". Die VW-Busse und viele andere Vehikel steuerte sie links wie rechts auf allen möglichen Straßen und Pisten. Sie fuhr stundenlang ohne zu klagen. Sogar Tokio hat sie (links) durchquert.

Stecken blieb sie selten: In Kreta nach langem Frühjahrsregen mit allen vieren zugleich, und im Schlick eines tunesischen Schotts, wo wir so zu einer besonders einsamen Nacht kamen. Und in Lesotho (Südafrika) gelang ihr einmal das Kunststück, den gemieteten Toyota auf einem erodierten Mittelstreifen so aufzusetzen, daß alle 4 Räder zugleich in der Luft hingen.

Erst wenn wir – oft nach Wochen – daheim waren, machte sie eine Bemerkung, aus der hervorging, daß sie wieder einmal froh war, alles glücklich hinter sich gebracht zu haben. Und daß sie eigentlich auch gern flotter durch die Gegenden gekurvt wäre, kam im Spruch zu tage, den ich heute noch kolportiere:

„Wenn einer von uns (beiden) stirbt, kauf ich mir 'nen Porsche".

Schade, daß man ihr das nicht gegönnt hat.

Hier noch zwei Beispiele für unsere oft außergewöhnliche Routenwahl mit den VW-Bussen.

• In den Grenzbergen zwischen **Tunesien und Algerien**. Da war es oft nötig, vorauszugehen und nachzuschauen, wie das Regenrinnensystem weitergeht. Notfalls mußte ich Steine einfüllen, um den Ausweg zu ermöglichen.

Erst nach Prüfung der Strecke konnte die Fahrt weitergehen

Auf sandiger Piste im südlichen Tunesien

Wyoming

•In den **Rocky Mountains** von Colorado und im Yellowstone Park hatten wir im Herbst 1989 schon gelegentlich Probleme mit verschneiten oder vereisten Fahrbahnen.

•Mit diesem geländegängigen Suzuki haben wir im Sommer 1990 **Ruanda** bereist, nichts ahnend von der ethnischen Spannung, die kurz danach 100 000en das Leben kosten sollte – und noch dazu wie. Hier im Vordergrund ein merkwürdig schief geratener Termiten-Kühlturm in der Savanne.

•Zu meinem 70. Geburtstag waren wir – mit Chauffeur – durch **Ost-Zaire** zum Ruwenzori unterwegs im Landrover der Zoologischen Gesellschaft Frankfurt. Die Pisten wären für einen VW-Bus kaum geeignet gewesen, und unsere leiblichen Achsenskelette wurden ordentlich getestet.

Links: Mit Suzuki durch Ruanda, 1990

rechts: Unterwegs zum Ruwenzori. Diesmal mit Chauffeur

•Im Herbst 1992 haben wir zu dritt (mit Wolfgang und Bärbel) in diesem feudalen Kasten **Australien** von Süden nach Norden gequert; und eine botanisch-zoologisch einmalige Fahrt von der SW-Ecke Australiens (Albany) nach Darwin im Norden gelang uns nochmals im Jahr 2000. Da stand im SW das ganze Land in voller Frühlingsblüte, und auf der langen Fahrt liefen uns die ausgefallensten Viecher über den Weg: Dornteufel, Kragenechse, Leichhardt's Heuschrecke, die ja schon einmal über 100 Jahre lang als verschollen gegolten hatte. Und wir bekamen die ältesten zelligen Lebewesen der Erde zu Gesicht, die berühmten Stromatolithen an der Shark Bay, sowie die Steinhügel der Pebble-Mound Mouse, die ein echtes autochthones Säugetier ist und so gescheit, daß sie viele Steinchen als effizient durchlüftete Hitzeschilde zusammenträgt und aufhäuft. Solche Begegnungen sind für den 80-jährigen wie Entdeckungen in der Jugendzeit und machen das Dasein des Alten noch höchst vergnüglich, zumal auch in diesem Toyota-Gefährt der Kühlschrank stets bestens funktionierte.

Mit Schwiegertochter Bärbel im luxuriösen Innenraum des Wohnmobils

Von 1993 an habe ich in meiner Cousine Gunda (Becker) eine Gefährtin gefunden, die mit großer Geduld und sicherer Hand mit mir über die Lande fährt, in Europa meist am Steuer ihres VW-Golfs, in der Ferne am Volant der verschiedensten exotischen Marken.

Hier zum Beispiel quer durch Kanada in einem amerikanischen „Schlitten". In Tonga und Neuseeland hat sie sich auch schon rechts ans Steuer gesetzt. Noch beachtlicher war ihre automobilistische Durchquerung Neapels.

Mit Gunda Becker in Kanada, 1994

Tiere

in der Kunst

Vor dem Archäologischen Museum in Mexiko City: Nachbildung eines aztekischen Kunstwerkes (Heuschrecke)

Tiere in der Kunst

Im Weltbild, das wir uns machen, fließt Reales und Virtuelles zusammen. Dabei sind unsere Zentralnervensysteme unglaublich schöpferisch tätig. Was „die Natur" in Milliarden Jahren „hervor"-gebracht hat, „schöpfen" sie nun seit wenigen Jahrtausenden nach, aus und weiter. „Die Kunst", ein irdisches Phänomen, das es nur bei Homo sapiens gibt, liefert beliebige Beispiele dafür.
Hier, im Weltbild eines Zoologen, geht es um den spezifischen Aspekt der Tierdarstellung, die sichtlich von Anfang an mehr als Reproduktion war. Vom Gewürm bis zu den Vögeln und Säugern herauf bevölkert schon seit Steinzeiten ein artifizielles Tierreich die Wohnstätten der Menschen. Ich habe mich bemüht, auch dieses „Kulturerbe" als Gestaltungselement meines Weltbildes photografisch festzuhalten.

• Der Bär und die Löwen aus der **Grotte von Chauvet** im Tal der Ardèche zeigen, daß der Künstler seine Tiere aus eigener Anschauung intim gekannt hat. Vor allem der Blick der Löwen verrät, daß hier einer am Werk war, der sie schon oft bei der Jagd aus nächster Nähe gesehen haben muß.

In der Grotte von Chauvet (Frankreich): gekonnte Löwen-Darstellung

(Quelle: Naturwissenschaftliche Rundschau)

• Hier sind's die Pferde, um die es geht. Ihr Geschirr ist sehr mangelhaft wiedergegeben. Offensichtlich war ein **provinz-römischer Steinmetz** am Werk.

Römisches Pferdegespann, Maria Saal, Kärnten

• Diese bewegte Stierkampfszene aus einem **Grab in Medine** (Ägypten, 13./12. Jh. v. Chr.) zeigt bereits Entartungserscheinungen einer alten Kunst. So dramatisch geht's kaum zu, wenn sich zwei Stiere treffen. Bevor es soweit kommt, läuft einer davon. Außerdem kämpft man anständig Stirn gegen Stirn.

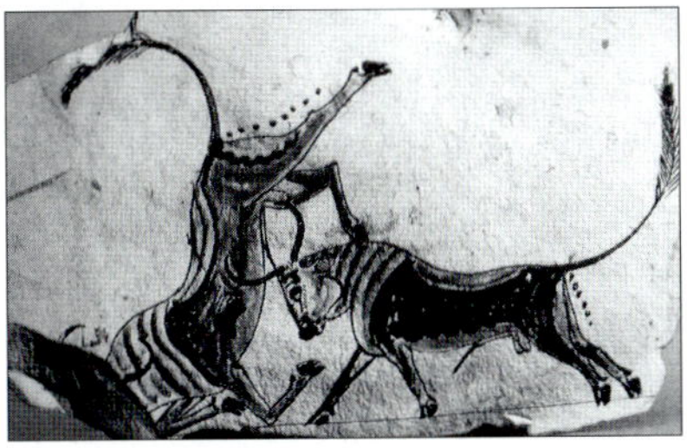

Anthropomorphisierte Stierkampfszene aus Ägypten

• Sachlich betrachtet ist auch so eine materialisierte Virtualgestalt ein Kunst-Werk; denn kein menschliches Wesen hat den **Tyrannosaurus** je gesehen. Sein dicker Bauch, sein tief geschlitztes Maul, die Farbe seiner Haut u.v.a.m. sind Impressionen von Fachleuten, die sich einen großen Schatz an vergleichenden Kenntnissen über Knochen, Gelenke, Statik und Dynamik, Lebensformen und

Tyrannosaurus rex bei Drumheller in Alberta

Lebensweisen von Wirbeltieren der Reptilienstufe angeeignet haben und nun im Kopf das alles bedenkend eine Gestalt imaginieren, um diese schließlich mit den Händen zu formen (formen zu lassen). Aber nur weil wir die (jetzigen) Endstadien kennen, gelingt uns der Rückgriff. Im Kambrium wären wir nicht in der Lage gewesen, einen Säuger oder gar uns zu imaginieren. Wir hätten nirgends einen „Plan“ der kommenden Geschöpfe gefunden. Wer diesen Gedanken nicht verkraftet, muß sich seinen Schöpfer imaginieren.

•Wirbellose Tiergestalten haben es bei uns (in Europa) selten zur Ehre der Monumente gebracht. Unser Tierbegriff ist nur kümmerlich differenziert und stark von Interessen dominiert (Haus-Tiere, Nutz-Tiere, Gift-Tiere, Schädlinge). Das Pferd, der Stier, der Löwe, der Adler, der Bär bevölkern unsere Denkmäler, Staatsgebäude, Friedhöfe aus repräsentativen Gründen. Selten besagen sie auch, daß „wir“ (als Bürger, auch als sogenannte gebildete solche) tatsächlich wirklich Näheres von ihnen wüßten.

Krabbendenkmal in Ghana

Umso stärker hat mich dieses **Krabbendenkmal** in Ghana beeindruckt, auch wenn es „nur“ den Namen der Küstenstadt wiedergibt, in der es steht: Oguaa.

Die sprechende Hündin des E.T.A. Hoffmann „Berganza“ aus Bamberg

•Ob einst der Hund auf den Menschen oder der Mensch auf den Hund kam, sei dahingestellt. Im Verhältnis beider wimmelt es von Mißverständnissen, vor allem auf Seiten des Menschen, der „seinen“ Hunden in Angst und Liebe viel antut. E.T.A. Hoffmann fand im „Hain“, dem Stadtwald von Bamberg an der Regnitz, die **sprechende Hündin Berganza**. So erfüllte sich ihm ein Wunschtraum, den viele Hundefreunde haben, die man in den Parkanlagen aller Städte mit ihren Lieblingen Zwiesprache halten hört. Und siehe da, häufig hören die Hunde besser hin als der arteigene Nachwuchs.

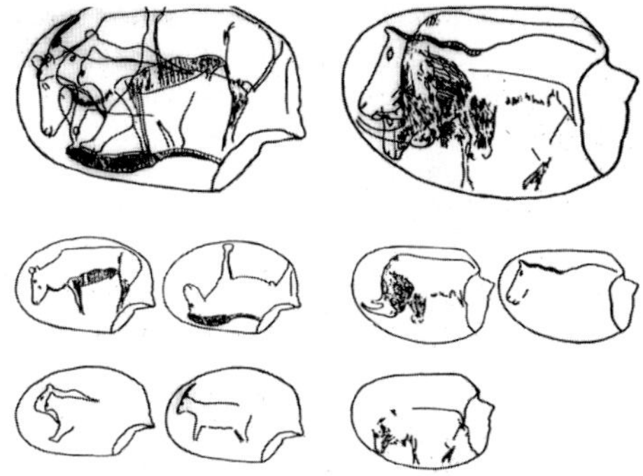

Eiszeitliche Tierskizzen auf Kieselsteinen

(die Vorlage verdanke ich Frau Prof. Mizzaro)

•Diese **Kieselsteine** sind für mich das Bewegendste, was wir an „Menschlichem" aus unserer europäischen Vorgeschichte kennen. Man sieht den Höhlenmenschen da an seinem Arbeitsstein hocken und in hingebungsvoller Anspannung den Quarzgriffel führen, um den imaginierten Umriß des Pferdes oder Steinbocks möglichst fehlerfrei zu Stein zu bringen. Da zerstäubt die dumme Idee, daß er von der Mystik des Jagdtriebs erfüllt gewesen sein müsse, um das begehrte Beutestück zu bannen. Solche Skizzen verraten doch viel mehr die innige Lust, die der Zeichner sich aus der gelungenen Kontur gewinnt. Kunstgeschichtlich sind die Skizzen von einmaliger Aussagekraft über den Menschen der Frühzeit. Bei allem Animalischen, das uns bis heute blieb, ist hier längst die menschliche Stufe bewußter Gestaltung erreicht, gleichviel ob es sich um „Studien" für größere Ausfertigungen (an Wänden) handelt oder um Schmucksteine für den Eigen- oder Fremdbedarf. Dem Steinzeitkünstler war gewiß schon seinerzeit die bewundernde Aufmerksamkeit seiner Hordengenossen sicher.

Assyrische Molosserhunde, (Foto aus dem British Museum)

•Auch wenn die **Reliefkünstler der Assyrer** noch nicht bis zur korrekten Perspektive und zur Darstellung en face gekommen sind, so haben sie doch ihre Molosserhunde nicht nur gestaltlich, sondern auch vom Wesen her perfekt wiedergegeben. Da hat es in unserer mitteleuropäischen Steinmetzkunst noch lang gedauert, bis „wir" Vergleichbares vorzuweisen hatten. Neuassyrische Alabasterplastik aus dem Palast des Assurbanapli (688-630): Diener mit Hunden.

Chinesische Keramik: Des Primaten forschender Blick

•Was da die chinesischen Archäologen aus einem **Grabhügel bei Sahin** (1500km SW von Peking) schon vor mehr als einem Jahrzehnt herausgeschwemmt haben, ist archäologisch, kunstgeschichtlich und vor allem geistesgeschichtlich einmalig. Wir wissen zwar immer noch nicht (ich jedenfalls fand keine Information mehr dazu), wie alt dieses kleine Kunstwerk tatsächlich ist;

aber was es aussagt, sucht seinesgleichen. Ein Primat hält sich die Schildkröte offensichtlich in reiner Neugier vor die Augen, und schaut sie fasziniert an. Ich wüßte keine früh- oder gar vorgeschichtliche Figur, die das Phänomen wissenschaftliche Neugier derart gekonnt zum Ausdruck brächte. Das Bild verdanken wir der Naturwissenschaftlichen Rundschau, in der sich immer noch findet, was zum Bildungsauftrag der Naturwissenschaften gehört.

•Die **griechischen Dekorationskünstler,** die gesellschaftlich als Handwerker galten, waren dies natürlich auch bei Massenwarenfabrikation. Aber die Fülle ihrer Motive sprengt den bloßen Produktionsbegriff und zeigt, daß da Kenner und Könner zumindest beim Entwerfen am Werk waren, die auch Kunstverstand hatten. Den dekapoden Tintenfisch so ins Wesentliche fokussiert auf den Ton zu bringen, war nicht nur Handwerk, sondern graphisch umgesetzte Kenntnis des Eigentlichen.

•Die **attischen Vasenkünstler** machten zwar Massen-Kunst, aber sie taten es mit bewundernswertem Einfallsreichtum. Offensichtlich war ihnen die Mythologie oft nur Vorwand für die Darstellung böser, lieber und erheiternder Szenen. So auch hier, wo Honigdiebe von den Bienen ordentlich abgestraft werden. Es sollen die Kreter sein, die schändlicherweise den Honig stahlen, der für das am Ida versteckte Zeus-Baby gedacht war.

Vase aus Heraklion

rechts: Mythologisch belegte Bestrafung böser Honigdiebe

Eule aus Athen, 1955. Typisches Kunsthandwerk aus Griechenland

•„Eulen nach Athen tragen" ist ein seit altersher geflügeltes Wort. Als wir am Abend des 7. März 1955 vom Hymettos herunterkamen, erfuhren wir auch, warum: überall saßen die noch halbausgeschlafenen Steinkäuze (Athene noctua) herum und ärgerten sich laut über unsere Ruhestörung. Die heuschrecken- und mäusereichen Weidehänge über Athen sind sichtlich schon immer ein Eldorado dieser bodenständigen Gesellen gewesen, und hoffentlich sind sie es auch heute noch. Das Figürchen ist ein typisches **Volkskunstwerk**. Wir haben es aus Athen mitgebracht.

•Das „lausende" **Affenpaar mit Kind** aus einer der vielen steinernen Tiergärten Indiens, hier in Mahabalipuram (südlich von Madras).

•Der **heilige Stier Nandi** ist nicht gerade große Kunst, bringt aber das zum Ausdruck, was die Inder im Gegensatz zu uns im Stier verehren: nichr den blinden Gewaltprotzen, sondern den friedlichen Wächter im Dienste für Schiwa bei der Stadt Mysore (Südindien).

Lausendes Affenpaar, Rundplastik aus Indien

rechts: Heiliger Stier, Südindien

Reliefdarstellung der betrogenen Milchkuh, Indien

• In einem Felsentempel (Mandapam) von Mahabalipuram (südlich von Madras) hat ein erfahrener indischer Steinmetz anschaulich festgehalten, wie der Mensch zum Milchdiebstahl bei seinen Kühen gekommen ist. Einigermaßen noch artige (= artgemäß gebliebene) Rindermütter „geben" nämlich nur Milch, wenn sie auch „wissen", daß ihr Kälbchen saugt, und das kontrollieren sie mit der Zunge. Der gemeine Mensch aber hockt sich einerseits zum Euter und streicht es sanft mit der Hand, während er andererseits die Mutter am Kälbchen lecken läßt. Unsere abartigen Kühe der Neuzeit geben bekanntlich die Milch auch ohne Kind und sind so zu bloßen Milchkühen ent-artet (sofern sie nicht nur Fleischlieferantinnen bleiben). Jedenfalls ist das einfache Relief von Mahabalipuram nicht nur dekorative Kunst, sondern auch ein anschauliches Lehrstück zur „Naturgeschichte" von Mensch und Tier.

Das verehrte Schwein als heiliges Tier in Nord-Thailand

• Das **Schwein als Sinnbild** biologischer Verkommenheit ist bei manchen Menschenpopulationen nicht einmal als Nahrungsmittel zugelassen. Bei anderen hingegen ist es zur Ehre der Kunstmuseen, ja gar der Altäre gekommen, wie etwa hier auf einem Dorf im Norden Thailands, wo seine Statue von frommen Verehrer(inne)n liebevoll mit Butter gesalbt und bunten Blättern und Blumenschnüren dekoriert wird.

•Bernhard Grzimek persönlich hat das Kapitel **„Der Beutelwolf“** in seinem 16-bändigen „Tierleben“ geschrieben. Ich kannte ihn so gut, daß ich weiß, warum: Die „Geschichte“ (nicht Naturgeschichte!) dieses buchstäblich einzigartigen (d.h. monotypischen) Beutelwolfraubtiers (Thylacinus cynocephalus) ist dem Mann „an die Nieren gegangen“ (wie man so schön sagt, wenn einem etwas zu nahe geht). Und wie er die letzten Jahrzehnte des Verfolgten und schließlich Ausgerotteten schildert, das kann auch dem Leser noch heute an die Nieren gehen. Die Verbreitungsskizze, die Grzimek seinem Artikel beigibt, enthält außerhalb Tasmaniens Fossilfunde aus Australien und Neuguinea. In Australien haben ihm gewiß nicht die „Aborigines“ den Garaus gemacht; sehr wahrscheinlich waren's die Dingos. Aber auf Tasmanien (wohin die Dingos nicht kamen), da war es eindeutig Homo „sapiens“, und zwar der ganz „neuzeitliche“. Selbst dessen besonders gedankenstarke euroamerikanische Sorte brachte weder genug Autorität (politische Gewalt) noch Geld auf, um den Artenmord am „Tasmanischen Tiger“ zu verhindern. Im Gegenteil, die letzten Beutelwölfe wurden an europäische und amerikanische Zoos verhökert. Der letzte starb dort in London 1931. In Tasmanien fing man den letzten 1933. Seitdem gibt es nur journalistisch aufgekochte Schilderungen angeblicher Begegnungen.

Der Beutelwolf, eine Ikone aus dem Freiluftatelier unserer australischen Artgenossen

Umso mehr berührt es den Wissenden, wenn er in Nordaustralien ein Wandbild des **Beutelwolfs** an den Felsen von Ubirr findet. Unverkennbar hat da der „neu“-zeitliche Steinzeitkünstler die lange Schnauze, die Stehohren, den langen Rumpf und die besonders charakteristische seitliche Streifung der hinteren Rumpfhälfte mit sicherem Strich skizziert. Schade, daß der lange steife Schwanz durch Sinterwasser überdeckt oder gar zerstört worden ist. Jedenfalls handelt es sich hier um ein Kunstwerk besonderer Einmaligkeit, neben dem die „Einmaligkeit“ unserer ungezählten Heiligenbilder (Ikonen) fragwürdig wirkt.

•Ein Besuch der **Maya-Städte und Tempel in Yucatan und Guatemala** und die entsprechenden Museumsschätze dazu, die der Dummheit der Conquistadoren entgingen, ergeben das Bild einer Menschensorte, die offensichtlich ganz autonom zu all dem Großen, Schönen, Grauslichen und Unfügigen kam, das auch sonst dem Menschengeschlecht kommun ist. Sobald nur der bescheidenste Lebens-„Standart“ erreicht ist, beginnt der denkende Primat seine „Welt“ virtuell zu bevölkern mit seinen Phantasien, Glaubens-„Wahrheiten“ und Ideen, aus denen ihm dann die wunderlichsten und fatalsten Existenzprobleme mit sich und seinesgleichen erwachsen. Die Kunst ist dann jener Sektor seines Denkens und Tuns, in dem sich auch das Versöhnliche mit diesem irdischen Unwesen findet. Das weit aufgerissene Maul der

Darstellung am Maya-Tempel von Labná in Yucatan: Das Klapperschlangenmaul als Hort oder Hölle?

Klapperschlange hier am Tempel von Labnà, aus dem der Menschenkopf guckt, liefert so ein Beispiel für das „Menschliche“ in der Maya-Kunst. Was immer der Künstler-Priester oder Priester-Künstler hier sagen wollte, als Phantasieprodukt und Kunstwerk ist es einmalig, eine Kopfgeburt, wie sie bloße „Natur“ nie hätte zustandebringen können.

•Dieses **Spinnenpaar** hat sich ein Maya-Goldschmied ausgedacht, und er wußte sichtlich, was eine Spinne braucht, um auch aus künstlerischer Sicht eine zu sein: Spinnwarzen, 4 Beine beiderseits, dazu Pedipalpen und Cheliceren und den zweigeteilten Leib. Wer das weiß. kann das alles verfremden, ohne das Wesen Spinne zu verlieren. Wie oft macht sich´s da unsere „Postmoderne“ zu leicht, und wie noch öfter entpuppen sich deren Kenner bei komplexeren Objektdarstellungen als schlichte Ignoranten!

Wirklichkeitsgetreue Spinnendarstellung, Mexiko

•Diese beiden **Rindenbilder** habe ich schon 1957 in einer Missionsstation am Rio Negro erworben. Sie stammen von den Tucano-Indianern, die am Oberlauf dieses Schwarzwasserstromes als Fischer, Jäger und Maniokpflanzer leben. Heute kann ich nur hoffen, daß sie auch gegen die Zivilisationspest der „Globalisierung“ immun sind. Ozelot und Wels gehören in ihre Welt. Wir aber sollten mit allen unseren „Menschenrechten“ draußen bleiben.

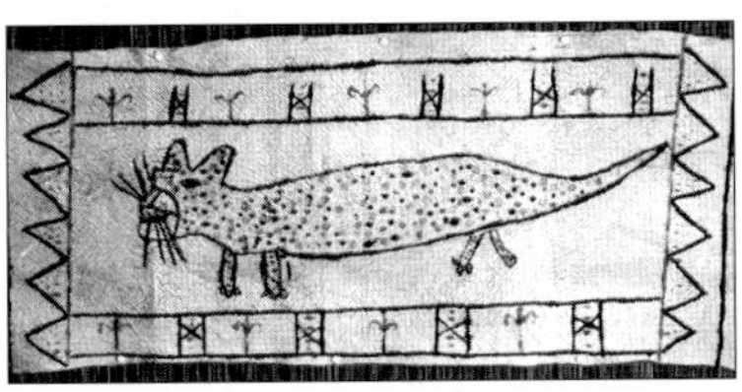

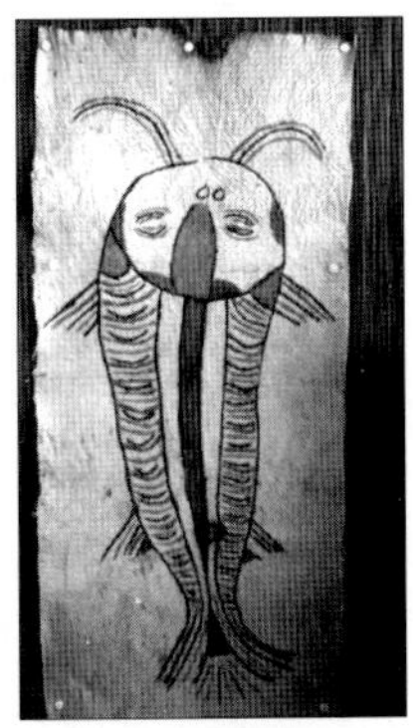

Rindenbilder indianischer Künstler

•Wenn von einer **christlichen Kathedrale** derart viele animalische Wächter herunterschauen, dann fragt man sich schon, was die an dem Gotteshaus zu suchen haben. Speziell mit Rindern hatte es Jesus – außer passiv bei seiner Geburt – kaum zu tun. Er war ja in einer Schafgegend daheim. Es sieht eher so aus, daß die frommen Hornträger an der Kathedrale von Laon heidnische Vorväter hatten. Gut geraten sind sie den anonymen Steinmetzen allemal.

Kathedrale von Laon

Über das Thema Kunst und Natur (Naturkunst und Kunstnatur) hat ein alternder Weltbild(er)sammler natürlich oft nachgedacht (ja sogar geredet und geschrieben; siehe: Schriften des Vereins zur Verbreitung naturwissenschaftlicher Kenntnisse in Wien, Bd. 135/136, S. 233, Wien 1997, und Ulmensien 11, Universitätsverlag Ulm 1997, S. 67).

•Inzwischen ist ihm „die Kunst" aber als Begriff und Betrieb fast entkommen. Doch in Galerien und Museen findet er zum Glück dafür den langen Atem der Theoretiker, die wortgewandt das handwerklich Hinterlassene zum Gedankenschweren erweitern und so zum Monetären valorisieren. So kann heute auch ein Seelenarzt mit den Werken seiner Patienten oder ein Zoodirektor mit den Pinselstrichen seiner Primatenzöglinge Kunst-Ansehen und Geld verdienen. Hier ein Beispiel aus dem **Tiergarten Schönbrunn**: Die wahrhaft gelungene Farbkomposition der dortigen Orang Utan-Dame Nonja.

Kunstwerk der Orang Utan-Dame Nonja, Tiergarten Schönbrunn

Ich verdanke das Bild (fot. Mihits) der freundlichen Betreuerin unserer dortigen Vettern, Frau Mag. Kment, und weiß auch, daß gerade die besondere Begabung der Nonja nie zur Vermarktung kam. Das muß natürlich im kommenden Zeitalter des Globalen anders werden!

•Zum Menschen als allgemeinem Weltbildkünstler ließe sich noch viel sagen. Ich meine, es genügt zum Schluß dieses Bild aus Kanada, wo **Christus** „seinen" zeitlosen Zoo segnet. All das, was da zum Vorschein kommt und virtuell dahinter steckt, entstammt letztlich dem menschlichen Gehirn (Geist). Dieses(r) ist die wahre Brutstätte für noch Unerdachtes und Ungemachtes.

Segnender Christus, Kanada

Gereimtes

GEREIMTES

Von 1970 an habe ich es mir auferlegt, zu jedem Jahreswechsel einen mehr minder klugen und gereimten Spruch an meine Briefpartner zu schicken. Oft habe ich mich dabei bemüht, zu den aktuellen Zeitläufen Stellung zu nehmen, so daß der Leser Erinnerung investieren muß, um manche Wendung zu verstehen. Manchmal war auch eine im abgelaufenen Jahr getätigte Reise Auslöser meiner Betrachtungen. Das gilt auch für die meist beigefügten Bilder. Und zunehmend habe ich die Zeitgeistsitten und -unsitten auf´s Korn genommen.

Anschließend haben wir (Frau Fischnaller und ich) noch einige wenige Gelegenheitsgedichte dazugeordnet, die sich auf ganz verschiedene Leute beziehen und so mein Weltbild noch „bunter" machen.

Ich betreibe die Reimerei schon seit Jugendjahren. Damals waren die Verse meist frömmer, oder sie hatten Gefühliges zum Inhalt mit Bezug zur Natur oder zu schönen Mädchen. Das neumodische Zubereiten mehr minder schizophrener Wortsalate macht mir auch assoziativ weder Sinn noch Spaß.

2003/2004

Langzeitgeistiges zum Ende des 3. Probejahres im 3. Jahrtausend
einer noch laufenden Zeitrechnung

Jahreswechsel 2003/2004

Das dritte Probejahr ist um:
Hat damit das „Millenium"
- es wär´das dritte auch - begonnen?
Das hat sich doch der Clan ersonnen,
für den die Zeit in Bethlehem
beginnt und der die Welt seitdem
im Wahrheitswahn gepeinigt hat,
mit Kreuz und Schwert gereinigt hat,
als Erbe Roms und von Byzanz,
mit Karls, des Großen, Patronanz,
in irren Kreuzzugsphantasien,
beim Sklavenraub für Kolonien,
wo sein Geburtenüberschuß
aus ungeschütztem Bettgenuß
beliebig Platz und Futter fand
auf menschenleer gemachtem Land.

Doch halt! War kürzlich nicht die Rede
vom Ende der globalen Fehde?
Nun sei der Terminator da:
Die Supermacht der USA!
Und in der Tat: Welt II macht Schluß;
der Warschaupakt bricht ohne Schuß;
die Mauer fällt. – Seitdem jedoch
trägt Resteuropa immer noch
die Natoschlinge um den Hals
mit dickem Knoten in der Pfalz.
Das zeigt: Weit bis in uns´re Welt
sind Stalin, Hitler, Roosevelt
noch immer unterwegs als „Täter" –
Und heißt: Die Zukunft kommt erst später.
Sie bringt der Gegenwart das Ende
im Wertesturz, nicht nur als „Wende".

Nun, so ein Sturz kommt kaum spontan;
kausal fängt er viel früher an:
So holt man jetzt schon von der Wand
das Kreuz in manchem Christenland.
Ob Bethlehem in solchen Ländern
Noch Startpunkt bleibt in den Kalendern?
Es wär´ mit Mekka ja zu sparen
ein Zeitblock von sechshundert Jahren.
Mit dem Konfuzius andrerseits
wär´n wir viertausend nah bereits.
Und läßt noch ein Prophet sich seh´n
Zweitausendsiebenhundertzehn,
so wird mit der Epiphanie
die Welt nochmals mutier´n wie nie.
Dann im Millenium Nummer vier
Lebt sicher keiner mehr wie wir.

Wie immer auch,
für alle Fälle
Gesundheit, Friede, Fröhlichkeit!
Ihr FS.

Gereimtes zum Jahreswechsel

2002/2003

Unvergnügte Kopfgedanken zum Jahreswechsel 2002/2003

Lang dienten sie zum Lastentragen
beim Sammeln, Jagen, Steineschlagen.
Nun wurden Köpfe selbst zur Bürde
als Töpfe uns'rer Menschen-„Würde",
mit der die UNO-Herrengang
im gängigen Gutmenschen-Slang
global gleich alle dekoriert hat,
wobei sie freilich doch sortiert hat
die atomaren Sprengstoff-Owner
vom Pack der „Schurkenstaaten"-Gauner.

Sonst gelten ja die Menschenrechte
schon auch für Gute wie für Schlechte,
und von den Menschenpflichten spricht
die UNO klugerweise nicht.

Da weiß der nüchterne Prophet,
daß alle Würde flöten geht
im letzten Schrei, der dann verweht,
wenn weiß der Pilz darübersteht.

F. S.

Nachwort:
Die hohe Kunst der Kopfentkernung
bei schonender Skelettentfernung
führt übrigens zum Resultat,
daß auch ein Schrumpfkopf Würde hat.
Der hier zum Beispiel zeigt es klar,
auch wenn er Kannibale war.

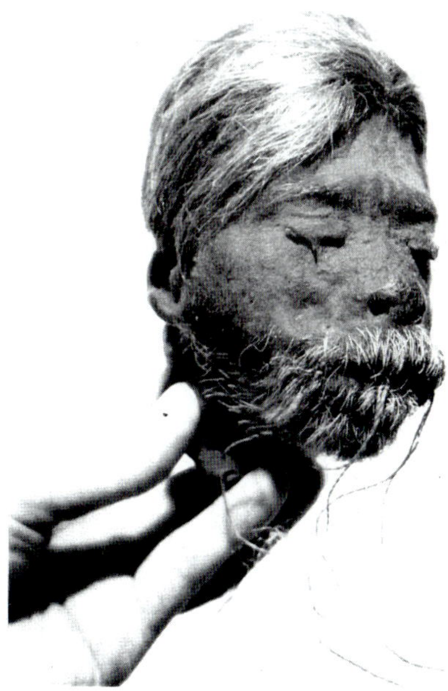

Trotz der vielen Würde-
losigkeiten ringsum –
nachträglich noch alles
Gute für 2003,
mit Dank u. Gruß!
von Ihrem alten [signature]

2001/2002

Jahreswechsel 2001/2002
Kurzgedanken zu einem Langzeitthema

Palästen Frieden! Hütten Krieg! *
So sucht "das Gute" nun den Sieg.
Doch, setzt sich da nicht einfach fort
im Terror- und Streubomben-Mord,
was immer schon aus Haß und Wahn
der Mensch dem Menschen angetan?

Wer das weiß, weiß dazu noch mehr:
Den wahren Weltkrieg wird das Heer,
das aus den Hütten kommt, beenden
nicht mit Kanonen - mit den Lenden.

FS.

*** Nachschau bei Georg Büchner empfohlen, im Hessischen Landboten**

schon weg

Nero genoß noch allein den Rauch über Rom. Uns bewegen kollektiv die Staubwolken über Manhattan u. Afghanistan. Das ist in seiner Entprivilegisierung der Fortschritt der wahren Art. Was sich einst der einsame Imperator nur elitär lokal leisten konnte, wird uns weltweit egalitär frei Haus geliefert. Da möchte auch der Nüchterne noch ein Weilchen mitschauen dürfen –.

Hoffen wir also in unserer staubfreien Eurologe auf weiterhin ungetrübte Fernsicht!

Das wünscht sich u. Ihnen bzw. Euch munter grüßend Ihr [illegible]

noch da

2000/2001

Zum 80. Geburtstag

Am 30. 8. 2000 auf dem Zinseler

Er kam allein und ohne Hast
und legte seiner Jahre Last
am leeren Kreuz mit stummem Gast*
ins Sommergras zu langer Rast.

Hier hat ihn seine Welt umfaßt,
in der ihm jeder Wunsch verblaßt.

*Genau 5 Jahre zuvor auf dem Ida
saß der gleiche schwarze Geselle da,
als ich zur Gipfelkapelle kam.
Ob es derselbe war?
Zeus und Odin bedienen sich seiner
bekanntlich als Spitzel und Botschafter.

Allen, die sich an diesem Tag
an den Alten erinnert haben, dankt
er herzlich.
F.S.

1999/2000

Zur globalen Geisterstunde 99/00

Es ist, weil sich Impakt-Propheten
exekutiv so gern verspäten,
nun auch zu spät für den Kometen
zum Endschlag auf den Erdplaneten.
Der wird mit seiner Narrenfracht
wie sonst rotieren durch die Nacht.
Das exorzistisch effiziente
Spektakel der Milleniumswende
wird allenfalls den Geist vertreiben;
die Geister aber werden bleiben,
feudal in Menschenhirnen wohnen
und dort milliardenfach sich klonen.
Im Fortschritt wird's kein Ende geben.
Doch ob sich's lohnt, ihn zu erleben?
Schau'n wir uns um! Und sehen schon:
Nicht viele haben viel davon.

Der Rikscha-Fahrer weiß es schon.
Er zählt in Bombay seinen Lohn:
Der bringt die Handvoll Reis für morgen;
und weiter hat er keine Sorgen.

Die hat der Wallstreetspekulant
bereits an seinem Würstelstand:
Ob er zur nächsten Jahreswende
die Mehrheit hat für alle Stände?

In Niederösterreich hingegen
geht einer in den Keller wegen
des Impakts, den er selbst erfunden;
dort zählt er seine letzten Stunden.

Und irgendwo in Paraguay
steh'n stramm vor Führers Gipskopf zwei
ergraute Herren mit Monokel
und grüßen ihn auf seinem Sockel.

Da kommt der Schlaf zum Referenten.
Um ein Jahrtausend zu beenden,
zieht er die Decke übers Ohr.
Ihm kommt so wenig wichtig vor.

Nachwort: Und ungemütlich ist's geworden
für Lenin, Stalin u. Konsorten,
die ihre Datschas nicht mehr haben
u. nun im Regen steh'n in Schwaben.

1998/1999

und vor bald 65 Jahren
hat sich dieser
Knabe so gesehen

Ins letzte Jahr „meines" Jahrhunderts

Ein Dasein, reich und lebenswert,
und immer auch noch unbeschwert,
vom Zeitgeist nur am Rand gestört,
in dummen Wünschen nicht verzehrt,
der Code von dem, was sich gehört,
durch keine Mode noch entleert,
und alles, was das Wissen mehrt,
erst abgelegt, wenn aufgeklärt.

Genossen viel und viel entbehrt
und stets vom wachen Kopf belehrt,
daß nichts, was hier den Weg Dir quert,
dann „drüben" nochmals wiederkehrt.
Wer da sich jetzt ums Nachher schert,
dem bleibt der Sinn leicht hier verwehrt.

FS.

1997/1998

Πολλὰ τὰ δεινὰ κοὐδὲν ἀνθρώπου δεινότερον πέλει

**Erst Anthropus, das Ungeheuer,
sucht spät im Spiel von Dreck und Feuer
auch Sinn, wobei er gern vergißt,
wie lächerlich er selber ist,
indem er meint, was Hirn und Bauch
ihm offenbarten, sei er auch.
So lebt er ja auch in dem Wahn,
die Erde sei ihm untertan;
er könne Tier und Pflanze normen
und schließlich noch sich selber formen.
Schon korrigiert er mit Hormonen,
füllt Dellen auf mit Silikonen,
steigt um auf's eigene Geschlecht
(und hält auch das für artgerecht).
Sehr mies ist er zu seinesgleichen;
bringt aber Blumen dann den Leichen.
Ja, auch viel Großes, Schönes, Gutes
erträumt und denkt er sich und tut es.
Der Weltallwinzling bringt somit
ins leere Große Größe mit
und füllt die Welt mit Sinn im Kleinen.**

**Hier sieht man auf dem Athos einen;
der ist zum Schauen nur gekommen
(das Kirchlein läßt er gern den Frommen).
Ihm ist der Blick in blaue Leere
wie Transzendenz aus Alltags-Schwere
und taterfüllter Erdenzeit
zu wunschlos leichter Endlichkeit.**

1996/1997

Hominide Selbstbespiegelung
zum Jahreswechsel 1996/97

**Er meint, er denke, also sei er
und so sich denkend wäre frei er,
ein autonomer Geist, der sich
vom Rest der Welt abhebt als Ich.**

**So ist er zwar ein Unikat,
das aber auch als solches hat
noch ungezählte Ich-Doubletten,
die folglich Geist wie seinen hätten;
ein Wort, das freilich sich fatal
und dümmlich anhört im Plural.**

**Von Neugier ist er oft zerrissen.
So fragt er sich: Was kann ich wissen?
Was soll ich tun? Was darf ich hoffen?
Und läßt die Fragen dann doch offen.**

**Zwar weiß er wohl, daß er ein Tier ist,
das nur vorübergehend hier ist;
doch weil er's weiß, zieht er den Schluß,
daß er in Wahrheit mehr sein muß.**

**So west er zwischen Sein und Schein
als Kollektiv und doch allein
auf seinem kreisenden Planeten.**

**Den läßt er nirgends unbetreten;
in allen Winkeln werkelt er,
sogar den Mond verferkelt er.**

**Die resultierenden Psychosen
samt ihren Untergangsprognosen
macht er mit viel verbalem Häcksel
zum nächsten Paradigmenwechsel.**

**Ein solcher äußert sich derzeit
im Drang nach Grenzenlosigkeit:
Da schaut sich lukrativ global
nach Arbeit um das Kapital.**

**Da wachsen networklike zusammen
die Märkte zu Gewinnprogrammen,
und aus den Ichs wird bei den Wahlen
das Mengenspiel der Wählerzahlen.**

**An diesem Punkte will ich enden
mit dem Ersuchen: Bitte wenden!
Der anfangs meinte, denkend sei er,
ist weiter skeptisch und nicht freier.**

**Trotzdem wünscht er allen freundlich
oder grimmig mit-Denkenden
das Beste für 1997** **F.S.**

Gereimtes zum Jahreswechsel

Dank zum Jahreswechsel 1995/96
an ein unbedanktes Ensemble

1995/1996

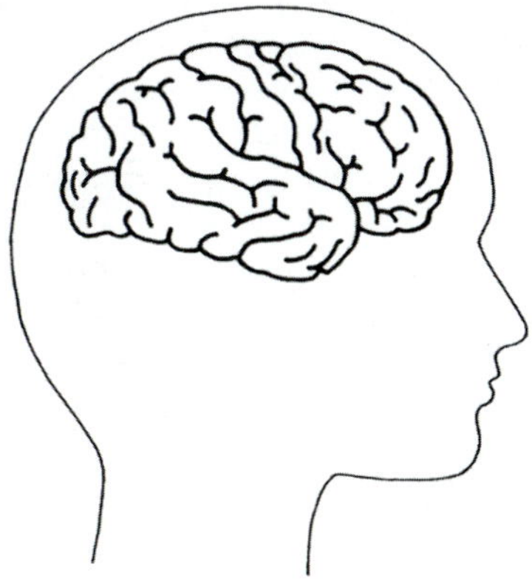

**Daß es in seinem Faserbrei
als „Ich" sich denkend tätig sei,
wird dem Gedachten nicht bewußt.
Doch alles, was aus Leid und Lust
ihm sich als Denkendem erschließt,
was er erkennt, begehrt, genießt,
verabscheut, haßt und liebt, bewundert,
nunmehr schon seit dreiviertelhundert
ununterbrochen wachen Jahren –
er hat es nur aus ihm erfahren:**

**Bewußt geführt erst kann ein Leben
genußvoll sein und Sinn ergeben.**

Nonkonformes zum Jahreswechsel 1994/95

1994/1995

**Auch wo es nichts zu sagen hat,
macht New Age seinen Wortsalat
und sucht in Paradigmenwechseln
das Chaos selbst fraktal zu häckseln.
Im Unbegriff der Postmoderne
verrät es schließlich, daß es gerne
– nach jener käm' ja wohl nichts mehr –
auch Ende der Geschichte wär'.**

**Sonst suhlt sich in der Gegenwart
die selbsternannte Avantgarde.
Sie redet von der Freiheit wohl,
betreibt im Meinungsmonopol
der Multikultidiktatur
jedoch perfide Sprachzensur,
die sie verlogen effizient
Political Correctness nennt –**

**und der nur jene sich entziehen,
die sprachlos in sich selbst entfliehen.**

1993/1994

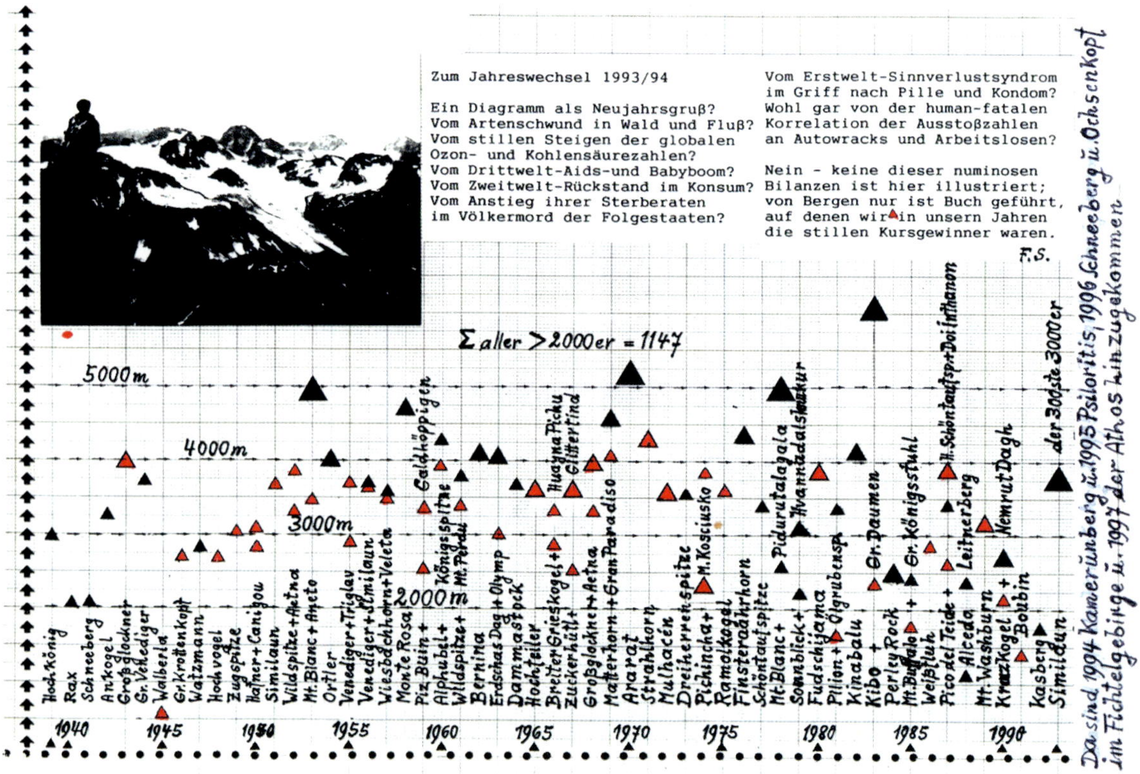
Zum Jahreswechsel 1993/94

Ein Diagramm als Neujahrsgruß?
Vom Artenschwund in Wald und Fluß?
Vom stillen Steigen der globalen
Ozon- und Kohlensäurezahlen?
Vom Drittwelt-Aids-und Babyboom?
Vom Zweitwelt-Rückstand im Konsum?
Vom Anstieg ihrer Sterberaten
im Völkermord der Folgestaaten?

Vom Erstwelt-Sinnverlustsyndrom
im Griff nach Pille und Kondom?
Wohl gar von der human-fatalen
Korrelation der Ausstoßzahlen
an Autowracks und Arbeitslosen?

Nein – keine dieser numinosen
Bilanzen ist hier illustriert;
von Bergen nur ist Buch geführt,
auf denen wir in unsern Jahren
die stillen Kursgewinner waren.
F.S.

Σ aller >2000er = 1147
5000m
4000m
3000m
2000m
der 300gste 3000er
1940
1945
1950
1955
1960
1965
1970
1975
1980
1985
1990
Da sind 1994 Kamerunberg u. 1995 Psiloritis, 1996 Schneeberg u. Ochsenkopf im Fichtelgebirge u. 1997 der Athos hinzugekommen

Gereimtes zum Jahreswechsel

1992/1993
(Todesjahr von Brunhilde)

Gedanken zum Jahreswechsel 1992/93

Es war ein arbeitsreiches Jahr
für's brutbefliss'ne Meisenpaar,
und farbbefliss'ne Blumen mühten
sich am Balkon um recht viel Blüten.
Die Hummeln landeten darauf
und bissen frech die Kelche auf,
indes sich die Cetonien gruben
im Wurzelwerk Gelegestuben.

Das bunte Volk tat's unverdrossen
für Augen noch, die schon geschlossen.

So wird gewiß auch nächstes Jahr
ein reiches, wie es dieses war,
für die, die nicht autistisch blind
nur Fremde auf der Erde sind,
die nicht in Selbstmitleid und Gier
vertun die schöne Zeit auf ihr.

Das Wissen um die Zeit gibt Witz
und Sinn erst jeglichem „Besitz".
Nichts bleibt danach; nichts gab's davor.
Nur was im Hier und Jetzt geschah,
bleibt ihm nachwissend weiter nah.

1991/1992

Zum Jahreswechsel 1991/92

Sie platzen wie die Seifenblasen,
die großen Menschenfreunde-Phrasen
von Gleichheit und Gerechtigkeit,
wie die des Hl. Marx derzeit.

Noch blieb uns aber das „Humane",
das hinter seiner hehren Fahne
geschickt verbirgt die Herrschaftstriebe
der klug getarnten Freiheitsdiebe,

die bieder Weltenrichter spielen,
und doch nur dienen ihren Zielen.
Daß uns doch auch beschieden sei
das Ende dieser Heuchelei!

und zum „Jubiläum" 1492 - 1992
Igarapé do Acará

Hier saß er, an den Stamm gelehnt,
alt im Gesicht, doch schwarz gesträhnt,
die Schneide prüfend in der Hand,
geschärft am Fels im weißen Sand.

Sein Bach rumort noch laut daher;
er aber hockt und lauscht nicht mehr
dem hellen Enkel-Streitgeschrei,
wer Anta und wer Onça sei.

Auch macht kein Dach mehr hinten
Schatten
den Müttern in den Hängematten;
den Platz, wo ihre Feuer glommen,
hat sich der Wald zurückgenommen.

Jetzt sitzt der Fremde auf den Stufen
und hört für ihn den Tukan rufen
und liest am Felsen aus den Kerben
den Text von seinem stummen Sterben,

und hört schon, wenn er tiefer lauscht,
durch's Wasser, das noch munter rauscht,
das geile Röhren der Motoren
und weiß: Sein Bach ist auch verloren.

Reserva Ducke bei Manaus 1991

Igarapé = kleiner Waldbach
Acará = Cichlide, Buntbarsch
Anta = Tapir
Onça = Jaguar

1990/1991

Das deutsche Eck
»Wo habe ich schon überall gewohnt, ohne ein einziges Mal umzuziehen ...«
WOLFGANG HICKS, 1950

Typischer Ausspruch
einer Mitteleuropäerin
zur Jahrhunderthalbzeit

Eurokritisches zur Schlußdekade dieses Jahrhunderts

Mit einem Mal ist wieder wahr,
was eben erst noch „Lüge" war:
Die Kunst-„Nationen" von Versailles
wie die der „Tschecho-Slowakei"
und „Jugo-Slawiens" Aggregat;
so auch der koloniale Staat
der Russen, die als „Sowjets" waren
nicht ungern Erben ihrer Zaren.

Und kaum ein Jahr ist's her, da machte,
wer Deutschland sich als Einheit dachte,
rechts-„radikal" noch „Selbstbetrug".
Vergessen wir's! Uns sei genug,
daß dies Jahrhundert doch zum Schluß
noch seine Sünden beichten muß.

1989/1990

Vergnügte Selbstbetrachtung
zum Jahreswechsel 1989/90

Sei Dir zum Schluß sonst nichts geblieben -
in sieben Vierteln fortgeschrieben
bist Du mit diesen blonden Schöpfen.
Sie tragen Dich in ihren Köpfen
als Sekundärrekombinat
aus der, die einst getragen hat
in unbefragtem Lebensmut
die Mütter dieser munt'ren Brut,
die aufgefrischt mit bunten Genen
aus allochthonen Schwiegersöhnen,
nun ihrerseits ins Weite strebt
und Deine Träume neu belebt.

Du wirst dabei sein auf den Wegen,
die sie, wohin noch, gehen mögen,
wobei, zum Glück, Du nicht mehr siehst
die Welt, die dann die ihre ist.

(Betrachtungen nach dem 70. Geburtstag)

Gereimtes zum Jahreswechsel

1988/1989

Zeitgeistiges zum Jahreswechsel 1988/89

**Unwürdig war der Zwang vordem.
Nun kann man ad libidinem
Teilhaber (das heißt Partner) sein;
und Risiko geht man kaum ein:
Die Steigerung der pränatalen
Mortalität hat die fatalen
Brutpflegesorgen minimiert.
Wer trotzdem Kinder kriegt, riskiert
Mehrkosten nur, wenn sie als Waisen
vom „Elternteil" zum andern reisen.
Und werden sie vom Reisen krank,
so gibt es dafür – Freud sei Dank! –
die Zunft der Kinderpsychologen,
die selbst meist keine aufgezogen,
doch umso dreister ordinieren
und nachher ordentlich kassieren.**

**Wer freilich schon zuvor gescheit war,
ließ sich nicht ein, bis es soweit war,
mit Weib und Kind, mit Mann und Haus;
der (oder die) zog zeitig aus,
ließ Partner einfach Singles sein
und sich mit Hund und Katzen ein.
Die wechseln nämlich, wie man weiß,
höchst ungern Haus und Partnerkreis.**

**Die Zeit ist arm, in der wir leben:
Nach Selbstverwirklichung zu streben,
ist ihr als höchstes Ziel gemein.
Doch wer ein wenig denkt, sieht ein,
daß, was es mit sich selber treibt,
armseliger Autismus bleibt.**

**Der armen Zeit fehlt auch das Schöne:
Die Flut der Worte, Farben, Töne,
der pseudokreativen Lügen
kann ihre Dummen nur betrügen.**

**Am ärmsten schließlich wird im Geist
die Zeit, wo Freiheit er verheißt
und wenn er, ohne von der Pflicht,
vom Recht der Menschenwürde spricht.**

**Zwar glaubt an Geister keiner mehr,
jedoch der Zeitgeist geistert sehr
real noch weiter durch die Zeiten.
Wir lieben ihn, denn seine Pleiten
entlasten uns bei Börsenkrächen:
Er zeichnet ja für unsere Schwächen!**

**Hier haben wir drei Zeitgeist-Väter,
die seinerzeit als Zeitgeist-Täter
gewannen mit und ohne Bart:
Aus Berni, Till und Josef hat
ein Künstler diesen Geistsalat*
kreiert. Er sei mit Grimm garniert,
hier als Neujahrs-Entrée serviert.**

*nach einem Photo aus dem Eulenspiegelmuseum in Schöppenstedt

1987/1988

Betrachtungen über die Kulturszene
zum Jahreswechsel 1987/88

Was er auch treibe, sei Kultur,
und die Natur fungiere nur
dazu als nötiges Substrat.
Er selber sei als Unikat
wo anders her und könne nun
auf Erden, was ihm einfällt, tun;
denn - siehe oben - durch Kultur
erhöhe er ja die Natur ...

Dem präpotenten Selbstportrait
entsteigt, beschaust Du's aus der Näh,
ein Tier mit Hirn, in dessen Bahnen
sich gerne Sein und Schein verzahnen.

Gewiß, in manchen Exemplaren
erfüllten sich die wunderbaren
humanen Schöpfungsreflexionen;
doch wieviel Scheußlichkeiten wohnen
im gleich-humanen Hirn daneben?
Ist das Kultur, was wir erleben?
Bringt Addition der Subkulturen
von Gammlern, Fixern, Schwulen, Huren
den Fortschritt zum Humanen hin,
den Toleranzeffekt, wie ihn
die Großen unsrer Art so oft
für ihre Nachwelt sich erhofft?

Wo Soll und Scham nicht funktionieren,
da kann Kultur nur scheinflorieren.
Noch sind es viele, die das wissen
und danach handeln; doch sie müssen
es deutlich sagen: Wen es stört,
daß Anstand zu Kultur gehört,
wer Normen als Tabus verlacht,
mit Schweinereien "Actions" macht,
wer, was nur Text ist, Dichtung heißt
und jeden Schmarrn als Kunstwerk preist,
sonnt wohl im Pöbel sein Gesicht,
Kultur jedoch, die macht er nicht!

Postscriptum:
In den Kulissen dieser "Szene"
verbergen sich zum Trost auch jene
die unbefangen sind und bleiben
und so Kultur für sich betreiben.

Distanziert, aber vergnügt
wünschen alles Gute

die Schallers

Gereimtes zum Jahreswechsel

Zum Jahreswechsel 1986/87

1986/1987

**Vergnüglich ist der Herbst für den,
der schon im Frühling ihn bedacht hat.
wer auch den Sommer klug verbracht hat,
wird gern den Winter kommen seh'n.**

1985-1986

Wo die Schaller's auch 1985 die Welt schön fanden

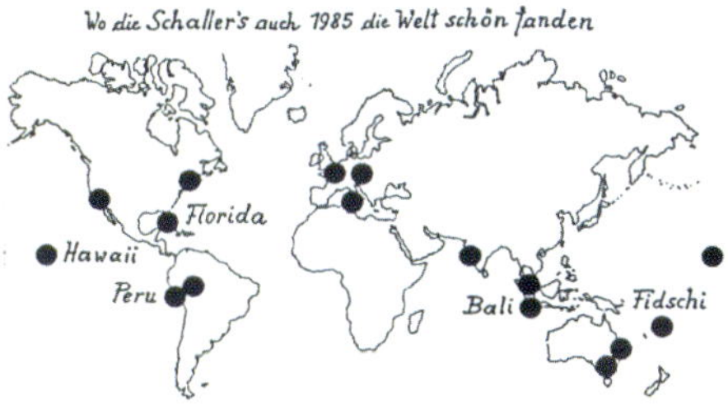

Nachdenkliches
zum Jahreswechsel 1985/86.

Wer sagt, die Erde sei nicht schön,
der hat sie sich nicht angeseh'n;
und wer dazu noch meint, es wäre
die jeweils eigene Misere
der Witz des Ganzen, der ist blind.
– Zu wissen, daß wir sterblich sind,
gibt erst dem Dasein seinen Reiz;
denn fad wär's, ewig, andrerseits.
Es könnte allerdings zum Schluß
die Neugier machen noch Verdruß;
wer Enkel hat, bleibt trotzdem heiter:
Er schaut durch sie ein wenig weiter.

1984/1985

Betrachtungen zum Jahreswechsel 1984/85

Es ist zum Weinen, wenn man sieht,
wie noch – und neu – der Unsinn blüht:

Wo einer seinen Vogel pflegt
und heimlich Hirngespinste hegt,
da ist das nur etwas zum Schmunzeln;
doch ernsthaft ist die Stirn zu runzeln,
wird Wahn als Wissenschaft verkleidet,
gelehrt und medial verbreitet:

Wo einst nur Geister uns umschwebten,
die gasig in den Lüften lebten,
da steigen nun aus Untertassen
konkrete grünliche Insassen.
Sogar von ihren fernen Ahnen
fand Däneken schon Landebahnen.

Wo einst der Teufel in uns steckte
und uns mit Sündenwünschen neckte,
da sitzt nun tief nach Freud das Böse
als uteral-inzestuöse
Libido: Schon der Foetus träumt,
wie er, wenn Vater weggeräumt,
dann Mutter ödipalisch liebt,
woraus natürlich sich ergibt,
daß er in Schuld und Angst verstrickt wird
und folglich postnatal verrückt wird.

So wird befreit vom Intellekt,
jetzt wieder Mythisches entdeckt.
Man denkt nicht mehr, man meditiert,
liest Horoskope und trainiert
in autogenen Nabelschauen
das suggerierte Selbstvertrauen
in die erhoffte Ewigkeit.

Man sieht, wie auch in unsrer Zeit
die Menschheit lieber glaubt als denkt
und so das schlichte Glück verschenkt,
das einfach sich von selbst erschließt,
nimmt man die Welt nur, wie sie ist.

Gereimtes zum Jahreswechsel

Zum Jahreswechsel 1983/84

1983/1984

Auf Berge, die man schon bestiegen,
zurückzuschau'n im Weiterfliegen
zu neuen Gipfeln anderswo,
das macht ein Leben reich und froh.

Ob Kibo oder Kickelhahn;
wer unter sich ließ Hast und Wahn –
das hat vor zweimal hundert Jahren
schon einer schauend hier erfahren –
dem ordnen sich die Dimensionen;
des Alltags Dinge und Personen
sieht er entzerrt in Zeit und Raum.
So distanziert macht er sich kaum
noch um sich selber viele Sorgen.
Ihm kann das ungewisse Morgen
nicht Angst, nur höchstens Neugier
machen.
Er weiß ja, keiner hat die Sachen,
die er hier frech für sich genommen,
am Ende auch noch mitbekommen.

Kibo 5895m
22.2.1983

Kickelhahn:
Auf einen Fensterladen dieses Jagdhauses am Kickelhahn über Ilmenau im Thüringer Wald schrieb J. W. v. Goethe am 6.9.1790 das Gedicht „Über allen Gipfeln ist Ruh“. Nach einem Brand ist alles Hölzerne Kopie; die Gedanken des Dichters vergehen erst mit dem Letzten von uns.

Überlegung zum Jahreswechsel 1982/83

1982/1983

Wer ohne Hypotheken baute,
schläft sorgenfrei; die Börsenflaute
diktiert ihm keine Konditionen;
und ewig kann man nirgends wohnen.

Wozu dann noch die Welt verbauen?
Sie lädt zum Wandern ein und Schauen
und hält dazu genug bereit
von allem – nur nicht von der Zeit!

Umseitig hält ein Photo fest,
wie sich das praktizieren läßt.
Jedoch ist die Methode Schaller
zum Glück noch nicht die Mode aller.

1981/1982

Skeptische Betrachtungen
zum Jahreswechsel 1981/82

**Da haben zwei, die Sieger waren,
vor mehr als 35 Jahren
die Welt besetzt in Ost und West
und sitzen dort noch immer fest
an Flüssen, hinter Breitengraden,
an Zäunen, die mit Strom geladen.
Doch irrte der, der simpel dächte,
sie seien noch Besatzungsmächte.**

**Das haben beide längst vergessen
und beide meinen unterdessen,
sie seien da, um die zu schützen,
die sie in Wahrheit aber nützen,
weil die für sie Soldaten spielen
und willig aufeinander zielen
an Elbe, Spree und in Korea,
in Afrika und Kambuchea,
in Salvador, Afghanistan,
im Libanon und am Golan.
Hier übrigens, da übt sich schon,
die israelische Nation
im neuen Völkerrechtsgebrauch:
Was sie besetzt behält sie auch.
Sonst aber ist der status quo
den beiden Großen heilig. Wo
sie einst vor 35 Lenzen
sich selbst diktierten ihre Grenzen,
da ist der Friedensschluß vertagt,
da wird auch kein Volk mehr gefragt,
was es sich wünschte unverhohlen:
wer das vergaß, der schau nach Polen!**

Trotzdem alles Gute für 1982! F.S.

1980/1981

Zeit - Bilanz 1980/81

**Ob man ein Jahr dazu addiert?
Ob man es besser subtrahiert?
Wie soll man Zeit wohl bilanzieren?
Heißt raffen, sie nicht auch verlieren?**

**Wer Jahre zählt wird reich an Jahren;
doch keines davon kann er sparen.
Auch Zinsen gibt es nicht auf Zeit;
man bucht sie als Vergangenheit,
obwohl das Konto gleich gesperrt ist,
weil, was nicht greifbar, auch nichts wert
ist.**

**Dem Klugen bleibt ein kleiner Trick:
Er bilanziert den Augenblick
und schlägt so der Vergänglichkeit
ein Schnippchen wenigstens auf Zeit,
indem er alles zum Gewinn macht,
was in der Gegenwart ihm Sinn macht.**

**Ihm macht dabei auch keine Sorgen
ein Konto-Schluß vielleicht schon mor-
gen:
Wer täglich so sein Buch führt, wendet
auch das Blatt ruhig, mit dem es endet.**

(Betrachtungen nach dem 60. Geburtstag)

Gereimtes zum Jahreswechsel

Nachdenkliches zum Jahreswechsel 1979/80

1979/1980

**Der Zeitgenosse sieht verlegen
dem kommenden Jahrzehnt entgegen.
Es wird – das ahnt er schon – beenden
sein Hasten, Raffen und Verschwenden.
Nur jene brauchen nicht zu sparen,
die ihre Konten schon seit Jahren
klug hinter ihre Stirnen schreiben.
Sie wissen, was da steht, wird bleiben,
wird alle Krisen überstehen
und nur mit ihnen untergehen.**

1978/1979
(wegen einer Reise konnte ich zum Jahreswechsel kein Gedicht verschicken)

Zeitgemäßer Gruß zu Ostern 1979

Am Jahresanfang ist es Brauch;
jedoch es geht zu Ostern auch.
Denn im Dahingeh'n wird die Zeit
aus Zukunft doch Vergangenheit,
und dabei ändert sich nicht viel,
es sei denn nur ein Farbenspiel:

Einst schossen Weiße Weiße tot;
nun schlägt sich munter Rot mit Rot;
die Schwarzen killen ihresgleichen;
auf gelben Flüssen schwimmen Leichen –
Zu dem makabren Farbenspiel
sagt die „humane" Welt nicht viel.
Man hört sie bestenfalls noch klagen,
wenn Weiße kolorierte jagen.

1977-1978

Zum Jahreswechsel 1977/78

Idyllisches Familienleben
mag es noch bei den Affen geben;
der aufgeklärte Mensch hingegen
hat Treuepflicht und Kindersegen
als nicht gesellschaftsrelevant
aus seinem Ethogramm verbannt.

Erst hat er Lust als List durchschaut,
das Risiko dann abgebaut,
das ihm zuvor die Lust gemindert;
nun „liebt" er weiter unbehindert
von überholten Konventionen
der Klassen und der Religionen.

Ja, selbst wenn trotzdem Folgen blieben,
so wird ganz einfach abgetrieben.

Zum Jahreswechsel 1976/77

1976/1977

Bedarf durch Träger so zu decken,
daß sie ihn für sich selber wecken,
ist jetzt gesellschaftliche Mode
für Schwarze ebenso wie Rote.
Man fragt sich nur, warum die beiden
noch wegen der Methode streiten;
denn die Bedarfsbelieferungen,
die ihnen links wie rechts gelungen,
bestanden ja nicht aus Geschenken –
dies gibt zum Neujahr zu bedenken FS

Zum Jahreswechsel 1975/76

1975/1976

Das Jahr der Frau – es geht zu Ende,
und ausgeblieben ist die Wende,
von der die „Unterdrückten" schwärmten;
denn da sie nur bei Tage lärmten
von dem, worüber sie sich härmten,
des nachts jedoch sich daran wärmten,
so wird – das zeigen ihre Mienen –
den praktizierend Maskulinen
die „Herrschaft" bleiben bis ans Ende.

Das Jahr der Frau – es ist Legende.

1974/1975

(Wolkenlandschaft über dem Amazonaswald)

Betrachtungen zum Ende eines Fluges
rund um die Welt am 1. 1. 1975

Münchhausens Trick mit seinem Zopf
läßt sich zwar denken mit dem Kopf;
doch hebt selbst bei den Antipoden
kein Denker sich vom Erdenboden.

Auch der, der meint, er transzendiere
den Erdendreck, das Kraut, die Tiere
als Geist in alle Ewigkeit,
bleibt eingesperrt in Raum und Zeit.

Er kann nicht aus der Welt davon,
der „transzendente" Erdensohn.
Er kann die Erde nur umrunden
und so – zum Schein – das „All" erkunden.

1973/1974

Überlegungen zum Jahreswechsel 1973/74

Die klug zurück geblieben sind
und ihre Mühlen noch mit Wind
betreiben,
die bleiben
zwar ärmer, doch auch ohne Sorgen;
ihr Wind, der weht gewiß auch morgen.

Zum Jahreswechsel 1972/73

1972/1973

**Vom Roß auf's Rad, vom Rad zur Düse –
bald spart der Fortschritt sich die Füße.
Doch dem, der auch einmal das Ende
bedenkt – vielleicht zur Jahreswende –,
wird rasch das Selbstbewußtsein schwinden.
Will er im Fortschritt Sinn noch finden,
wird er, wenn er sich nicht belügt,
erkennen, daß nur der vergnügt
durchs Leben schreitet, rollt und fliegt,
dem Sinn und Ziel im Wege liegt.**

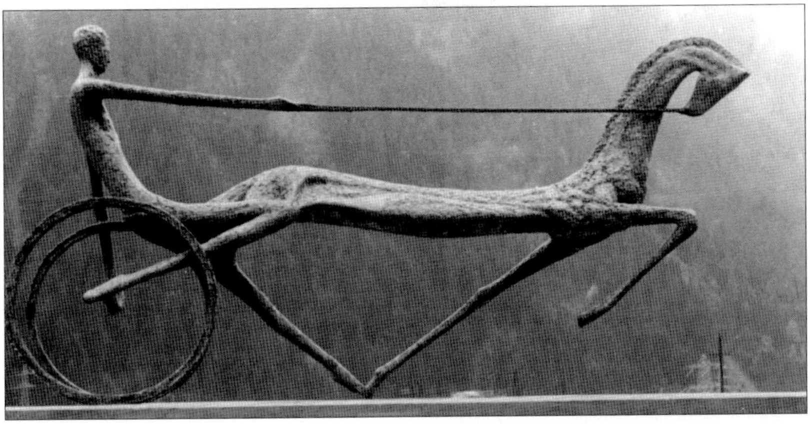

Zum Jahreswechsel 1971/72

1971/1972

**Wie der friedlich-trocken-satte
Säugling in der Hängematte
sieh vergnügt und überlegen
auch dem nächsten Jahr entgegen.**

**Sei genügsam so wie er,
laß Dich schaukeln hin und her;
lasse Dir die Sonne auch
manchmal scheinen auf den Bauch.**

**Läßt man Dich zuviel allein
darfst Du auch ein wenig schrei'n;
doch im übrigen bleib still,
weil man Dich sonst nicht gern will.**

1970/1971

1970/71

Der Zoologe muß bemängeln,
daß Schnecken hier die Sohlen schlängeln,
auch daß die Häuser falsch gewunden
und irrig mit dem Schwanz verbunden.

Doch das abstrakte Schneckenpaar
soll grüßen nur zum Neuen Jahr –.

F. S.

Severin zum 5. Geburtstag

Für Enkel Severin

Opa Fritz macht dem Severin zum 5. Geburtstag ein paar Vorschläge, was er einmal werden oder machen könnte

4.10.1995

Der Severin wird Präsident
und fährt nur noch Mercedes.
Er redet auch im Parlament
doch keiner dort versteht es.

Der Severin wird Schornsteinfeger,
der, weil er immer fleißig fegt,
am Tag sich schwarz macht wie ein Neger,
doch abends weiß ins Bett sich legt.

Der Severin wird Polizist.
Er kann dann gräßlich pfeifen,
wenn einer auf dem Zebrastreifen
bei Rot schon losgegangen ist.

Der Severin wird Astronaut
und düst im Raumschiff schwerelos
zum Mond hinüber, wo er bloß
aus Neugier ein paar Steine klaut.

Der Severin macht Führerschein
auf einer Dampf-Lok, die noch raucht
und, wenn sie anfährt, zischt und pfaucht.
Da wird er konkurrenzlos sein.

„Jahrgang 1920"

Anläßlich der 70. Geburtstagsfeier von Frau Prof. Dorn, Jahrgang 1920

Gewiss, man hat ihm viel geboten
an Worten, Taten und an Toten
und hat im Wechsel der Parolen
vor allem ihm auch Zeit gestohlen.
Doch unbeirrt vom „Wertewandel"
und schäbigem Gesinnungshandel
hat er versucht, dem Alltagsleben
bescheiden weiter Sinn zu geben,
indem er ohne grosse Reden
still immer das tat, was vonnöten.
So hat er schlicht sich selbst belohnt,
indem er nun sein Haus bewohnt
und amüsiert die Welt betrachtet,
die scheinbar nur nicht das beachtet,
was er ihr tätig vorgelebt:
Indes sie laut nach Neuem strebt,
sieht er schon hinter den Kulissen
die Stillen wirken mit dem Wissen
vom schlichten Daseinssinn des Lebens.
So bleibt das Gute nicht vergebens,
was dieser Jahrgang tat und dachte,
auch wenn er nicht „Geschichte" machte.

F.S.

Ines, der werdenden Gärtnerin

Für INES zur Konfirmation

20.4.1997

**Mit Gras und Kraut, mit Baum und Strauch,
mit Bohnen und Radieschen auch
wirst Du jetzt Deine Mühe haben:
Erst ist der Boden aufzugraben,
mit Streu und Dünger zu verbessern
und schließlich ordentlich zu wässern.
So kannst Du pflanzen nun und säen.
Dann mußt Du nach dem Unkraut spähen,
das ja die Pflege auch genießt
und kräftig mit nach oben sprießt.
Da hast Du bald auf Deinen Beeten
genug zu hacken und zu jäten.
Dazu kommt noch das Heer der Mäuse,
der Würmer, Wanzen, Käfer, Läuse,
das ohne Ende hungrig ist
und alles, was Dir lieb ist, frißt.
Auch durch Bakterien, Pilze, Viren
kannst Du oft vieles noch verlieren,
was Du so mühsam aufgezogen.
Erst wenn die Stare fortgeflogen,
schläft mit dem Winter alles ein.
Da möcht auch ich dann Gärtner sein
und ohne Hacken, Jäten, Gießen
nur das Geerntete genießen.**

„Kritische Bemerkungen“
zur Einladung von Zoo-
direktor Helmut Pechlaner

14.8.1996

**Er lud uns ein und tat uns kund,
nun sei auch sein Geburtstag rund.
Wie rund jedoch, verriet er nicht. –**

**Er wollte also, schloß ich schlicht,
mit seiner Rundheit kokettieren,
und wünsche, daß wir selbst taxieren,
was für ein Jubilar er sei. –**

**Das tu ich nun und bin so frei,
zunächst methodisch vorzugeh'n
und mir das Schätzgut anzuseh'n:**

**Die Haut ist straff und voll das Haar,
die Haltung fest, die Stimme klar;
kein Tremor stört den Griff der Hände,
geschmeidig geht er durchs Gelände ...**

**Der Jubilar hat, wie ihr seht,
noch wenig Altersqualität,
und so zeigt schon der Augenschein:
ein 70er kann das nicht sein!**

**Ihn andrerseits auf 30 schätzen,
das widerspräche den Gesetzen
ortsüblicher Gesellschaftsformen
und unseren Dienstpostennormen;
denn Zoodirektor könnte kein
erst-Dreißiger bei uns schon sein.–**

**Für 60 wiederum vermiß ich
das Würdige an ihm. Zu schmissig und
unbekümmert geht er um
mit Medien und im Publikum.**

**So bleiben mir nur zwei Dekaden
zum jubelzeit-gerechten Raten,
und weil ich ungern ernte Hohn,
mach ich's zum Schluß wie Salomon
mit folgender Syndiagnose:**

**Als syngenetische Morphose,
rekombiniert aus zwei Dekaden,
hat er uns hierher eingeladen,
ein Jubilar, der damit neckt,
daß er im 40er versteckt,
was er als 50er schon ist:**

**Ein kreativer Organist,
der frech auf allen Orgeln spielt
und seine Kirchen spielend füllt,
ein ausgefärbter Alphamann,
den man vergnügt bewundern kann.**

F.S.

Sommer 2004

Diese lockeren Weltbildbetrachtungen zu meiner in lebenslanger Arbeit zusammengesuchten Weltbildersammlung möchte ich mit einem letzten praktischen Beispiel beenden. Wer sich die Mühe gemacht hat, meinen Wegen und Gedanken bis hierher zu folgen, wird sich fragen, wie es einem Mitteleuropäer möglich war, in einem derart gestörten Jahrhundert wie dem 20. unserer europäischen Zeitrechnung so viel Lebenszeit und Kraft für seine renditelosen Weltbefahrungen und Betrachtungen zu erübrigen, noch dazu in einem normalen bürgerlichen Dasein neben Beruf und Familie und üblicher sozialer Pflichterfüllung. Aus zahllosen menschlichen Begegnungen weiß ich, wie viele unerfüllte Lebenswünsche in Menschenköpfen herumgetragen werden. Ich habe nicht vergessen, was ich als 18- und 28-jähriger „träumte" (das war 1938 und 1948!), und nun lebe ich heute als 84-jähriger unter Menschen, die ebenso ihre Träume haben oder schon hatten. Merkwürdigerweise sind da bei den Alten und Älteren mehr Zufriedene dabei, also Mitmenschen, denen ihre Jugendträume offenbar keine Schmerzen mehr machen. Sie leiden eher an ihrer jetzigen Gegenwart, also an den „falschen" Träumen der Jüngeren, die ihr Leben als „Selbstverwirklichungs"-Problem sehen und angehen und dabei vielfach scheitern, weil sie die schlichten Grundgesetze ihrer organismischen Existenz nicht kennen: Die unerbittliche unumkehrbare Phasenfolge des Lebensablaufs, die dessen „Planung" nur bedingt zuläßt, den unerläßlichen Bedarf für gegenseitige Mitmenschlichkeit in konkreter, d.h. ethnischer Bindung und Solidarität, die physische Sicherung der „Zukunft" in der Aufzucht ausreichenden spezifischen Nachwuchses. Ein Blick in die „folgen"-reiche Menschheitsgeschichte zeigt die faktische Gültigkeit dieser Seinsgesetze (die ja gar nicht „gesetzt", sondern einfach immanent sind). Deren Mißachtung können sich zwar „Kulturen" wie die unsere in ihrer Endphase leisten, solange der andere Teil der „Menschheit" in Lebensführung, Fortpflanzung und Ökonomie „normal" bleibt. Aber auf längere Sicht (bei Homo sapiens bedeutet das ungefähr 60-100 Generationen = 2000 bis 3000 Jahre) gehen solche luxurierende Populationen regelmäßig „unter". Bis heute jedenfalls „lebte" keine der uns bekannten luxurierenden „Kulturen" länger.

Doch zurück zum Autor, der kürzlich seinen 84. Geburtstag in der letzten Ecke Europas, die er bis dato noch nicht gekannt hatte, begehen konnte: im B a l t i k u m .

Dorthin hat ihn ein jahrzehntelang still mit sich herumgetragener Wunsch gezogen: Nämlich noch die Heimat seiner Schwiegermutter kennenzulernen, die von der Ostseeinsel Ösel gekommen war auf einem abenteuerlichen Lebensweg, der allein schon als Beispiel eines typischen europäischen Menschenschicksals des 20. Jahrhunderts bemerkenswert erscheint. Ihre Vita erfüllt mit allen ihren Facetten auf klassische Weise nochmals exemplarisch den Anspruch dieses Buches als einer Weltbild(er)-Schau aus subjektiver Sicht. Und der filmreife „Fall" dieser Frau liefert mir dazu die Gelegenheit, nochmals und abschließend zu zeigen, was für ein wirksames Lebenselexier die Neugier bis ans Ende ist, einigermaßen gesunde Sinne und Glieder vorausgesetzt.

Der höchste „Berg" des Baltikums ist von prächtigen Fichten mit weißen Flechtenbelägen bestanden. Vom Aussichtsturm schaut man ringsum über sie hinweg auf weitere Waldungen, Wiesen, Seen, Gehöfte. Das Länderdreieck Lettland, Estland, Rußland liegt wenig weiter ostwärts südlich des Peipussees. Aber, warum nennen die Esten den 318 m hohen Waldhügel Suur Munamägi, was zu deutsch „Großer Eierberg" bedeutet? Entsprechende felsige Verwitterungsformen sind jedenfalls nicht zu sehen. Ich gebe das kleine Welträtsel gern an meine Leser weiter und bitte um Benachrichtigung im Lösungsfalle

Die besagte Schwiegermama war eine (1890) geborene Wesberg und entstammte einer deutschen Kaufmannsfamilie aus Peude auf Ösel im damaligen Zarenreich. Als ich sie 1942 in Wien kennen lernte, erzählte sie gern von ihrer Heimat, und Brunhilde, meine spätere Frau (siehe Band 1) schwärmte oft von dem einmaligen Besuch auf Ösel, der ihr als 5-jährigem Mädchen (also etwa 1925/26) vergönnt gewesen war. Schon die Schilderung ihrer mehrtägigen Bahnreise von Wien nach Reval (Talinn) war eine Sammlung von Zeugnissen dafür, daß damals in jenen Lebensräumen (Tschechei, Polen, Litauen, Lettland, Estland, Rußland) das 19. Jahrhundert noch immer nicht zu Ende war.

Noch mehr freilich wurde meine Neugier geweckt durch die abenteuerliche Geschichte von der exotischen Begegnung der baltendeutschen Jungrussin Herta Wesberg mit dem niederösterreichischen (Langenloiser) Weinhauersproß Karl Wilfert im noch ferneren Lande Turkestan. Zu gerne hätte ich doch mehr gewußt von dieser kuriosen Kombination, der ich ja letztlich meine einmalige „Lebensgefährtin“ und unsere drei Kinder verdanken sollte. Das Kriegsende – für mich blieb dieses ja Gottseidank das (bisher) einzige – hat aber dann meine weitere Befragung der schwiegerelterlichen Zeitzeugen rüde unterbunden. Freilich muß ich gestehen, daß der damals erst 22- bis 25-jährige Weltbild(er)sammler noch recht unreif und nachlässig gewesen ist. Und für diese Nachlässigkeit hat ihn dann ja auch das sogenannte Schicksal prompt bestraft, indem es der Schwiegermama einen friedlichen, aber zu frühen Tod bescherte. Die knapp 60-jährige machte bei Tisch einen Witz und fiel noch lachend tot vom Stuhl.

Ich warne meine Leser vor leichtfertigen Zeitkalkulationen!
Zeugen aller Art sind immer gleich, d.h. je eher, desto besser, zu befragen

Was alles hätte ich so gerne noch von ihr erfahren? Sie ist übrigens nicht die (der) einzige in meinem Leben geblieben, der (dem) ich noch so viele Fragen zu stellen gehabt hätte. Ich warne hier alle Leser vor analogen leichtfertigen Zeitkalkulationen. Zeugen aller Art sind immer gleich, d.h. je eher, desto besser, zu befragen!

Die Reise auf die Insel Ösel

Doch – zurück oder voran – zum nunmehr vierundachtzigjährigen Berichterstatter: Der baltische Wissenswurm in meinem Kopf kam nicht mehr zur Ruhe. Jahrelang überlegte ich mit Brunhilde eine Reise nach Ösel. Aber so autonom, wie wir zu fahren gewohnt waren, ließ sich das im Baltikum vor 1992 nicht machen. Und genau in diesem Jahr hat mich die einmalige, unkomplizierte Begleiterin meiner schönsten 50 Lebens- und Zigeunerjahre verlassen. Nun, erst 12 Jahre später, hat sich eine neue Möglichkeit eröffnet mit der Variante, daß den Suchenden zwei zwar stark aufgemischte, aber doch „echte“ Wesberg-Abkömmlinge begleiten konnten: Unsere Töchter, Friederike (60) und Dietlinde (54), also **die Enkelinnen jener Herta Wesberg, die einst von der Insel Ösel über Taschkent nach Langenlois gekommen ist.** Sie flogen im Spätsommer 2004 mit mir nach Vilnius (Wilna). Dort bestiegen wir ein Auto und befuhren (Dietlinde 3000 km am Steuer) die 3 „neuen“ Europaländer in großer Runde von Wilna über Tartu (Dorpat), Narwa, Talinn (Reval) zur Insel Ösel (Saaremaa) hinüber und über Riga, Klaipeda (Memel), die Kurische Nehrung, Tilsit (Sovietsk), Kaunas zurück nach Wilna. Wer den 1. Band kennt, wird sich nicht wundern, daß dabei natürlich auch der Höchste des „Baltikums“ nicht unberührt blieb. Er liegt im Winkel, wo sich Letten, Esten und Russen voneinander abgrenzen, von schönem

Mischwald bedeckt, und heißt Suur Munamägi, was zu Deutsch „Großer Eierberg“ bedeutet (womit freilich dem alten Hirn ein neues Welträtsel auferlegt ist). In Dorpat stand der alte Zoologe gerührt vor dem Denkmal des Mannes, dessen Name und Leistung stets meine Einführungsvorlesung bereichert hatte, des Karl Ernst von Baer (1792-1876), des Entdeckers des Säugereis, also jenes Menschen, der als erster nach vielen 1000 Jahren hilfloser Phantasien verständlich gemacht hat, was da bei unserer Zeugung wirklich geschieht.

An der Narwa standen wir dann noch staunend vor den gewaltigen Werken menschlicher Kriegskunst, wo links der große Bergfried der Hermannsfeste und rechts die Riesenmauer von Iwangorod daran erinnern, wie auch in diesem Eck hartnäckig und lang Mittel- und Osteuropa aufeinander lauerten und trafen. Im Hof der **Hermannsfeste** auf der estnischen Seite steht dazu heute noch eine **große Leninstatue**, die mit fast segnend ausgestrecktem Arm eine weitere „Begegnung“ der Kulturen bzw. Ideen und Machtansprüche symbolisiert. Auch in **Estlands Hauptstadt Reval (Tallinn)** fanden wir dann Zeugnisse für grausam wechselnde Überwältigungsversuche der nachbarlichen Ethnien, Kulturen und Religionen. Wer sich zu alledem sein Weltbild machen will, muß viel wissen und bedenken. Mit nur einer Idee, etwa der des menschlichen Fortschritts, kommt da keiner zurecht. Lediglich im Naturverständnis und im Technischen läßt sich bekanntlich ein Trend zum „Besseren“ erkennen, der aber gewiß nichts Ethisches, sondern lediglich Ökonomisches an sich hat, wenn auch die meisten der Köpfe, die diesen Fortschritt schöpferisch generieren, unschuldige Gedankenspieler und Bastler waren und sind. So hat gewiß auch der Mann auf dem Denkmal in Dorpat bei seiner Entdeckung des Eies der Säuger nicht an die lukrativen Möglichkeiten von „künstlicher“ Befruchtung und Stammzellenproduktion gedacht, wie das doch heute in unserem globalen Geldzeitalter selbstverständlich geworden ist.

Wer sich zu alledem sein Weltbild machen will, muß viel wissen und bedenken. Mit nur einer Idee, etwa der des menschlichen Fortschritts, kommt da keiner zurecht. Lediglich im Naturverständnis und im Technischen läßt sich bekanntlich ein Trend zum „Besseren“ erkennen, der aber gewiß nichts Ethisches, sondern lediglich Ökonomisches an sich hat

So betrachtet kann ich übrigens auch sonst nirgends in der Menschenwelt ein ethisches Fortschreiten erkennen, es sei denn, man nähme dieses Tätigkeitswort wörtlich, wozu ja die jetzige Entsittlichung unserer spätchristlichen Gesellschaft gute Gründe böte. In dem Zusammenhang darf ich übrigens nochmals sagen, daß ich Geschmacklosigkeit für ein besonders bedenkliches Indiz zunehmender „Entartung“ halte. Sie ist die treffendste Kennzeichnung dessen, was Konrad Lorenz „Verhausschweinung“ genannt hat.

Nun aber wieder zurück zum Gedankenfaden meines Schlußberichts, der als Sonderfall meine Weltbild(er)sammlung krönen soll: Weil ich die kuriose Findungs- und Bindungsgeschichte meiner Schwiegereltern gerade in einem Brief an den Schriftleiter der Naturwissenschaftlichen Rundschau dargestellt habe (ein kleiner intellektueller Luxus, den sich so ein Emeritus leisten kann), erlaube ich mir, diesen Brieftext mit kleinen Adaptationen hier anzufügen. Auch, um zu zeigen, daß schöpferische Phantasie nicht bloß als erzählerisches oder literarisches Phänomen in Erscheinung tritt, sondern nicht weniger häufig und originell auch in unserer nackten Wirklichkeit vorkommt, was der nachfolgend zitierte Brief belegt:

Wien, am 21. September 2004

Lieber Herr Doktor Rehfeld!

Ich komme von einer Fahrt durchs Baltikum zurück, wo ich mit meinen zwei Töchtern auch nach Spuren der mütterlichen Vorfahren meiner Frau fahnden wollte. Meine Schwiegermama war nämlich dem Pass nach eine (zaristische) Russin gewesen, geboren auf der Insel Ösel, als couragiertes Mädchen Mathematik studierend und aus purer Neugier erst in Petersburg, dann in Taschkent als Lehrerin tätig. Sie hieß Wesberg und entstammte einer (über Schweden) nach Estland gewanderten Kaufmannsfamilie, perfekt in Deutsch und Russisch. Der (1.) Krieg überraschte sie in Turkestan, und die Revolution nagelte sie dort fest. Da war indessen im fernen Langenlois am Kamp der junge Weinviertler Wilfert zum Junglehrer und österreichischen Wehrdiener herangewachsen und gleich zu Kriegsbeginn mit der Festung Przemisl in russische Hände geraten, die ihn als Kriegsgefangenen auch in Taschkent festsetzten.

Sie ahnen schon, was nun kommt: Die Roten setzten 1917 alle Kriegsgefangenen in Rußland frei, allerdings in eine völlig chaotische und unwegsame Welt. Die Freigelassenen mußten schauen, wie sie über die Runden kamen, und da gründete der sehr musikalische Junglehrer mit einigen Leidensgenossen eine kleine Kapelle (= Band), und so verdienten sie sich ihren Unterhalt als Musikanten auf Bestellung, hauptsächlich bei Familienfesten in reichen Häusern (die es ja immer gibt). Und auf so einem Fest (einer großen Judenhochzeit in Taschkent) lernten sich zwei kennen, die einer geheimen Regel der animalischen Fortpflanzungs-„Strategie" folgend, die optimale Kreuzungsvoraussetzung der großen genetischen Distanz besaßen: Die baltendeutsche Mathematiklehrerin und der niederösterreichische Junglehrer. Sie beschlossen trotz aller Misere und bedenklichster Bedingungen (zwischen „Rot" und „Weiß") den gemeinsamen Durchbruch nach Wien. Der wurde allein schon zum Drehbuch aus Zwischenfällen in Niemandsländern aller Art und dauerte mehr als 2 Monate, gelang aber und brachte den jungen Wilfert zwar heim, seine mitgebrachte „Russin" aber erst in einige psycho- und soziologische Verlegenheiten am Kamp und an der Donau. Als ich sie dann als schwiegersöhnlicher Aspirant in Wien kennenlernte (1942) war sie eine sehr diskussionslustige, aber nachsichtige Dame von kritischer Distanz zur neuerdings miesen Gegenwart. Sie hat dann in den ersten Monaten nach dem 2. Weltkrieg im Weindorf Langenlois mutig viel Gutes bewirkt, vor allem als russisch sprechende und schreibende Beraterin der örtlichen Instanzen und noch mehr in peinlichen und bedrohlichen Situationen, die sich aus dem regelmäßigen Weinkonsum der Besatzungsmacht ergaben: Wenn da die russischen Landser zu plündern und zu vergewaltigen begannen, ging die früh ergraute unerschrocken auf die Straße und beschimpfte die jungen Burschen in bestem Primitivrussisch so arg, daß die meist mit hängenden Köpfen davongingen. Vor allem die drastischen Hinweise der älteren Dame auf die Gotteslästerlichkeit ihres Tuns und darauf, was wohl ihre Mütter daheim dazu sagen täten, zeigte bei den noch gut Gezogenen auch im alkoholisierten Zustand gute Wirkung.

Sie ist übrigens wenige Jahre später schon gestorben: Beim Erzählen eines Witzes während des Mittagessens fiel sie tot vom Stuhl.

Lieber Herr Rehfeld, der Alte hat das Recht zu solchen rhetorischen Eskapaden, meint er jedenfalls, und er hofft auf Nachsicht, wenn nicht gar Verständnis, noch dazu bei so einem literarischen Mitmenschen, wie Sie einer sind.

In diesem Sinne grüßt er und wünscht alles Gute,

Ihr

F. S.

P.s.: „Schuldig" bin ich Ihnen noch ein Wort zu unserem Fahndungserfolg auf Ösel: Ich war ja mit meinen zwei Töchtern (60 und 54!) unterwegs. Sie wollten natürlich auch mehr über ihre mutterseitigen Wurzeln wissen. Aus den (russischen) Dokumenten kannte ich zwar den Namen des Ortes, wo die Wesbergs gesessen haben, aber vor Ort waren da nur verstreute Anwesen in viel Wald. Zufällig sahen wir darin einen großen halbverwachsenen Friedhof. Nach langer Suche entdeckte meine „Große" – eine Archäologin! – das bereits demontierte Grabkreuz der Familie Wesberg an einen Zaun gelehnt. Immer wieder erweist sich halt, wie nützlich variabel ausgebildeter Nachwuchs ist.

Das Baltikum ist ein geographischer Begriff, der von einem Irrtum der „klassischen“ (griechisch-römischen) Erdkundler herrührt, die meinten, daß der Bernstein von einer großen Insel namens Baltia aus dem mare balticum im Norden Europas komme. Später meinte man damit die Ostseeprovinzen des Zarenreichs, und heute sind es die drei „neuen“ Europaländer Litauen, Lettland, Estland, samt der russischen Restenklave des ehemaligen Ostpreußens um Königsberg (= Kaliningrad).

„Echte“ Balten sind im linguistisch-ethnischen Sinn aber nur die altindisch sprechenden Litauer und Letten (samt den „ausgestorbenen“ d.h. genetisch eingegangenen Pruzzen), während die Esten zum finnisch-ugrischen Populations- und Sprachelement der europäischen Völkerfamilie zählen, also zu denen, die wir als Finnen oder Ungarn kennen. Da dies aber die Mehrheit der Miteuropäer nicht weiß, bleiben wir einfach dabei, die 3 Völker und Staaten am Ostrand der südlichen Ostsee summarisch die baltischen zu nennen. So betrachtet wird Europa hoffentlich immer ein Völker-„Staat“ bleiben und nicht – wie etwa die USA – ein „Weltstaat“, der final nur fade Einheitsmenschen als Büger hat bzw. haben möchte.

Eine Fahrt in dieses „Baltikum“ lohnt sich also in jeder Hinsicht, und ein paar Bilder sollen das noch zeigen:

• Diese **Studentenfigur in Dorpat = Tartu** zeigt nicht nur einen hübschen jungen Esten mit Wanderstab, sondern den ersten estnischen Studenten, der überhaupt zum Studium zugelassen worden ist. Das war in der Zarenzeit, wo Rußland nicht nur „seine“ baltischen, sondern viele weitere Völker in Sibirien, auf Kamtschaka, in der Mongolei, in Kirgisien, Turkestan und vor allem im Kaukasus nicht nur kolonisiert, sondern mehr minder brutal auch russifiziert hat. Die bereits christianisierten Völker im Westen mußten dabei nicht mehr kolonisiert, d.h. in heutiger Diktion „entwickelt“, sondern eher niedergehalten werden. Das bedeutete unter anderem, daß gescheite Kinder möglichst nicht bis zur Hochschullaufbahn kommen durften. So ist der erste Este erst um 1804 zum Studium gekommen, und er tat es auf demonstrative Weise, indem er 200 km zu Fuß nach Dorpat zu seiner Erstimmatrikulation gepilgert ist.

Denkmal des ersten Studenten

• Der barocke Dichter der rührenden Reime vom **Ännchen von Tharau** war ein Baltendeutscher namens **Simon Dach** (1605-1659), geboren in Memel, das die Letten Klaipeda nennen. Ich erinnere mich noch gut an die Knabenzeit, wo auch wir wenigstens die ohrgängige Melodie des Liedes kannten

Simon Dach (1605-1659) und sein „Ännchen von Tharau"

und dazu schon damals meinten, daß die Verse doch sehr schmalzig seien. Immerhin, welcher werdende Mann täte nicht gern auch seine erste Liebe so erfolgreich „verewigen". Um das hübsche Figürchen auf dem Brunnen vor dem Memeler Stadttheater rankt sich übrigens noch die schöne Geschichte, daß ihr Vorbild (Modell) eine Memeler Bürgerstochter gewesen sein soll, und das habe deren stolze und/oder auch eifersüchtige Mutter entdeckt und bekannt gemacht. In meinem Dudenlexikon hingegen heißt es bei Simon Dach lapidar: „ ... das Lied ‚Anke van Tharaw' wird D. nicht mehr zugeschrieben." Wie trocken doch Lexikographen sein können.

•Dieser Mann kam 40 Jahre lang in meinen Grundvorlesungen vor. Er war der erste Mensch, der ein Säuger-Ei sah, und somit klar machte, daß es auch bei unserer Zeugung mit rechten Dingen zugeht. Da kommt nicht das Baumaterial in der Mutter mit der Bauplananweisung aus dem Vater zusammen (in besonders abgehobener Sprache gesagt: die „Form" zum „Stoff"), da wird – wie üblich – eine Eizelle schlicht „besamt". **Karl Ernst von Baer** ist einer jener Männer, die zu unseren Seinsfragen schlicht rationale Antworten suchten und fanden. Als ein Aufklärer im universellen Sinne dieses Begriffs (der leider vielfach völlig sinnwidrig verengt oder gar verkehrt im Gebrauch ist) ziert er mit seinem Monument und Namen die Universitätsstadt Tartu für immer. Da mag „unsere Welt" noch werden, was sie will; es sei denn sie geht schlicht „unter", aus kosmischen, irdischen oder gattungs- d.h. menschheits- spezifischen Gründen.

Karl Ernst von Baer

•Und das ist jenes Grabkeuz der Familie Wesberg das wir im **Waldfriedhof von Peude** (Pöide) auf der estnischen Insel Ösel (Saaremaa) am Zaun lehnend fanden als Zeugnis einer jahrhundertelangen deutschstämmigen Populationsbewegung nach Nordosten, die erst vom Deutschen Orden, dann von der Hanse, und schließlich von feudalen und merkantilen Einzelgängern in Gang gehalten wurde. Wo man im Baltikum Inschriften auf Friedhöfen, an Denkmälern und

„besseren“ Gebäuden entziffert, stößt man auf deutsche Namen und Leistungen. Die Sprache der Letten zum Beispiel wurde erstmals vom Pastor Ernst Glück in Alüksne (im NO nahe der estnischen Grenze) literarisch fixiert in einer Bibelübersetzung. Die beiden Eichen, die er nach Vollendung des Alten (1685) und des Neuen Testaments (1689) gepflanzt hat, sind heute noch die stattliche Zier seines Anwesens. Man könnte ihn den lettischen Luther nennen.

Grabkreuz der Familie Wesberg

Und der bekannteste klassische Schriftsteller Estlands ist Friedrich Reinhold Kreutzwald gewesen, der als Stadtarzt in Vöru (nahe dem Großen Eierberg) wirkte und in dieser Zeit „nebenbei“ das estnische Nationalepos „Kalevipoeg“ schuf. Sein Haus ist heute ein Museum, das jeder gebildete Este kennt.

Bauwerk aus dem 13. Jahrhundert

• Das ist kein Wehr- sondern ein Kirchturm, der freilich nicht nur Glocken, sondern auch Armbrüste und Kanonen trug. Er steht im Gemeindegebiet Peude (Pöide) auf der **Insel Ösel** (Saaremaa); in der Mitte des 13. Jahrhunderts erbaut, ein Zeugnis großer Schutzbedürftigkeit. Der Deutsche Orden hatte es ja auch anfangs sichtlich nicht leicht mit seiner „Ostmissionsarbeit“. Immerhin hat er sich doch 200 Jahre lang gut gehalten und wesentlich dazu beigetragen, daß die Ostsee heute ein problemfreies europäisches Binnenmeer ist, auch wenn er dann bei Tannenberg in seiner ethnischen Isolation unterging. Elitäre Überwanderungen scheitern schließlich alle auf Dauer daran, daß die Unterjochten in ihren Betten tüchtiger sind.

Lenin

• Auch dieser Kopf und Geist findet sich im 3. Jahrtausend unserer abendländischen Zeitrechnung da und dort im „baltischen“ Lebensraum. An der Narwa steht er sogar noch im Hof der Hermannsfeste über den Wassern. Sein Geist freilich schwebt da derzeit kaum mehr. Zeitgemäßer zeigt ihn dieses Bild in einer Holzkiste neben der Ruine der Ordensburg von Cesis. Sinngemäß kann man dazu auch sagen, er läge hier in seiner Mottenkiste, um auf bessere Zeiten zu warten. Diese erscheinen nämlich dem distanzierten Gegenwartsdenker gar nicht so fern; denn der sieht mit erschrockenem Vergnügen, daß sich sein zeitgenössischer Globalkapitalismus rascher ad absurdum (sprich ins sozial Unerträgliche) führt, als des großen Lenin sein kaum weniger tragbarer Globalsozialismus.

•Auf der Kurischen Nehrung schlägt die Stimmung des Dünenwanderers ins Romantische um, wenn ihm nicht wütender Wind seinen exponierten Weg über und zwischen den Wassern ins Bewußtsein bringt. Die Romantik fließt da nicht nur aus den Naturbildern der heidehaften Dünenszenerie, sondern auch aus dem melancholischen Gedankenschleier, der sich dem wissenden Betrachter darüberlegt. Er weiß, daß er sich am abgebrochenen Rand seines ethnischen Lebens- und Kulturraums bewegt, der hier weithin nur mehr als literarische Wirklichkeit besteht. Fast alle, die bis herauf zu **Thomas Mann** hier unterwegs gewesen waren und über die bewegte Landschaft hinaus gedacht haben, sprachen und schrieben deutsch. Doch, wie gerade das Beispiel des eben genannten großen Schreibers zeigt: Mit einem Ferienhaus nur läßt sich kein noch so geliebter Heimatfleck gewinnen, geschweige denn sichern. Die in unseren Oberschichten üblich gewordenen 2.- und 3.-„Wohnsitze", die nicht als biologische Lebensräume, sondern als Selbstbefried(ig)ungsstätten gedacht und genützt sind, symbolisieren ein Finale. Wenn da überhaupt noch Erben im fortpflanzungskausalen Wortsinn vorhanden sind, werden sie in der Regel solche Zweitheimatsitze wieder abstoßen. Die Populationsdynamik unserer Spätkultur geht zu Ende. Auch diese Melancholik begleitete mich auf meinem Dünengang am **Kurischen Haff**, und am schönen Haus des Thomas Mann kam zur Melancholie das bittere Gefühl des unfreiwilligen Zeitzeugen hinzu, der miterlebt hat, wie blind Dünkel macht und wie Hochmut vor dem Fall kommt. Ein solcher Meister unserer deutschen Sprache mußte gehen. Und das befahlen Leute im Namen ihres unbegriffenen „Deutschtums". Thomas Mann als Siedler auf der Kurischen Nehrung ist freilich auch ein kurioses Beispiel für mißverstandene Bodenbindung gewesen und geblieben.

Dünenlandschaft

Schlußwort

Meine Diasammlung umfaßt über 50.000 Aufnahmen aus 55 Jahren. Dazu kommen 20.000 Schwarzweiß- und Farbfotos aus 6 Jahrzehnten. Die ca. 1.000 Bilder in den beiden Bänden meiner Autobiographie stellen also nur 1,5 Prozent der von mir technisch festgehaltenen „Weltbilder" dar. Dazu stecken in meinem Kopf millionenmal mehr Engramme. Der freilich ist als Speicher noch vergänglicher als jene Folien. Nun, für die „nackte", d.h. menschenlose irdische „Welt" ist das belanglos. Ihre „Geschichte" ist im Vergleich zur unseren unfaßbar lang. Allerdings steht uns für diese Erdgeschichte eine nur sehr unvollkommene und lückenreiche Dokumentation zur Verfügung. Was da auf der Magmasuppe schwimmt, bewegt sich ja nur in Zentimetern pro Jahrhundert; Millionen Jahre braucht es, um Gebirge aufzufalten; deren Erosion dauert dann noch länger; das Wasser steigt und fällt, steht und strömt, verdunstet und gefriert nach seinen Gesetzen und formt so wunderlichste Tableaus, in und auf denen sich in neuerer Erdenzeit die Pflanzen- und Tierwelt noch kreativer breit macht.

Wer das zu sehen kriegt und mit Verstand betrachtet, muß vom Schauen ins Staunen, vom Staunen ins sich Wundern, vom Wundern ins Fragen, vom Fragen ins Sinnieren, Phantasieren, Glauben und Resignieren kommen.

Und wie schon eingangs gesagt: Alle Bilder dieser Welt zusammengeschaut ergäben nicht das, was wir Weltbild nennen. Im Gegenteil: Ich kenne nicht wenige Weltbildträger, die sich mit dem Anschauen ihrer konkreten Welt nicht aufhalten und schon gar nicht erst mühsam Bilder von ihr sammeln und horten, sondern sich in ihren Köpfen eines komponieren, das ihnen auch bei noch so dramatischen Bildwechseln um sie herum Gewißheit über das einzig „wahre" Bild ihrer Welt gibt. Sie sind sogar davon überzeugt, daß so ein Weltbild(er)„sucher", wie ich einer bin, gar nicht zu einem rechten „Weltbild" kommen könne, weil er sinnlich Wahrgenommenes mit dem wirklich „Seienden" gleichsetze, also verwechsle. Zweifellos läßt sich das tatsächlich so sehen und sagen, solange sich der so Sehende und Sagende in seinem praktischen Leben so verhält, als seien seine Sinnestäuschungen doch irgendwie verläßliche Abbilder seiner wahren Wirklichkeit; denn täte er's nicht, wär er nicht da. Kurz, ich habe als schlichter Weltbild(er)sammler noch keinen Weltbildträger gefunden, der sich nicht beim Gehen, Essen und Denken auf das verlassen hätte, was er sah, fühlte, hörte, schmeckte. Was manche freilich noch hinter dem Wahrgenommenen fanden und finden, soll gern ihre Weltbildangelegenheit bleiben – so lange sie diese Angelegenheit nicht zu meiner (unserer) machen.

Trotz physisch globaler Weitläufigkeit bin ich **bewußt kein „Kosmopolit"** geworden. Mein Lebensgefühl, das nie ernsthaft depressiv getrübt war, läßt Wurzellosigkeit nicht zu. Je fremder die Welt um mich, desto fester mein Selbstbewußtsein als Europäer deutscher Kulturzugehörigkeit in rationaler Weltsicht. Die Heimat habe ich gewechselt, von Franken nach Österreich, aber nicht meine Identität. Bewunderung und Respekt für andere Menschen, Länder und Kulturen sind doch nur in Selbstsicherheit möglich.

Ich bin aber schon deswegen kein Kosmopolit, weil ich trotz allen lebenstechnischen Aufwands in 80 Jahren nur einen Bruchteil unserer irdischen „Welt" autonom in Augenschein nehmen konnte. Außerdem macht mir schon der Begriff „Kosmo"-Polit Kopfweh wegen seiner offenhörlichen dimensionalen Unverschämtheit. Wer bewohnt denn schon den Kosmos und fühlt sich da auch noch wohl? Angemessen wäre bestenfalls der Begriff Globopolit; aber dieses unfein mischsprachige Wort gibt es zum Glück nicht.

Unsere Erdenwelt ist wahrlich groß genug, um viele Menschenleben bei ihrer Betrachtung und mit ihrer Nutzung zu (er)füllen. Wo wir noch nicht einmal mit unserem Eigenverständnis zurechtkommen, da sollten wir doch bescheiden dankbar dafür sein, daß uns weit über die bloßen Existentialbedürfnisse hinaus ein Erkenntnis- und Erlebnisapparat zugewachsen ist, dessen kluge Nutzung uns auch ein kurzes Leben auf diesem bunten Planeten zum sinnvollen Da-Sein werden lassen kann. Ein Darüberhinaus-Sein ist ja denkbar, aber – nüchtern betrachtet – doch nirgends (außer in unserem Kopf) garantiert.

Folglich kann unser menschliches Leben – neben dem es ja noch unzählige andere Lebensformen gibt – nur „sinnvoll" sein, wenn wir seinen biologisch vorgegebenen Ablauf angemessen gestalten und die wenige „freie" Zeit, die uns dabei bleibt, so bewußt wie möglich nützen. Die Art dieser Nutzung ist entscheidend, das lehrt mich lange Selbst- und Fremdbeobachtung. Wenn meine „Schüler" heirateten, pflegte ich Ihnen zu sagen: **Für ein gelungenes gemeinsames Leben ist es vor allem wichtig, was Ihr mit dem bißchen Zeit und Geld macht, das von Eurem alltäglichen Lebensgeschäft „übrig" bleibt.** Da müßt Ihr gemeinsam das tun, was Euer Leben unverwechselbar und für Euch unvergeßlich macht. Das allein ist das Lebenswertbeständige. Auch wenn ich es zum Schluß ungern tue, so darf ich nochmals daran erinnern: Hier hat einer von Kindheit an mit einem Arm sein Leben in manchmal miesester Zeit nicht nur „gemeistert", sondern erfüllt, so daß er nun demnächst zufrieden mit sich abtreten wird. Käme seinem Beispiel nur Eine(r) nach, wäre er sogar das, was man glücklich nennt.

Zwettl, 31.10.82
Thema Evolution

Schlußreferat Heintel:

Außer Streit: Aufeinanderfolge der Arten
Evolutionslehre
Mutationslehre

Artbegriff getrennt von anderen Begriffen
Genealog. Zus.hang

Der Mensch

Ohne Mensch keine Evolution
" " keine Erde
Tiere (das)
Pflanzen
„Bäume“

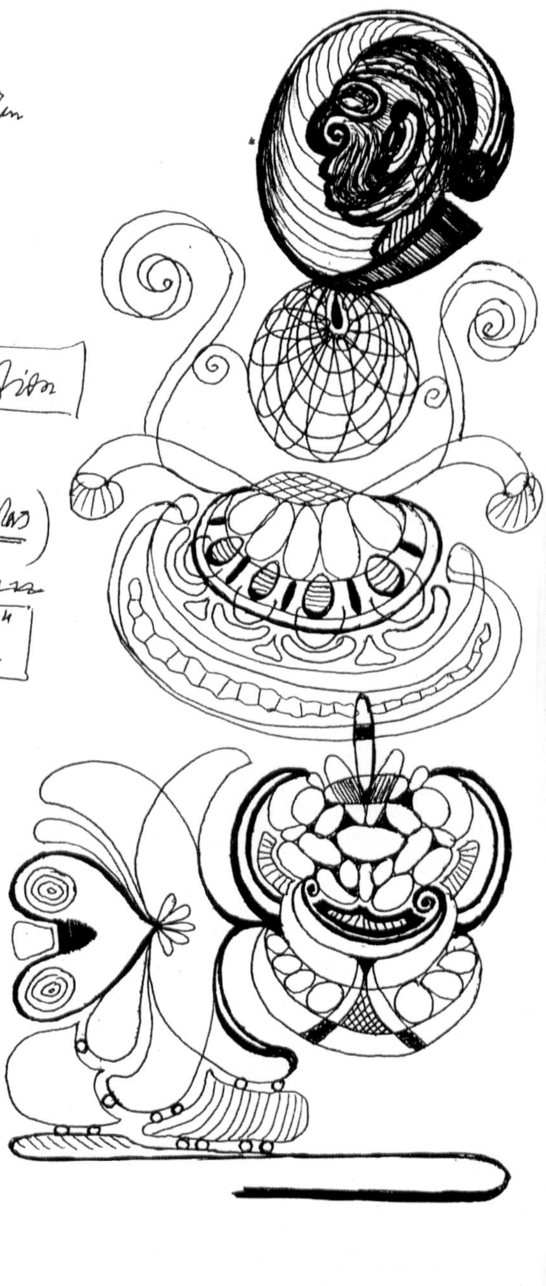

Eine der vielen hundert Kritzeleien, die mir in unzähligen faden Sitzungen und Diskussionen aus der gelangweilten Hand kamen: Da balanciert in halbierter Eierschale ein strähnig in sich gekehrter Kopf über graphischen Strukturen, die beliebig viel oder wenig bedeuten mögen.
Ihr Zusammenhang ist sichtlich ein zufälliger, und der Sinn des Ganzen erscheint schlicht witzlos, gerade weil einzelne Formelemente Kohärenz, ja da und dort sogar Gestaltqualität zu haben scheinen.
Irgendwie von irgendwem für irgendwas gemacht: Das ist die Summe dessen, was sich sinnvoll dazu sagen läßt. Ich meine, besser läßt sich unser ganzes Wissen über die Welt im Großen wie im Kleinen nicht in Worte fassen. Und entfallen diese Worte dem alten Weltbetrachter demnächst irgendwie im irgendwo und irgendwann, dann wird er einfach wieder Nirgendwer sein.